KB249333

분노와 관련된 인지적 요인과
그 치료적 함의

분노와 관련된 인지적 요인과
그 치료적 함의

부록: 분노조절인지행동프로그램

서 수 균 著

한국학술정보㈜

책머리에

본 연구에서는 역기능적 분노와 관련된 주요한 인지적 요인인 자동적 사고와 비합리적 신념의 특징을 구체적으로 밝히고, 이들과 분노의 관계를 경험적으로 규명하고자 하였다. 아울러 이러한 인지적 요인들이 분노조절에 대해 갖는 치료적인 함의도 함께 살펴보았다.

연구 1에서는 분노상황에서 경험하는 자동적 사고를 조사하고 분류하였다. 분노에 대한 주요 인지이론들(Beck, 2000; Deffenbacher & McKay, 2000; Lazarus, 1991)에 근거해서, 자동적 사고를 일차적 분노사고와 이차적 분노사고로 세분하였다. 일차적 분노사고는 상황에 대한 부정적인 평가를 반영하는 반면에, 이차적 분노사고는 분노상황에서 보이는 개인의 대처행동이나 대처양상을 주로 반영한다. 이러한 조사연구에 기초해서 일차적 및 이차적 분노사고 척도가 개발되었다. 이차적 분노사고 척도는 '타인비난/보복', '무력감' 및 '분노통제/건설적 대처'라는 3요인으로 구성되어 있었다.

연구 2에서는 이중인지매개모델과 두 가지 대안모델의 적합도를 비교하였다. 이중인지매개모델은 비합리적 신념과 역기능적 분노 사이를 일차적 분노사고와 이차적 분느사고가 순차적으로 매개하고 있음을 가정하고 있다. 분석 결과는 이중인지매개모델이 두 대안모델보다 상대적으로 우수함을 지지하였다. 두 대안모델에서 일차적 분노사고가 이차적 분노사고를 거치지 않고 직접 역기능적 분노를 유발시키는 경로계수는 유의하지 않았다. 이중인지매개모델에 따르면, '비합리적 신념 → 일차적 분노사고 → 이차적 분노사고 → 역기능적 분노' 경로를 통해서 분노가 유발된다. 일차적 분노사고를 거치지 않는 '비합리적 신념 → 이차즈 분노사고 → 역기능적 분노' 경로는 분노가 증폭되는 과정에 관여하는 것으로 시사된다.

연구 3에서는 분노와 우울 수준에 따라 비합리적 신념, 일차적 및 이차적 분노사고가 어떻게 달라지는지를 살펴보았다. 비합리적 신념의 무시나 부당한 대우에 대한 과민성 요인은 분노와 특정한 관련성을 보였으며, 자기비하 요인은 우울과 특정한 관련성을 보였다. 우울은 낮고 분노수준이 높은 사람들은 분노는 낮고 우울수준이 높은 사람들보다 일차적 분노사고, 타인비난/보복 사고, 무시나 부당한 대우에 대한 과민성에서 더 높은 점수를 받았다. 반면에 무력감 사고와 자기비하 요인에서는 분노는 낮고 우울수준이 높은 사람들이 우울은 낮고 분노수준이 높은 사람들보다 더 높은 점수를 받았다.

연구 4에서는 이차적 분노사고와 분노표현 태도가 분노표현 행동에 미치는 영향을 살펴보았다. 타인비난/보복 사고를 많이 하고 분노표출지지 태도가 강할수록 신체적/언어적 공격성과 분노표출 행동은 증가하였다. 반면에 무력감 사고를 많이 할수록 신체적/언어적 공격성은 감소하였고 분노억제 행동은 증가하였다.

연구 5에서는 비합리적 신념, 일차적 분노사고, 이차적 분노사고의 감소에 초점을 둔 분노조절 인지행동프로그램을 개발하고, 이 프로그램 실시 전후로 비합리적 신념, 일차적 분노사고, 이차적 분노사고의 감소에 수반해서 분노 관련 증상이 감소하는지를 살펴보았다. 결과는 이를 지지하였다.

이상의 연구들을 통해서 얻은 시사점들을 정리하면 다음과 같다: (1) 역기능적 분노는 '비합리적 신념 → 일차적 분노사고 → 이차적 분노사고 → 역기능적 분노' 과정을 거쳐서 유발된다. (2) 일차적 분노사고를 거치지 않는 '비합리적 신념 → 이차적 분노사고 → 역기능적 분노' 경로는 분노 증폭 과정에 관여하는 것으로 시사된다. (3) 이차적 분노사고의 타인비난/보복 사고는 신체적/언어적 공격행동과 분노표출 행동을 증가시키며, 무력감 사고는 신체적/언어적 공격행동은 감소시키는 반면에 분노억제 행동은 증가시킨다. (4) 비합리적 신념, 일차적 분노사고, 이차적 분노사고를 감소시키면, 분노

관련 증상도 감소한다. (5) 자동적 분노사고를 일차적 분노사고와 이차적 분노사고로 세분하는 것은 타당하고 유용하다. (6) 분노문제를 보다 효율적으로 다루기 위해서 비합리적 신념, 일차적 분노사고, 이차적 분노사고 간의 관계를 종합적으로 고려한 인지치료 모델을 제안하는 것이 치료적으로 유용하다.

목 차

표 목차

그림 목차

화는 모든 불행의 근원이다. 화를 안고 사는 것은 독을 품고 사는 것과 마찬가지다. 화는 나와 타인의 관계를 고통스럽게 하며, 인생의 많은 문을 닫히게 한다. 따라서 화를 다스릴 때 우리는 미움, 시기, 절망과 같은 감정에서 자유로워지며, 타인과의 사이에 얽혀있는 모든 매듭을 풀고 진정한 행복을 얻을 수 있다.

- Thich, N. H. (2002)

Ⅰ. 서 론

분노만큼 많은 사람을 힘들게 하는 감정도 드물다. 분노를 느끼고 있는 당사자는 물론이고 주변 사람들까지도 분노라는 폭군의 피해자가 되는 경우가 많다. 분노는 고통스럽고 파괴적인 감정이지만 위협상황에서 인간의 생존을 도와주는 적응적인 감정이기도 하다(Bilodeau, 1992; Ellis & Haper, 1975; Izard, 1977; Lazarus, Kranner, & Folkman, 1980). 분노를 경험하고 표현하는 것은 대립적인 사회적 상황에서 자기가치감이나 신념을 유지하려는 욕구를 일면 반영하며 스트레스와 좌절에 대한 자연스러운 반응이다(Carter & Frank, 1995; Crockenberg, 1981). 분노는 자기 방어체계의 일부분이며 인간의 생존가능성을 높여준다(Lazarus, Kranner & Folkman, 1980; Ellis & Happer, 1975).

이렇듯 분노는 인간이 살아가는데 필수적인 주요 감정으로 그 중요성이 강조된다. 하지만 분노가 초래하는 부정적인 영향 또한 그에 못지않다. 높은 수준의 분노가 오래 지속되거나 부적절하게 표현될 때, 분노는 개인의 신체적 및 심리적 건강을 해칠 뿐만 아니라 타인과의 관계나 직업 생활에 악영향을 미친다. 분노는 고혈압을 비롯한 심장혈관계 질환(김교헌, 2000; 김교헌, 전겸구, 1997; Gentry, Chensney, Gary, Hall & Harburg, 1982; Rosenman, 1985; Spielberger & London, 1982), 통증이나 암(Greer & Morris, 1975), 아동 및 배우자 폭력(Nomellini & Katz, 1983; Reid & Kavanagh, 1985), 대인관계 손상(Hazaleus & Deffenbacher, 1986), 사회적 회피와 비효율적인 문제해결(Novaco, 1979), 가정이나 직장에서의 관계 단절(Pan, Neidig, & O'Leary, 1994), 약물남용(Deffenbacher, Thwaites, Wallcae, & Oetting, 1994; Gottlieb, 1999) 등을 일으키

본 연구는 한국사회과학연구협의회 소규모 특별연구비 지원을 받았음.

는데 기여한다. 또한 분노는 공격행동을 유발시키는 주된 요소로 (Deffenbacher, Demm, & Brandon, 1996; Hazaleus & Deffenbacher, 1986; Rule & Nesdale, 1976; Sebastian, Buttino, Burzynski, & Moore, 1981), 좌절과 공격행동을 이어주는 매개변인 이기도 하다(Feindler & Ecton, 1996; Megargee, 1971; Siegel, 1985).

반사회적/경계선적/자기애성 성격장애, 외상 후 스트레스 장애, 간 헐적 폭발성 장애, 품행장애 등의 진단기준에는 과도한 분노감이나 공격행동이 주요 증상이나 관련된 문제로 언급되고 있다(American Psychiatric Association, 1994). 주요 우울증 환자들 중에 상당수가 분노발작을 보이며, 불안 증상과 분노를 함께 보이는 경우도 많다 (Eckhardt & Deffenbacher, 1995; Fava, Rosenbaum, Pava, McCarthy, Steingard, & Bouffides, 1993; Rosenbaum, Fava, Pava, McCarthy, Steingard, & Bouffides, 1993).

이상에서 살펴본 바와 같이 분노가 초래할 수 있는 부정적인 영 향이 개인적으로나 사회적으로 상당함에도 불구하고, 분노에 대한 연구는 우울이나 불안에 비해서 상당히 빈곤한 실정이다. 90년에서 95년 사이에 발표된 논문들의 수를 비교하면, 분노에 대한 연구는 우울이나 불안에 대한 연구의 10분의 1에도 못 미쳤다(Kassinove & Sukhodolsky, 1995). 이를 빗대어서 DiGiuseppe, Tatrate와 Eckhardt(1994)는 분노를 '잊혀진 정서'라고 하였다. 분노에 대한 연 구가 이처럼 적은 이유로 우울이나 불안에 비해서 분노가 관찰하기 어려운 주관적인 경험이라는 점과 분노 장애라는 공식적인 진단이 없 다는 점이 학자들에 의해 지적된 바가 있다(Deffenbacher & McKay, 2000; Kassinove & Sukhodolsky, 1995).

최근에 Eckhardt와 Deffenbacher(1995)는 분노증상들을 보이는 사람들을 진단적으로 분류할 수 있는 세 유형의 장애를 제안하였 다: 분노 기분을 수반하는 적응장애, 상황성 분노장애, 범상황성 분 노장애. 상황성 및 범상황성 분노장애는 공격행동의 유무에 따라

두 하위 유형으로 다시 구분된다. 최근 3개월 이내에 심리사회적 스트레스가 있었고 증상이 6개월 이내로 지속된 경우는 '분노 기분을 수반하는 적응장애'로 분류하였다. 특정 상황에서 제한적으로 분노문제를 보이는 경우는 공격행동의 수반성에 따라 '공격행동을 수반하는 상황성 분노장애'와 '공격행동을 수반하지 않는 상황성 분노장애'로 구분하였다. 그리고 분노가 특정상황에 제한되지 않고 다양한 상황에서 만성적으로 자주 일어나는 경우는 공격행동의 수반 여부에 따라 '공격행동을 수반하는 범상황성 분노장애'와 '공격행동을 수반하지 않는 범상황성 분노장애'로 구분하였다.

임상 현장에서 있으면 분노와 관련된 문제를 핵심적으로 가지고 있는 내담자나 환자를 흔히 만날 수 있지만, 이들을 대상으로 분노와 관련된 문제를 직접 다루기는 쉽지 않다. 많은 내담자들이 자신이 느끼는 분노는 정당한 것이며, 따라서 변해야할 대상은 자신이 아니라 타인이며 사회라고 강하게 믿는다. 그래서 치료자가 분노문제와 관련해서 내담자를 직면시키거나 변화시키려하면 내담자는 강하게 반발하곤 한다(DiGiuseppe, 1999). 이처럼 분노문제에 대한 치료적 중요성에도 불구하고 막상 치료적인 개입을 하려면 내담자의 저항에 부딪혀 치료자로서 무력감이나 한계를 경험하는 경우가 많다. 이런 경험을 통해서 본 연구자는 분노 문제에 대한 효율적인 치료 모델을 모색해 볼 필요성을 절감하였다. 다행히도 최근 들어 분노에 대한 임상적인 관심이 높아지고 있으며, 해외는 물론이고 국내에서도 분노에 대한 연구와 치료 프로그램 개발이 활발히 이루어지고 있다(강신덕, 1997; 고미영, 1999; 고영인, 1994; 권혜진, 1995; 김계현, 1993; 김상희, 1996; 김청자, 1993; 이영순, 이현림, 천성문, 2000; 임태숙, 1992; 천성문, 1999). 특히 분노유발 과정에 관여하는 인지적 요인과 분노문제에 대한 인지치료의 효과에 관심이 높다(Averill, 1983; Beck, 2000; Berkowitz, 1990; Deffenbacher & McKay, 2000; Ellis & Tafrate, 1997; Kassinove &

Sukhodolsky, 1995; Lazarus, 1991). 본 연구에서도 이런 추세에 따라 인지적 접근에서 분노를 이해하고 치료적인 개입을 모색해 보고자 한다. 연구자는 분노유발에 관여하는 주요한 인지적 요인으로 비합리적 신념과 자동적 사고를 가정하였다. 이 두 인지적 요인은 우울증이나 사회공포증을 설명하는 인지매개모델의 구성요소로 이미 검증된 바가 있다(조용래, 1998; Kwon, 1992).

본 연구에서는 역기능적 분노의 유발 과정에 비합리적 신념과 자동적 사고가 관여하고 있다고 가정하고 이들 간의 관계를 규명해 보고자 한다. 이를 위해서 먼저 분노에 대한 주요 인지 이론(Beck, 2000; Deffenbacher & McKay, 2000; Lazarus, 1991)에서 시사된 바에 따라, 분노유발에 관여하는 자동적 사고를 일차적 분노사고와 이차적 분노사고로 구분하고 각각을 평가하는 척도를 개발할 것이다. 다음으로 비합리적 신념과 자동적 사고의 치료적인 함의를 알아보고자, 분노증상과 이들 간의 관계를 살펴볼 것이다. 마지막으로 비합리적 신념과 자동적 사고를 다루는 치료 프로그램을 개발하고 그 실시 전후로 두 인지 요인과 분노 관련 증상의 변화와 이들 간의 관련성을 살펴볼 것이다. 분노경험과 표현 양상에 대한 선행연구들에 대해서 간략히 개괄해 본 뒤, 분노에 대한 다양한 인지적 접근에 대해서 고찰해 보겠다.

분노에 대한 이해

1. 분노에 대한 정의

분노감, 적대감 및 공격행동

분노는 학자들 사이에서 제대로 합의된 정의를 갖지 못한 채 흔히 연구되어 왔다. 특히 많은 연구에서 분노감, 적대감 및 공격행동을 명확히 구분하지 않아, 연구결과가 혼란되고 일관성이 없는 경우가 종종 있었다(김교헌, 2000; 김교헌, 전겸구, 1997; Martin, Watson, & Wan, 2000; Spielberger, Johnson, Russell, Crane, Jacobs, & Worden, 1985). 분노감, 적대감 및 공격행동을 명확히 구분함으로써, 분노에 대한 개념적인 정의를 명확히 하려는 노력들이 일군의 학자들에 의해 있었다(Buss & Perry, 1992; Martin et al., 2000; Spielberger, Jacobs, Russell & Crane, 1983).

Spielberger 등(1985)은 분노감(anger), 적대감(hostility) 및 공격행동(aggression)을 'AHA! 증후군'이라 일컬으며 이들 간의 밀접한 관련성을 강조하면서도 이들이 경험적으로 독립적일 수 있음을 강조하였다. Martin 등(2000)은 분노와 관련된 자기보고형 질문지들의 24개 하위척도에 대한 요인분석을 통해서, 분노감, 적대감 및 공격행동이 각각 특성분노의 정서적, 인지적, 행동적 차원임을 제안한 바 있다.

분노감에 대한 정의는 학자에 따라 다소의 차이를 보인다. 일군의 학자들은 분노감을 가벼운 수준인 성가심이나 짜증으로부터 격노나 격분, 강한 흥분 상태에 이르는 강도가 다양한 감정들로 구성된 정서 상태라고 하였다(Spielberger et al., 1983; Yerkes & Dodson, 1980). DiGiuseppe, Eckhardt, Tafrate와 Robin(1994)은 분노를 인지 및 생리적 각성 양상과 연합된 내적, 정신적, 주관적 감정이라고 정의하였으며, Buss와 Perry(1992)는 분노감을 공격을 위해서 생리적으로 각성되고 준비된 상태라고 하였다. 또한 Novaco(1994)는 분노를 혐오적인 사건을 초래한 사람이나 사물을 향한 적대적이고 부정적인 정서 경험으로 보았고, Berkowitz(1993)는 분노가 표적을 향한 공격 경향성을 수반하는 정서임을 강조하였다. 이러한 정의들을 수렴해 보면, 분노감은 공격을 위한 생리적 각성과 준비성을 수반하는 부정적인 감정 상태라고 정의할 수 있다.

분노감이 내적인 감정 경험이라면, 공격행동은 외현적 행동으로 타인이나 어떤 대상에게 해나 피해를 주려는 의도로 행해진 행동으로 정의될 수 있다(DiGiuseppe et al., 1994). 공격행동은 분노감이 수반될 수도 혹은 수반되지 않을 수도 있는 관찰가능한 행동이다. Buss와 Perry(1992)는 공격행동을 신체적 공격행동과 언어적 공격행동으로 세분하였다. Berkowitz(1993)는 타인에게 해를 입히기 위한 것이 아닌 다른 목적을 이루기 위해서 하는 공격행동을 수단적(instrumental) 공격행동이라 하였고, 타인을 괴롭히기 위한 파괴적인 행동을 정서적(혹은 적대적) 공격행동이라 하였다. 적대감은 흔히 부정적이고 냉소적인 방식으로 타인이나 세상을 보는 태도로 정의되며, 타인이나 대상을 해치거나 파괴하려는 공격행동을 동기화시킨다(Buss & Perry, 1992; Spielberger et al., 1983).

상태분노와 특성분노

Spielberger(1980)는 분노를 상태분노와 특성분노로 구분하였다. 상태분노는 작은 짜증에서부터 격노나 격분에 이르기까지 다양한 강도의 주관적인 감정들로 구성된 심리생물학적인 상태로, 자율신경계의 활성화를 수반한다(Spielberger, Reheiser & Sydeman, 1995). 좌절, 모욕, 부당성, 언어적 혹은 신체적으로 공격받는 것 등의 다양한 경험에 따라 상태분노는 달라질 수 있다.

특성분노는 개인이 얼마나 자주, 강하게 분노를 경험하는가를 반영하는 분노경향성으로, 상태분노를 일으킬 수 있는 개인의 성격적 특질이다. 특성분노가 높은 사람은 낮은 사람에 비해서 분노를 더 많은 상황에서 더 자주 더 강하게 경험한다(Deffenbacher, Demm, & Brandon, 1986; Spielberger, 1980; Spielberger et al., 1983).

이러한 정의에 따라, 상태분노 척도의 문항들은 특정 순간에 경험하는 분노의 강도를 평가하는데 초점을 두며, 특성분노 척도의 문항들은 일반적으로 분노를 경험하는 개인의 성향을 평가하는데 초점을 둔다.

2. 분노경험

본 연구에서는 분노감, 적대감, 공격행동 중에서 특히 분노감에 초점을 두고 있다. 분노는 경험과 표현이라는 두 차원으로 구분할 수 있는데, 먼저 분노 경험에 대해서 개괄적으로 살펴보겠다. 분노는 일상적으로 흔히 경험하는 기본 정서다(Averill, 1983; Ekamn, Frisen, & Ellsworth, 1982; Izard, 1977). 분노는 외부사건뿐만 아니라 내적인 심리적 불편감이나 기억에 의해서도 유발되며, 분노를 경험하는 동안 사람들은 흔히 생리적, 신체적, 인지적 반응을 경험한다(Deffenbacher & McKay, 2000; Izard, 1977). 또한 분노는 분노를 일으킨 사람이나 대상에 대한 접근 반응을 일으키는 동기적인 측면도 가지고 있어, 공격행동과도 밀접한 관련이 있다(김후자, 1987; Novaco, 1977; Rothenberg, 1971).

생리적 및 신체적 반응

분노를 경험할 때, 교감신경계의 활성화로 인해 혈압상승이나 심장박동수의 증가와 같은 다양한 생리적 반응과 신체적 변화가 일어난다(Mayne & Ambrose, 1999). 분노를 느낄 때 내담자들이 흔히 보이거나 호소하는 생리적 및 신체적 반응들을 열거하면 다음과 같다(Deffenbacher & McKay, 2000): 심장박동의 증가, 속이 거북해짐, 소화가 잘 안됨, 두통, 어지러움, 식은땀, 손에 땀이 나고 손이 끈적거림, 입술이나 손, 혹은 몸이 떨림, 얼굴이 붉어짐, 몸을 가만히 두지 못하고 이리저리 움직이게 됨, 어깨가 뻐근해짐, 주먹을 불끈 쥐게 됨, 몸이 굳게 됨, 입을 꽉 다물게 됨, 눈을 부릅뜨게 됨, 얼굴 표정이 굳음, 목소리가 커짐.

인지적 반응

DiGiuseppe 등(1994)은 분노가 인지 및 생리적 각성 양상과 연합된 감정이라고 하였으며, Kassinove와 Sukhodolsky(1995)는 분노가 특정한 인지적 왜곡과 연합된 감정 상태임을 강조하였다. 분노의 유발 과정을 설명하는 대부분의 이론들이 분노유발 상황에 대한 인지적 평가와 해석 과정을 강조하고 있다(Beck, 2000; Deffenbacher & McKay, 2000; Lazarus, 1991).

Berkowitz(1993)와 같은 일부 학자들은 더위, 소음, 악취 등과 같은 불쾌한 자극만으로도 분노가 일어남을 실험적으로 보여줌으로써, 인지가 개입되지 않고서도 분노가 유발된다고 주장한 바 있다. 하지만 대부분의 분노는 대인관계 상황에서 발생하며(Averill, 1983), 이 경우에는 인지적 평가가 개입되지 않은 불쾌한 대인관계 상황을 전제하는 것이 어렵다. 인지는 분노가 발생하는 과정이나 분노를 경험하는 동안에 반드시 수반되는 경험이다. 분노를 경험할 때, 사람들이 흔히 보고하는 생각이나 인지적 반응의 내용을 요약하면 다음과 같다(Beck, 2000; Deffenbacher & McKay, 2000; Ellis & Tafrate, 1997).

- 잘못되었다. 부당하다.
- 날 화나게 한 사람은 비난받아 마땅하다.
- 나의 분노가 정당하고 적절하다.
- 상대가 의도적으로 그렇게 행동했다.
- 분노를 일으켰다고 생각하는 대상에 대한 저주나 보복과 관련된 장면을 상상하거나 그와 관련된 생각에 몰두한다.
- 분노를 일으킨 사건에 대해 반복적으로 생각한다.

분노와 공격행동

분노가 일어난다고 해서 반드시 공격행동이 뒤 따르는 것은 아니며, 공격행동을 할 때 반드시 분노를 경험하는 것도 아니다(Averill, 1983; Baron, 1977; Buss, 1971; Scott, 1958). 분노는 분노를 유발시킨 대상을 공격하거나 상해를 입히고 싶은 충동이나 경향성을 수반할 뿐이다(Collier, 1985; Berkowitz, 1993).

Averill(1983)이 대학생과 사회인을 대상으로 공격충동을 느낀 에피소드를 수집하여 분석한 결과에 따르면, 분노나 공격충동을 경험하더라도 이를 직접적인 신체적 공격으로 표현하거나 벌을 준 경우는 10%에 지나지 않았다. 많은 경우에 평온한 반응을 보이거나 분노 유발자에게 아무 해가 없는 대화를 나누었으며, 공격을 하더라도 대부분 언어적이거나 상징적인 방식으로 하였다.

3. 분노의 표현 양상

분노표현 양상은 대개 분노표출(anger-out), 분노억제(anger-in), 분노통제(anger-control)라는 세 가지 유형으로 구분된다(Spielberger et al., 1985). 분노표출은 화가 나면 이를 겉으로 드러내는 것으로, 화난 표정을 지어 보이는 것, 욕하는 것, 말다툼이나 과격한 공격행동을 보이는 것 등이 그 예다. 분노억제는 화는 나 있지만 이를 겉으로 드러내지 않는 것으로, 화가 나면 오히려 말을 하지 않거나 사람을 피하고 속으로만 상대방을 비판하는 경우가 이에 해당된다. 분노통제는 화가 난 상태를 자각하고 감독하면서 화를 진정시키기 위해서 다양한 책략들을 구사하는 것으로, 냉정을 유지하고 상대방을 이해하려고 노력하는 것이 대표적인 예다(Spielberger, Reheiser, & Sydman, 1995). 분노표출과 분노억제는 역기능적인 분노표현 행동인 반면에, 분노통제는 기능적인 분노표현 행동으로 분류된다(Biodeau, 1992; Gottlieb, 1999; Thich, 2001).

Deffenbacher, Oetting, Lynch와 Morris(1996)에 따르면 분노가 표현되는 방식은 직접적인 표현, 상호적인 의사소통, 타임아웃, 사람에 대한 신체적 가해, 사람이 아닌 다른 대상에 대한 물리적인 가해, 언어폭력, 째려보는 시선, 신체언어, 속으로만 비난하기, 분노통제, 교정적인 행동, 다른데 몰두하기, 수동-공격적인 방해, 따돌림 등 매우 다양하다. Tangney, Wagner, Gavlas와 Gramzow(1991)는 분노상황에서의 반응을 다음과 같이 분류하였다: 직접적인 공격(신체적 공격, 언어적 공격, 상징적 공격), 간접적 공격(제3자에게 비방하기, 상대의 중요한 물건 손상시키기), 대치된 공격(사람이 아닌 대상이나 다른 사람에게 화풀이), 자기공격, 분노를 안으로 삭히기, 적응적인 행동, 회피/분산적 반응(즐거운 일 찾기, 상황 피하기, 무시하기, 과소평가), 인지적 재평가(타인재평가, 자기재평가).

　역기능적인 분노 행동은 다양한 심리장애나 신체질환에 영향을 미친
다. 분노표출이나 억제가 강한 사람들은 심장혈관계 및 소화계 질환을
많이 보였으며, 분노억제가 강한 사람은 우울감과 절망감을 많이 보였
고 자살 위험성도 높았다(김교헌, 2000; 김교헌, 전겸구, 1997; 전겸구,
1991; Bridewell & Chang, 1996; Cautin, Overholser, & Goetz, 2001;
Moore & Paolillo, 1984; Zaitsoff, Geller, & Srikameswaran, 2002).

4. 분노의 기능성과 역기능성

　생후 2달된 유아도 분노를 경험하고 표현할 수 있을 정도로, 분노
는 생의 초기부터 경험되고 표현되는 정서다(Lewis, Alessandrini,
&, Sullivan, 1990). 이는 그 만큼 분노가 인간의 생존이나 적응을
돕기 위해서 꼭 필요한 정서임을 간접적으로 보여준다. 하지만 인
간 사회가 문명화되고 복잡해질수록 분노와 그에 수반하는 공격행
동은 다양한 역기능을 초래하기 쉬우며 그에 비례해서 분노에 대한
사회문화적인 제약도 커지게 마련이다(Tanaka-Matsumi, 1995). 여
기서는 분노의 일반적인 기능에는 무엇이 있는지, 그리고 기능적인
분노와 역기능적 분노가 어떻게 구별되는지를 살펴보겠다.

분노의 기능

　분노는 인류의 생존을 위해 중요한 기여를 하는 정서로, 위협 상
황에서 에너지를 효율적으로 동원해서 위기에 잘 대처하게 해주는
동기적인 역할을 한다(Ellis & Haper, 1975; Izard, 1977; Lazarus et
al., 1980). 인간의 다른 모든 기본 정서와 마찬가지로 분노도 인류
의 안녕을 위해서 많은 기능을 하고 있다. Bilodeau(1992)는 분노의

기능을 다음과 같이 정리하였다. 첫째, 인류의 생존에 기여한다. 분노 상태에서 많이 분비되는 아드레날린이라는 화학물질은 사람을 통증에 둔감하게 만들어, 상처를 입더라도 싸움을 지속할 수 있게 해준다. 또한 분노는 싸우는 동안 개인의 에너지가 쉽게 다른 곳으로 전환되지 못하게 함으로써 싸움에 집중할 수 있게 해준다. 둘째, 사회적 상황에 맞게 적절히 사용된 분노는 사회적 조절자로 기능하며, 때로는 사회적 결속을 다져주고 사회적 변화를 일으키는 자극이나 점화장치가 되기도 한다. 셋째, 분노는 의사소통의 한 양상이다. 위협받거나 방해받는 상황에서 얼굴을 붉힌다거나 화난 목소리를 내는 것은 위협이나 방해물을 없애준다. 넷째, 분노는 개인의 존엄성, 주체성, 자존심을 보호해 준다. 무시당하거나, 비웃음을 당하거나, 고통 받고 있다고 생각할 때 분노가 일어난다. 분노는 남에게 속거나, 과소평가 당하거나, 공격받을 때 자신을 방어할 수 있도록 용기를 북돋아 준다.

Averill(1983)은 사람들이 분노가 초래하는 결과를 얼마나 긍정적으로 혹은 부정적으로 평가하는지를 조사하였다. 분노를 경험한 사람과 분노의 표적이 되었던 사람 모두 분노로 인한 긍정적인 측면이 부정적인 측면보다 많다고 보고하는 경향이 있었다. 분노 사건 자체는 불쾌하지만 그 사건이 가져오는 결과는 긍정적인 측면이 더 많다고 보고하였다. 분노의 표적이 된 사람의 76%가 자신의 잘못을 깨닫게 되었다고 보고하였고, 거의 반 정도가 분노를 보인 사람과의 관계가 이전보다 더 좋아졌다고 보고하였다.

역기능적인 분노

분노는 강한 흥분상태를 수반하는 부정적인 감정이어서 대인관계, 일, 심리적 및 신체적 건강 등의 다양한 측면에 악영향을 미치기 쉽다. 흔히 분노의 대상이 되는 상대는 우리가 싫어하는 사람이 아니고 우리가 잘 알고 지내는 가까운 사람들이다(Averill, 1983; Kassinove, Sukhodolsky, Tsytsarev, & Solovyova, 1997). 분노를 경험하면 분노를 유발시킨 부당한 상황에 대해서 쓸데없이 반추하게 되고 보복적인 내용의 생각을 곱씹는 경향이 있다. 이로 인해 집중력이 저하되어 일의 능률이나 문제해결능력이 저하되기 쉽다(Ellis & Tafrate, 1997).

기능적인 분노와 역기능적인 분노를 구분하려는 시도가 일부 학자들에 의해서 있었다(김세진, 1999; Bowlby, 1980; Tangney, Hill-arlow, Wagner & Marschall, 1996). 분노가 기능적이려면 우선 가해자의 잘못이 객관적으로 인정되는 상황이어야 하고 분노의 강도가 중등도 수준을 넘어서면 안 된다. 기능적인 분노는 자신이나 타인이 같은 피해를 미래에 다시 경험하지 않도록 하는 적응적이고 문제해결적인 행동을 하도록 동기화시키며, 불필요하게 개인의 기능을 손상시키지 않는다. 이에 비해서 역기능적인 분노는 과도하게 적대적이고 공격적인 형태의 사회적 표현을 초래해서 장기적인 문제를 가져오기 쉽다. 또한 문제해결을 방해하고 미래에 같은 희생을 겪을 기회를 줄여주는 적응적인 행동을 위축시킨다. 분노로 인한 불쾌감과 그와 관련된 반추적인 사고는 개인의 다양한 기능을 손상시킨다(DiGiuseppe, 1995).

Deffenbacher와 McKay(2000)는 역기능적 분노를 빈도, 강도, 지속기간에서 과도한 수준에 있는 상태라고 언급하였다. 이는 특성분노에 대한 정의와 유사한 것으로, 특성분노가 높은 사람일수록 역기능적인 분노를 경험하기 쉬울 것이다. 일부 학자들은 격노나 격분과 같은 부적절한 분노는 비합리적 신념과 관련이 높다고 보고하였다(Ellis, 1977; Ellis & Dryden, 1987). 현재까지 기능적인 분노와 역기능적인 분노를 구분해주는 명확하게 합의된 기준은 없다. 하지만 일부 학자들의 주장을 고려하면, 특성분노가 높고 비합리적 신념이 강할수록 역기능적인 분노를 경험할 가능성이 높을 것으로 여겨진다.

분노에 대한 인지적 접근

고대 그리스 스토아학파의 철학자들은 사람들이 심리적으로 고통 받는 것은 경험한 사건 자체가 아닌 사건을 보는 관점 때문이라고 하였다. 일군의 사회심리학자들(Clore, Ortony, & Foss, 1987; Ortony, Clore, & Collins, 1988)은 사람들은 잠재적인 정서유발 경험들을 언어를 통해서 특정한 방식으로 개념화하며, 그에 따라 어떤 정서를 경험할지가 결정된다고 주장하였다. 이러한 견해는 Ellis(1962, 1973)의 합리적 정서치료나 Beck(1976)의 인지치료와 같은 주요 인지적 치료접근들의 견해와도 일치한다. Ortony 등(1988)은 "인지가 정서에 영향을 미치고 정서로부터 영향을 받는다는 무수한 심리학적 증거들이 있다"고 언급하였으며, 정서가 인지의 결과로 발생한다고 주장하였다. 그 밖에도 다수의 학자들이 이들과 의견을 같이 한다(Bower, 1981; Isen, Shalker, Clark, & Karp, 1978; Johnson & Tversky, 1983; Ortony, Turner, & Antos, 1983; Schwartz & Clore, 1983).

분노 발생 과정에 사건에 대한 해석이나 의미부여가 결정적으로 관여하고 있다는 주장에 많은 학자들이 동의하고 있다(Averill, 1983; Beck, 2000; Ellis & Tafrate, 1997; Kassinove & Sukhodolsky, 1995; Lazarus, 1991). 연구에 따르면, 타인의 행동이 의도적이고 부당한 것으로 생각될 때 흔히 분노가 발생하며 책망과 관련된 귀인이 분노를 일으키는 주요한 인지적 과정이었다(Averill, 1982, 1983). Graham, Hudley와 Williams(1992)는 분노가 '반드시…… 해야만 한다'는 판단과 연합되어 있는 점을 강조하였으며, 분노를 '도덕적 정서'라고 하였다. Ellis (1962, 1994)와 Horney(1950)는 분노를 '당위적인 요구를 일삼는 폭군(tyranny of the shoulds)'이라고 하였다.

이렇듯 여러 학자들이 분노가 발생되는 과정에서 인지의 역할을 강조하였다. 분노와 관련된 인지적 요인의 역할에 대해서 보다 구체적으로 알아보기 위해서 먼저 분노 발생 과정에 대한 주요 이론들을 살펴보고, 다음으로 본 연구에서 분노를 일으키는 주요 인지 요인으로 가정하고 있는 비합리적 신념과 자동적 사고에 대한 선행 연구들을 고찰해보겠다. 마지막으로 분노 문제를 다루는 인지행동 치료에 대해서 개괄해 보겠다.

1. 분노에 대한 인지 이론

분노 경험은 정서적, 생리적, 인지적 요인으로 구성되어 있으며, 이 세 가지 요인들은 거의 동시에 경험된다(Deffenbacher & McKay, 2000). 이 중에서도 특히 인지적 요인은 분노 경험을 일으키는 핵심적인 요인으로 여러 분노 이론들에서 중요하게 다루어져 왔다(Beck, 2000; Berkowitz, 1990; Deffenbacher & McKay, 2000; Lazarus, 1991). 여기서는 분노유발 과정을 설명하는 대표적인 인지 이론들을 고찰해 보고, 이 이론들이 공통적으로 시사하는 점에 근거해서 분노 유발에 대한 일반적인 인지 모델을 가정해 보고자 한다.

(1) Lazarus의 이론

Lazarus(1991)는 인지, 동기, 관계적 입장에서 정서 경험의 발생 과정에 대한 체계적이고 포괄적인 이론을 제안하였다. 그에 따르면 각 정서는 개인과 환경 간의 고유한 관계를 반영하는 핵심주제를 가지고 있으며, 이는 보편적이고 생득적인 것이다. 개인은 목표성취 과정에서 목표수행 상태에 대한 반응으로 정서를 경험하게 된다. 목표가 잘 수행되면 긍정적인 정서를, 목표가 잘 수행되지 않으면 부정적인 정서를 경험한다. Lazarus(1991)는 정서경험을 일으키는 요인으로 특히 인지적 평가를 강조하였으며, 이를 일차평가와 이차평가로 나누었다. 일차평가에서는 사건이 개인의 목표와 관련이 있는지(goal relevance), 목표와 얼마나 합치 혹은 불합치 하는지(goal congruence or incongruence), 자아의 관여 유형(type of ego-involvement)에 대해서 평가가 이루어진다. 자아의 관여 유형은 자아/사회적 존중감, 도덕적 가치, 이상, 핵심적인 의미들과 생각들, 다른 사람과 자신의 안녕, 인생의 목표 등 6가지 유형으로 구분된다. 이차평가에서는 책임이 누구에게 있으며 통제가능한 일이었는지, 대처자원은 어느 정도인지, 대처의 결과로 어떤 변화가 있을 것인지에 대해서 평가하게 된다.

Lazarus(1991)는 분노, 불안, 두려움, 죄책감, 수치심 및 슬픔, 각각에 고유한 인지적 평가 과정이 있다고 제안하였다. 분노에 대한 그의 설명을 살펴보면 다음과 같다. 분노의 핵심적인 관계주제는 '나와 나의 것에 대한 비하적인 공격(demeaning offense against me and mine)'이다. 상황이 개인의 목표와 관련이 있는지, 목표를 이루는데 방해가 되는지 혹은 도움이 되는지, 자존감 유지나 증진에 위협이 되는지에 대한 일차평가가 이루어지고 이어서 누구에게 책임이 있는지, 어떤 대처 행동이 가능한지, 대처행동에 따르는 예상되는 결과에는 어떤 것들이 있는지에 대한 이차평가가 이루어진다. 일차평가에서 목표가 방해받고 자존감 유지나 증진에 위협이 된다고 지각되면, 분노나 불안을 느끼게 된다. 반대로 상황이 목표에 부합되고 자존감을 증진시켜준다고 여겨지면, 자긍심과 같은 긍정적인 정서를 느끼게 된다. 이차평가에서 부정적인 상황이 일어난 것이 타인의 탓이며 그 상황을 타인이 통제할 수 있었다고 판단하면 분노는 타인을 향하게 되고, 반대로 자신의 탓이라고 판단하면 분노는 자신을 향하게 된다.

(2) Deffenbacher와 McKay의 이론

Deffenbacher와 McKay(2000)는 분노가 촉발인, 분노 전 상태, 평가라는 세 요인의 복잡한 상호작용의 결과로 발생한다고 보았다. 촉발인은 세 가지 자극으로 나뉜다: 분노를 일으키는 구체적인 사건, 이전에 느꼈던 분노를 다시 떠오리게 하는 단서, 분노를 유발시키는 다양한 불쾌한 감정들. 분노 전 상태는 다시 분노 직전상태(immediate state)와 지속적인 분노 전 상태로 나뉜다. 분노유발과 관련이 높은 분노 직전상태로는 피로, 스트레스, 만성적인 통증 등을 대표적으로 들 수 있다. 지속적인 분노 전 상태는 세상에 의미를 부여하는 습관적인 방식으로 개인의 가치관, 기대, 도덕적 가치기준 및 삶에 대한 규칙이 포함되며, 이는 개인적 영역(personal domain)(Beck, 1976) 및 자아정체감(ego-identity)(Lazarus, 1991)과도 유사한 개념이다. 타인이 자아정체성을 훼손시켰거나 개인적 영역을 침범했다고 지각하면 분노가 발생하기 쉽다.

Deffenbacher와 McKay(2000)도 Lazarus(1991)와 유사하게 평가 과정을 일차평가와 이차평가로 구분하였다. 일차평가에서는 분노의 원천에 대한 평가가 주가 된다. 미리 예방할 수 있는 일이고 고의성이 있으며 책망 받아 마땅하다고 생각하면 분노가 강하게 일어난다. 이차평가에서는 대처 자원, 좌절에 대한 인내력, 분노 경험의 적절성 등에 대한 평가가 주가 된다. 분노촉발인이 부당하고 의도성이 있으며 통제가능한 일이고, 대처자원이 없고 참을 수 없으며 분노가 적절한 반응이라고 생각되면 분노는 증가한다(Deffenbacher, 1999).

(3) Beck의 이론

Beck(2000)은 분노가 사건 자체에 의해서 유발되는 것이 아니라 개인이 사건에 주관적으로 부여하는 해석이나 의미부여에 의해서 유발된다고 제안하였다. 특정 상황에 부여하는 의미는 개인이 갖고 있는 신념 체계에 의해 결정된다. 이러한 신념 체계는 특정 상황에 처하면 자동적으로 활성화되어서 여러 가지 분노사고들을 일으킨다. 이러한 분노사고들은 자동적 사고에 해당되는 것으로 분노가 유발된 당시에는 쉽게 자각하지 못하지만, 주의를 주면 비교적 쉽게 의식화된다.

그에 따르면 신념은 세 가지 유형으로 구분된다. 특정 상황이라는 단서가 붙는 'If…… then' 형식의 조건적 신념, 특정 상황이라는 조건이 붙지 않는 과잉 일반화된 신념인 '범주적 신념', 당위적이거나 절대적인 요구 형식의 '규칙'이라는 세 종류의 신념이 그것이다. 이 중에서 범주적 신념과 규칙은 상황에 경직되게 적용될 가능성이 커서 역기능적인 분노를 일으키기 쉽다.

자동적 사고는 개인의 역기능적인 신념체계에 의해서 활성화된다. 다음의 예를 보면 쉽게 이해할 수 있다.

'아내는 남편을 절대 우습게 여겨서는 안 된다'는 당위적인 요구를 규칙으로 내재화하고 있는 남편이 있다. 아침에 출근을 하려는데 아내가 본체도 하지 않고 자기 일만 하고 있다. 순간적으로 남편은 부인이 자신을 우습게 여기고 무시한다는 생각이 들면서 자신이 남편으로서 초라하게 여겨졌다. 이어서 가족들을 먹여 살리느라 자신이 지금까지 희생적으로 일해 왔다는 생각이 들면서 아내의 행동이 부당하고 잘못되었다는 생각이 다시 솟아났다. 그 순간 분노가 극에 달해서 참을 수가 없었다.

분노 발생에 대한 Beck의 모델을 예와 함께 도식화하면 다음과 같다.

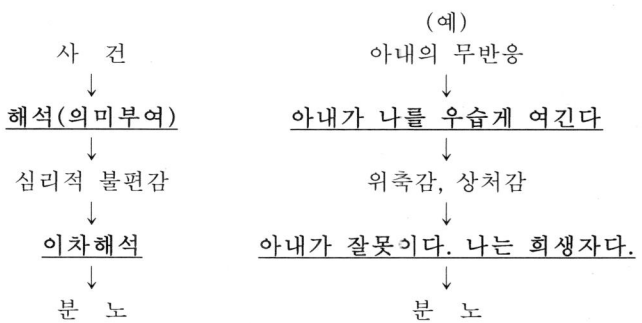

그림 1. 분노 발생에 대한 Beck의 모델

위의 도식에 따르면 Beck(2000)은 분노발생 과정에 두 번의 해석 과정이 포함되어 있다고 제안하고 있다. 사건이 발생하면 먼저 이 사건에 의미를 부여하는 첫 번째 해석이 이루어진다. 그에 따르면 분노와 주로 관련된 의미부여 내용은 대인관계에서 경험하는 상실 (interpersonal loss)이나 자기 가치 비하(devaluation)에 해당되는 것들이다. 타인이 자신을 우습게 본다고 생각하면, 심리적 불편감 (distressed feeling)을 경험하게 된다. 이때 경험하는 불편감은 정서 적인 것일 수도 있고, 가슴이 답답하거나 목에 뭐가 걸려 있는 것 과 같은 신체적 불편감일 수도 있다. 이어서 규칙에서 위반되었다 는 내용이 주가 되는 이차해석이 이루어지고 분노를 경험하게 된 다. 이차해석의 내용은 '잘못되었다, 부당하다, 책망 혹은 처벌받아 마땅하다, 나는 희생자다' 등의 것들이다.

Beck(2000)은 분노유발 과정에서 자동적 사고가 여러 단계에서 일어나며, 특히 심리적/신체적 불편감을 경험하기 전과 분노나 공격 충동을 경험하기 전에 일어난다고 언급하였다. 하지만 Beck은 발생 시기가 다른 자동적 사고의 구체적인 내용상의 차이나 다른 특성에 서의 차이에 대한 언급은 하지 않았다.

(4) Berkowitz의 이론

Berkowitz(1990)는 높은 온도, 역겨운 냄새, 엽기적인 장면 관람 등의 불쾌한 사건만으로도 분노가 일어날 수 있다고 주장하였다. 불쾌한 사건으로 인해 발생한 부정적인 정서 경험이 이와 연합된 분노를 활성화시키기 때문이다. Berkowitz는 이를 지지하는 연구 결과들을 바탕으로 분노나 공격성을 활성화시키는데 인지가 반드시 필요치 않음을 보여주었다. Berkowitz의 모델을 도식으로 표현하면 그림 2와 같다.

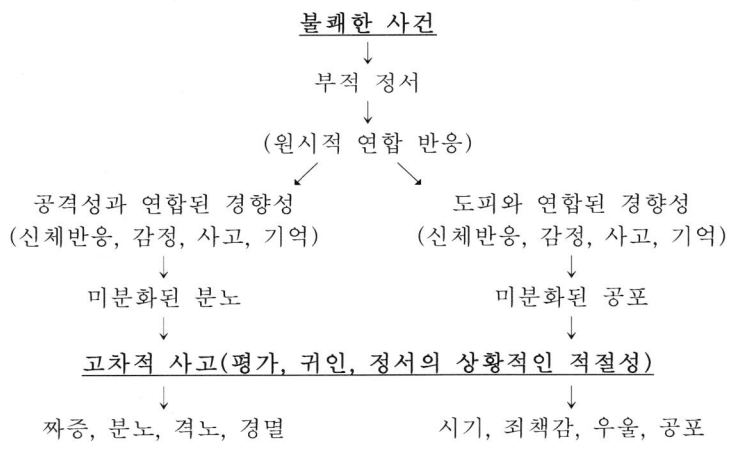

그림 2. 분노 발생에 대한 Berkowitz의 모델

더위나 역겨운 냄새의 경우는 인지적인 평가가 들어가지 않아도 불쾌한 사건임이 직접적으로 확인된다. 하지만 분노가 빈번히 경험 되는 대인관계 상황인 경우는 많은 경우에 절대적으로 불쾌한 사건 이라는 게 있기 어렵다. 상황에 대한 해석이나 평가가 들어가야만 불쾌한 사건인지 유쾌한 사건인지가 분명해진다. Berkowitz(1990)의 모델에서는 불쾌한 사건이 부정적인 정서를 일으키고 이와 연합되어 있는 분노관련 정서, 사고, 기억, 신체반응들이 자동적으로 활성화된다고 가정하고 있다. 이때 불쾌한 사건이라는 지각이 있기 위해서는 분노를 유발시키는 상황이 당사자에게 이로운 것인지 해가 되는 것인지에 대한 평가가 거칠게라도 이루어져야 한다.

이러한 평가과정은 정보처리의 초기에 거의 자동적으로 이루어지는 것으로 그 당시에는 쉽게 의식되지 않는 경우가 많다. 불쾌한 사건에 대한 초기 평가가 일어나고 부정적인 정서와 이와 연합된 초기의 미분화된(rudimentary) 분노가 활성화된 뒤에 정서를 더욱 정교화 시키기 위한 고차적 사고가 일어난다. 고차적인 사고에는 평가, 귀인, 감정의 상황적인 적절성 평가 등이 포함되며, 이를 통해서 감정 경험은 더욱 분화되거나 강화되며 때로는 억제되기도 한다. Berkowitz가 그의 모델에서 인지 과정으로 고차적 사고만을 강조하고는 있지만, 당면한 대인관계 상황이 불쾌한 사건이라는 인식을 가능하게 해주는 초기의 사고과정을 가정하고 있다는 점에서 보면, 그의 모델이 분노 경험의 유발에 적어도 두 단계의 사고과정을 가정하고 있음이 시사된다.

(5) 분노에 대한 인지 이론들의 시사점

이상에서 살펴본 분노에 대한 인지 이론들에 따르면, 평가나 해석 과정이 분노 유발에 중요하게 기여하고 있음을 알 수 있다. 특히 네 이론에서는 공통적으로 분노 경험이 일어나기 위해서는 두 가지 구별되는 인지과정이나 사고가 매개역할을 하고 있음을 강조하고 있다. 이 두 과정을 Lazarus(1991)와 Deffenbacher 및 McKay(2000)는 일차평가와 이차평가라 하였고, Beck은 의미부여와 이차해석이라고 언급하였다. 이러한 분노에 대한 인지 이론들에 따르면, 분노 유발 과정은 그림 3과 같이 도식화될 수 있다.

36

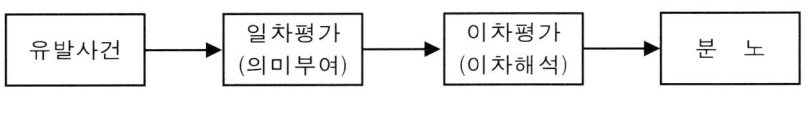

그림 3. 분노에 대한 인지 모델

위의 모델은 Lazarus, Beck, 그리고 Deffenbacher와 McKay의 제안을 공통점만 추려서 도식화한 것으로, 분노 유발 과정에 대한 단순하고 거친 일반적인 인지 모델이라 할 수 있다. 이 모델에 따르면 분노 유발 과정에는 두 단계의 다른 평가 혹은 해석 과정이 관여하며, 이 단계들은 시간적으로 연속적이다.

첫 번째 단계는 사건 경험 직후에 좌절과 관련된 상황에 대한 평가가 주가 되는 것으로 미분화된 불편감이나 상대적으로 강도가 약한 분노를 일으킨다. 이에 비해서 두 번째 단계의 평가는 대처자원이나 대처행동의 결과에 대한 평가가 주가 되며, 분화되고 강도가 한층 높아진 분노를 일으킨다. 첫 번째 평가에 이어서 경험되는 미분화된 불편감이나 약한 분노감은 Berkowitz가 표현한 것처럼 막연한 짜증이나 성마름과 같은 초기의 미분화된 분노일 수도 있으며, Beck이 표현한 것처럼 위축감이나 상처 받은 느낌일 수도 있다. 두 번째 단계의 평가를 거치면서 미분화된 불편감이나 약한 분노감은 강화되고 정교화 되며, 짜증이나 성가심이 계속 증폭되어서 분노나 격노에 이를 수 있다. 첫 번째 단계는 주로 상황에 대한 지각과 관련되며 두 번째 단계는 개인의 대처 행동에 직접적인 영향을 미칠 수 있는 평가가 주를 이룬다. 첫 번째 단계에서 두 번째 단계로 넘어갈수록 분노의 강도는 더 강해지고 분화되는 경향이 있다.

2. 자동적 사고와 비합리적 신념

Lazarus(1991), Beck(2000), 그리고 Deffenbacher와 McKay(2000)의 분노에 대한 인지 이론은 역기능적인 분노에 초점을 두기보다는 역기능적 분노를 포함하는 일반적인 분노의 유발 과정을 설명하는 데 초점을 두고 있다. 여기서는 역기능적인 분노가 유발되는 과정에 특히 기여할 것으로 가정되는 인지 요인인 부정적인 자동적 사고와 비합리적 신념에 대해서 고찰해 보고자 한다.

(1) 자동적 사고

자동적 사고의 특징

분노를 비롯해서 우울, 불안, 공포 등의 다양한 부정적인 감정을 경험할 때 순간적으로 다양한 생각들이 스쳐 지나간다. 이런 생각들은 심사숙고하거나 논리적으로 따져본 생각이 아니다. 대부분 비슷한 상황에서 습관적으로 반복해서 떠오르는 생각이나 심상으로, 자기 진술(self-statements), 자기말(self-talk), 내적 대화(internal dialogue), 혹은 내면적 언어(covert verbalization) 등의 다양한 용어로 표현된다(Kendall & Hollon, 1981). Beck(1967, 1976)은 이를 자동적 사고라고 명명하였다. 자동적 사고는 특정한 상황과 밀접히 연관된 것으로 자신이 처한 상황의 위협성이나 대처능력 혹은 대처행동의 결과에 대해 순간적으로 떠오르는 구체적인 생각이나 심상이다(권정혜, 1993; Fennell, 1989).

자동적 사고는 유발 사건에 의해 활성화된 비합리적 신념에 의해서 생성된 일종의 인지적 산물로, 상태 의존적이며 상황에 따라 쉽게 변하고 다양한 내용으로 구성되어 있다(Ingram & Kendall, 1987). 기저에 있는 비합리적 신념에 비해서 자동적 사고는 비교적 의식 수준에 가까이 있는 인지로 비교적 쉽게 의식할 수 있다. 자동적 사고는 내용상 인지적 오류나 왜곡, 편향을 반영하는 경우가 많아,

인지치료에서 수정되어야 하는 구체적인 치료표적이 되기도 한다.

Beck(1995)은 임상 장면에서 자동적 사고의 정확성과 유용성을 함께 고려해야 함을 강조하였으며, 자동적 사고를 세 유형으로 나누었다: 객관적인 사실을 왜곡한 사고, 내용은 정확하지만 결론이 비약이 심하거나 왜곡된 사고('나는 약속을 어겼다. 그래서 나는 나쁜 사람이다.'), 내용은 정확하지만 적응적이지 않은 사고.

Beck(1995)은 자동적 사고의 특징을 다음과 같이 정리하였다.

· 짧고 구체적이다.
· 사건과 감정을 연결해 준다.
· 매우 빨리 일어나며 불수의적이다.
· 몇 가지 중요한 단어나 심상들로 이루어져 있다.
· 조심스럽고 진지하게 생각한 것이 아니다.
· 논리적인 일련의 단계를 밟은 문제 해결적인 사고가 아니다.
· 그 당시에는 합리적이고 이치에 맞는 것처럼 여겨진다.
· 같은 주제가 반복적이고 습관적으로 되풀이 된다.

분노가 일어나는 상황에서 자동적 사고를 탐색하기 위해서 임상가들은 '화가 났던 바로 그 순간에 마음속에 어떤 생각이 떠올랐습니까?', '그 상황을 당신은 어떻게 이해했습니까?', '그 상황이 당신에게는 어떻게 비쳐졌습니까?'와 같은 질문을 내담자에게 던진다(Beck, 1995). 우울한 사람은 비관적이고 자기비난적인 내용의 자동적 사고를, 불안한 사람은 미래의 위험이나 위협과 관련된 자동적 사고를 흔히 떠올린다. 분노를 느끼고 있는 사람은 무엇이 잘못되었고 그 책임이 누구에게 있는가와 관련된 일련의 사고를 흔히 떠올린다(Beck, 2000). 분노와 관련된 인지적 편향이나 비합리적 신념에 대한 연구에 비해서 자동적 사고에 대한 연구는 상대적으로 드문 편이다.

자동적 사고와 인지적 오류

자동적 사고는 심사숙고하거나 논리적으로 따져본 생각이 아니기에, 인지적 오류나 왜곡에 특히 취약할 수 있다. Beck(1976)은 정서적 불편감을 초래하는 다섯 가지 인지적 오류를 강조하였다: 자신과 관련지어 생각하기(personalization), 극단적인 사고(polarized thinking), 선택적 발췌(selective abstraction), 임의적 추론(arbitrary inference), 과잉 일반화(overgeneralization). 분노를 일으키는 인지적인 오류나 왜곡으로 파국화, 과잉 일반화, 절대적이거나 당위적인 요구, 싸잡아 모욕주기(global labeling), 자기참조(self-reference), 이분론적 사고, 의도성 귀인, 한 가지 원인만 강조하는 것 등이 제안된 바 있다(Beck, 2000; Deffenbacher & McKay, 2000; Gottlieb, 1999). 이 중에서 대표적인 다섯 가지 인지적 오류에 대해서 상술하면 다음과 같다.

파국화(Catastrophizing)는 재앙화라고도 명명되는데, 예를 들면 "이 상황은 정말 끔찍하다", "나는 이 상황을 도저히 견딜 수 없다", "이제 나는 끝장이다"와 같은 사고들이다. 이와 같이 상황을 극단적이고 부정적으로 보는 사고들은 많은 경우 실제보다 과장되어 있다. 대부분의 경우, "실망스럽다", "속상하다", "힘들다", "어렵다", "기대에 못 미친다", "좌절스럽다", "짜증스럽다" 등의 표현이 상황의 심각성 정도를 현실적으로 반영하는 표현들이다. 하지만 상황을 파국적으로 지각하는 사람들은 자신이 처한 상황을 현실적으로 보지 못하고 실제보다 과장되게 지각하며, 이로 인해 무력감이나 절망감을 경험하고 심리적으로 과도하게 흥분해서 합리적이고 적응적인 대처를 못하는 경우가 많다.

절대적이거나 당위적인 요구(demanding, commanding, must,

should)는 예를 들면 "약속 시간은 반드시 지켜야만 해", "날 우습게 여겨서는 절대 안돼", "넌 실수하면 안돼", "새치기는 절대 안돼", "친구 사이에 어떻게 그렇게 이기적인 행동을 할 수 있어"와 같은 사고들이다. 자신이 갖고 있는 삶에 대한 원칙이나 규칙을 다른 사람, 자신, 세상사에 경직되게 적용해서, '…… 해야만 해', '절대 그렇게 행동해선 안돼' 등과 같이 소리 없이 명령하거나 강요한다.

과잉 일반화(Overgeneralization)는 예를 들면 "날 좋아하는 사람은 아무도 없다", "저 인간은 항상 자기밖에 몰라", "이 놈의 집구석은 한 번도 조용한 날이 없어", "우리 엄마는 하루도 잔소리를 안 하는 날이 없다"와 같은 사고들이다. '절대', '반드시', '한번도…… 없다', '아무도…… 않다', '결코…… 없다', '전혀…… 없다', '항상' 등과 같이 예외를 인정하지 않는 절대적인 의미를 담고 있다. 예외나 다양한 사건 경험들을 균형 있게 고려하지 않고 과장되게 일반화한 결과다.

싸잡아 모욕주기(Global labeling)는 자신이나 타인에 대해서 "바보", "얼간이", "멍청이", "아무짝에도 쓸모없는 인간", "쓰레기" 같은 표현을 써서 개인을 송두리째 싸잡아서 인격적으로 모욕하는 사고다. 개인이 한 행동과 개인의 전체 인격을 같게 보는 것으로, 몇 가지 부정적으로 평가된 행동을 가지고 개인의 전체 인격을 극단적으로 부정적인 표현으로 명명한다.

오귀인(misattribution) 혹은 독심술(mind reading)은 예를 들면 "저 사람은 나를 미워하는 것이 틀림없어", "내게 말도 안 걸고 인사를 해도 시큰둥하게 받고", "고의적으로 나를 골탕 먹이려고 이번 일에 대해서 내게 연락을 안 한거야", "일부러 내게 인사를 안 하는 거야"와 같은 사고들이다. 화를 잘 내는 사람은 상대방의 동기나 의도를 고의적인 것으로 보는 인지적 편향을 많이 보이며, 타인의 행동이 통제 가능한 것이었다고 지각하는 경향이 더 크다.

(2) 비합리적 신념

비합리적 신념은 인지 구조의 한 종류로, 자신과 세계에 대한 지식과 정보를 기억 속에 조직하고 저장하는 구성체인데, 외부 자극을 선택적으로 지각하고 해석하며 저장하는 기능을 한다. 이러한 인지 구조는 심리적으로 안정적이고 지속적인 것으로 심층 심리를 반영한다(권석만, 1995; 조용래, 1993; Beck, 1995; Ingram & Kendall, 1987; Kwon, 1992). 비합리적 신념은 학자에 따라 역기능적 신념으로도 불리는데, 어린 시절의 중요한 경험들이 비합리적 신념을 형성하는데 중요하게 기여하는 것으로 알려져 있다.

내용 면에서 보면 비합리적 신념은 자기 자신이나 타인 혹은 세상에 대한 절대적이고 완벽주의적이며 융통성 없는 비현실적인 신념이다. 이 신념이 위반되면 극단적이고 과도한 정서경험이 초래된다. 비합리적 신념의 수준이 높을수록 분노 수준도 높아지는 경향을 보였다(고경희, 2000; 김인희, 2000; Douglas, 1991; Lopez & Thuman, 1986). 비합리적 신념 중에서 분노와 특히 관련이 높은 것으로 파국화, 완벽주의, 남 탓하기, 높은 인정욕구, 좌절에 대한 낮은 내성력, 무력감, 과도한 걱정 등이 제안된 바가 있다(Deborah, 1999; Deffenbacher & Hogg, 1986; Zwemer & Deffenbacher, 1984).

Ellis(1962)는 최초에 11개의 비합리적 신념을 제안하였으며, 나중에 Ellis와 Tafrate(1997)는 핵심적인 비합리적 신념으로 네 가지 유형의 신념을 강조하였다. 이들은 특히 분노 유발에 기여하는 비합리적 신념으로 네 유형의 사고를 아래와 같이 제안하였다.

- 사람들이 나를 부당하게 대하고 배려하지 않는 것은 <u>끔직한 일</u>

<u>이다.</u> (파국화)

- 사람들이 나를 그렇게 대하는 것은 <u>참을 수 없다.</u> (좌절에 대한 낮은 인내력).
- 사람들은 그렇게 나쁘게 행동해서는 <u>절대 안 된다.</u> (절대적 요구).
- 그렇게 나쁘게 행동하는 사람들은 행복하게 살면 절대 안 된다. 그들은 나쁜 사람들이기 때문에 <u>반드시 처벌받아야 한다.</u> (책망).

이들은 또한 비합리적인 사람들이 흔히 갖고 있는 핵심적인 요구 세 가지도 함께 제안하였다.

- 나는 반드시 잘 해야만 한다.
- 사람들은 항상 좋게 행동해야만 한다.
- 세상일은 항상 내가 원하는 식으로 진행되어야 한다.

Beck(2000)도 절대적 요구와 책망을 분노를 유발하는 주요한 신념으로 강조한 바 있다.

본 연구에서는 비합리적 신념을 다음의 5가지 유형으로 분류하였다. 이러한 분류는 본 연구에서 사용하고 있는 수정판 일반적 태도 및 신념 척도의 비합리적 신념의 하위 요인 구분에 따른 것이다. 비합리적 신념의 유형과 그 예를 소개하면 다음과 같다.

- 성취에 대한 집착
  예) 내가 중요한 일을 잘 해내지 못하면, 그것은 참담한 일이 될 것이다.

- 자기비하
  예) 중요한 사람들이 나를 싫어하면, 이는 내가 호감이 가지 않는 나쁜 사람이기 때문이다.

- 불편감이나 좌절에 대한 낮은 인내력

  예) 불편하고 긴장되고 불안한 것을 참을 수 없으며, 나는 그런 상태에 있을 때 너무 괴롭다.

- 무시나 부당한 대우에 대한 과민성

  예) 나는 다른 사람들이 나를 배려하지 않는 것을 참을 수 없으며, 그들이 잘못 행동할 수도 있다는 것을 용납할 수 없다.

- 호감이나 인정에 대한 집착

  예) 나는 다른 사람들로부터 존중받아야만 하며, 만약 내가 존중받지 못하면 나는 그것을 인정하지 못할 것이다.

3. 분노에 대한 인지행동치료

분노와 관련된 문제를 다루기 위한 다양한 접근의 치료들이 임상현장에서 시도되고 있다. 대표적인 접근으로 불교적인 접근(Leifer, 1999), 체계지향적인 접근(Robins & Novaco, 1999), 정서경험에 초점을 둔 접근(Pavio, 1999), 인지행동치료적인 접근(Deffenbacher, 1999)을 들 수 있다. 이 중에서 임상현장에서 가장 널리 활용되고 있는 것은 인지행동치료적인 접근이다. Beck과 Fernandez(1998)는 지난 20년간 이루어진 분노에 대한 치료성과 연구들을 대상으로 메타분석을 하였다. 그 결과 다른 치료에 비해서 인지행동치료가 가장 효율적인 것으로 나타났다. 분노에 대한 인지행동치료적인 접근들은 대략 다음의 세 가지로 요약할 수 있다.

인지적 재구성 치료

인지적 재구성 치료의 주요 목적은 비합리적이거나 왜곡된 사고 양상을 확인하고 논박을 통해서 이에 도전함으로써, 적응적인 신념 체계와 왜곡되지 않은 사고양상을 새롭게 구성하도록 돕는 것이다 (Beck, 1976; Ellis, 1973). 대표적인 인지적 재구성 치료로 Beck의 인지치료(1963, 2000)와 Ellis의 합리적 정서치료(1962, 1977)를 들 수 있다. Beck과 Ellis 모두 역기능적인 분노 유발의 기저에 있는 역기능적 신념이나 비합리적 신념의 중요성을 강조하였으며, 논박을 통해서 이들을 합리적이고 기능적인 신념으로 바꿔주는 것이 치료의 주요 과정이자 목적이라고 하였다. 특히 Beck은 이에 더해서 분노 상황에서 보이는 부적응적인 자동적 사고와 이들의 기저에 있는 여러 가지 인지적 오류를 치료자와 함께 찾고 수정하는 작업을 강조하였다.

이완 치료

분노는 생리적 각성 상태를 수반하는데, 이러한 신체적 긴장 상태는 분노를 증폭시킬 뿐만 아니라 분노유발 상황에서 합리적이고 적응적인 대처를 하기 어렵게 한다(Ax, 1953; Berkowitz, 1990; Novaco, 1975). 생리적 흥분이나 긴장 상태를 낮추기 위해서 다양한 이완훈련 치료 법들이 활용되는데, 대표적인 것으로 점진적인 근육이완훈련(Jaco-bson, 1938), 자율훈련(autogenic training), 심상이완법, 호흡법, 체계 적 둔감법 등을 들 수 있다. 분노문제를 다루기 위해서 이완 치료만 사용하는 경우는 드물고, 대부분은 치료프로그램의 일부분으로 이완 훈련이 포함되어 활용되고 있다.

기술 훈련 치료

기술 훈련 치료에서는 분노문제를 포함해서 다양한 심리적 문제 들이 대인적 기술 결함에 기인한다고 본다. 이러한 기술 결함은 문 제 상황에서 효율적으로 대처하는 것을 어렵게 하고 개인의 목표성취를 방해한다. 기술 훈련 치료의 목적은 원하는 목표를 개인이 성취할 수 있도록 새로운 행동을 학습시키는 것이다. 대표적인 치료로 자기주장 훈련과 사회기술 훈련을 들 수 있다. 자기주장 훈련에서는 감정, 욕구, 바램을 상황에 적절하게 표현할 수 있도록 교육시키는데 초점을 두며, 사회기술 훈련에서는 대인관계 상황에서 적절히 활용할 수 있는 사회적으로 수용 가능한 언어 및 동작 기술을 교육시키는데 초점을 둔다(Masters, Burish, Hollon, & Rimm, 1987).

분노에 대한 최근의 인지행동프로그램들은 이 세 가지 치료 접근들 중에서 몇 가지를 결합시킨 통합적인 모델을 지향하는 경향이 있다(Deffenbacher & McKay, 2000; Gottlieb, 1999; Novaco, 1975). 최근에 출판된 분노에 대한 인지행동프로그램들을 살펴보면, 세 가지 접근들 중에서 강조하는 것이 조금씩 다르긴 하지만 기본적인 구성 요소에 있어서는 큰 차이를 보이지 않는다(천성문, 1999; Bilodeau, 1992; Deffenbacher & McKay, 2000; Gottlieb, 1999).

분노에 대한 대부분의 치료효과 연구는 인지행동치료를 중심으로 이루어지고 있다. 인지적 재구성 치료와 이완 치료를 결합시킨 것이 하나의 치료만 실시한 것보다 치료효과가 우수하였으며, 그 외에도 통합적 치료 모델의 우수한 효과를 지지해주는 다수의 연구들이 있다(Deffenbacher, McNamara, Stark, & Sabadell, 1990; Feindler, Ection, Kingsley, & Dubey, 1986). 국내에서도 일반 청소년이나 비행청소년, 대학생을 대상으로 한 분노조절을 위한 집단 인지행동치료가 활용되고 있으며, 이와 관련된 치료효과 연구도 최근 들어 많이 발표되고 있다(강신덕, 1997; 고미영, 1999; 고영인, 1994; 김계현, 1993; 이영순, 이현림, 천성문, 2000; 천성문, 1999). 국외에서도 분노에 대한 인지행동치료에 대한 치료효과 연구들이 꾸준히 보고되고 있다(Beck & Fernandez, 1998; Deffenbachacher, Dahlen, Lynch, & Morris, 2000).

문제 제기 및 연구 목적

본 연구에서는 역기능적 분노와 비합리적 신념 및 자동적 사고의 관계를 규명하고 역기능적 분노를 설명하는 인지 모델을 제안하고자 한다. 분노에 대한 인지 모델(그림 3)을 정교화하고 확장시켜서 역기능적인 분노에 대한 인지 모델을 제안하고, 이를 경험적으로 검증해 보는 것이 본 연구의 주요 목적이다.

본 연구에서는 먼저 대학생 집단을 대상으로 비합리적 신념, 일차적 및 이차적 분노사고와 역기능적 분노의 관계를 알아보고, 이어서 역기능적인 분노 발생에 기여하는 것으로 가정된 비합리적 신념, 일차적 분노사고, 이차적 분노사고가 내담자 집단에서는 어떤 특징을 보이는지를 탐색적으로 알아보고자 한다. 특히 비합리적 신념, 일차적 분노사고, 이차적 분노사고의 감소에 초점을 둔 집단프로그램을 실시하고 그 후에 그들의 변화를 분석함으로써, 역기능적인 인지의 감소가 역기능적인 분노를 감소시키는데 얼마나 기여하는지를 살펴보고자 한다.

1. 분노와 관련된 자동적 사고:
일차적 분노사고와 이차적 분노사고

 Beck(1963)의 인지이론이 나온 이후로 다양한 심리 장애에 대해서 그 장애에 특수한 자동적 사고를 제안하는 연구들이 다수 있었다. 하지만 자동적 사고의 유형을 단계적으로 구분하려는 시도는 일찍이 없었다. 본 연구에서는 분노상황에서 보이는 자동적 사고를 일차적 분노사고와 이차적 분노사고라는 두 단계로 구분하고자 한다. 앞서 언급한 인지이론들(Beck, 2000; Deffenbacher & McKay, 2000; Lazarus, 1991)에 따르면 분노가 유발되는 과정은 두 단계의 평가 혹은 해석 과정으로 구성되어 있다. 다소의 차이는 있지만 Lazarus(1991)와 Deffenbacher 및 McKay(2000)는 이 과정을 일차평가와 이차평가로, Beck(2000)은 의미부여와 이차해석이라 일컬었다. 이러한 평가나 해석 과정은 그와 관련된 인지적 산물로 여러 가지 사고를 각각 생성하는데, 이러한 사고들은 Beck이 말하는 자동적 사고에 해당된다.

 자동적 분노사고에 대한 세분화를 통해서 분노유발 상황에서 보이는 역기능적인 사고에 대한 보다 체계적인 이해나 평가가 가능해진다. 개인마다 일차적 및 이차적 분노사고를 보이는 양상에서 차이가 있으며, 이에 따라 분노경험이나 표현 양상에서도 차이가 있을 것이다. 본 연구에서는 이러한 필요성에 따라 분노 상황에서의 자동적 사고를 일차적 분노사고와 이차적 분노사고로 구분하고 이들을 각각 평가하기 위한 척도를 개발하고자 한다.

 다음 두 상황의 예를 통해서 일차적 및 이차적 분노사고가 실제 상황에서 어떻게 구분되는지를 살펴보겠다.

상황 1.

 「동아리 모임에 자주 늦는 친구가 있다. 이번에도 역시 1시간이나 늦게 왔다. 그래서 모임이 예정보다 많이 지체되었다. 늦게 왔으면서도 미안한 기색 하나 없다.」

<u>자동적 사고</u>

"뭐 저런 인간이 다 있나(이차적 분노사고). 여러 사람이 함께 갖는 모임인데 어떻게 1시간이나 늦을 수가 있나(일차적 분노사고). 많은 사람한테 이렇게 피해를 주다니(일차). 그런 일은 절대 있어서는 안 된다. 동아리 사람들을 얼마나 만만하게 보면 저럴까(일차). 저런 인간은 단단히 혼나야 한다(이차). 묻는 말에 대꾸도 하지 말고 인사도 받아주지 말아야지(이차). 상종을 하지 말아야겠다(이차)."

상황 2.

「후배가 20m 전방에서 분명히 날 봤는데, 날 보자말자 본 척도 안하고 옆길로 빠져서 가버렸다.」

<u>자동적 사고</u>

"날 선배로서 얼마나 우습게 봤으면 그렇게 행동할 수가 있나(일차). 내게 뭐 불만이 있어 일부러 날 무시하는 건가(일차). 아무리 그래도 그렇지, 하늘같은 선배를 감히…… 그냥 둘 수 없다(이차). 두고 보자(이차)."

분노유발 상황에서 흔히 하는 생각들을 분석하면 크게 두 유형으로 구분할 수 있다. 하나(일차적 분노사고)는 상황에 대한 해석이나 평가에 해당되는 것으로, 상황 1의 경우는 "많은 사람한테 이렇게 피해를 주다니, 동아리 사람들을 얼마나 만만하게 보면 저럴까"와 같은 생각들로 친구가 늦은 사건을 "그 친구가 내게 피해를 줬다, 날 만만하게 봤다"라고 해석(혹은 의미부여)하거나 평가하는 것이다. 다른 유형의 사고(이차적 분노사고)는 상황에 대한 해석이나 평가에 이어서 일어나는 일련의 생각들이 모두 해당된다. 여기에는 타인의 잘못을 비난하는 내용에서부터 보복과 관련된 내용에 이르기까지 다양한 사고들이 포함된다. 상황 1에서 "뭐 저런 인간이 다 있나, 저런 인간은 단단히 혼나야 한다. 묻는 말에 대꾸도 하지 말고 인사도 받아주지 말아야지. 상종을 하지 말아야겠다"와 같은 생각들이다. 이런 생각들은 분노유발 상황에 대한 최초의 해석이나 평가에 이어서 일어나는 생각들로, 타인에 대한 처벌이나 보복과 관련된 내용이 많으며 분노를 점점 증폭시키는 기능을 한다. 이처럼 분노유발 상황에서 자동적으로 떠올리는 사고들은 두 유형으로 구분될 수 있다.

일차적 분노사고는 상황에 대한 평가라는 점에서 정의가 비교적 명확하다. 하지만 이차적 분노사고는 일차적 분노사고에 대한 반응으로서 일어나는 일련의 생각들을 모두 포함하고 있어서 그 다양성이나 이질성이 일차적 분노사고에 비해 훨씬 크다. 때로는 일차적 분노사고와 이차적 분노사고의 경계가 애매한 경우도 있을 수 있다. "저런 나쁜 인간을 봤나"라는 생각은 타인이 저지른 행동에 대한 평가인 경우에는 상황에 대한 평가라는 점에서 일차적 분노사고로 볼 수 있다. 하지만 그 생각이 타인이 저지른 행동을 일차적으로 부정적으로 평가한 뒤에 타인을 비난하는 반응으로 떠올린 생각일 수도 있다. 그럴 경우는 일차적 분노사고에 대한 반응으로 떠오른 생각이라는 점에서 이차적 분노사고로 보는 것이 타당하다.

일차적 분노사고와 이차적 분노사고의 특징을 구체적으로 살펴보면 다음과 같다. 우선 시간적으로 일차적 분노사고는 초기에 일어나며, 이차적 분노사고는 후기에 일어나고 일차적 분노사고에 이어서 일어난다. 분노가 최초로 유발되는 과정에서 일차적 분노사고 없이 이차적 분노사고만 있는 경우는 개념적으로 있을 수 없다. 일차적 분노사고의 내용은 상황에 대한 해석이나 의미부여로, 예를 들면 "나를 위협 한다", "나를 부당하게 대한다", "잘못되었다" 등을 들 수 있다. 이에 비해서 이차적 분노사고는 일차적 분노사고로 인한 불쾌감에 대한 반응으로 나타나며, 흔히 대처 양상을 반영하는 충동이나 행동, 심리 상태로 이루어져 있다. 예를 들면 "저 인간은 혼이 나야 돼", "울고 싶다", "나중에 안정이 되면 다시 얘기해야지" 등이 있다. 인지적 오류나 왜곡은 이차적 분노사고보다 상황에 대한 평가를 주로 반영하는 일차적 분노사고에서 더 많이 나타날 것이다. 분노유발 상황에서 개인의 행동을 예언하는 정도에서도 차이가 있는데, 시간적으로 행동하는 시점에 가까이 있고 대처양상을 직접적으로 반영하는 이차적 분노사고가 행동을 예언하는 정도가 더 높을 것이다.

치료적인 함의를 살펴보면, 일차적 분노사고는 상황에 대한 평가를 반영하기 때문에 인지적 오류나 왜곡이 관여하기 쉽다. 이에 비해서 이차적 분노사고는 대처양상을 주로 반영하기 때문에 처한 상황에서 그 사고가 얼마나 적응적인가가 중요하게 고려되어야 한다. 다시 말하면 일차적 분노사고에 대한 치료적인 개입은 사고 과정에서 오류나 왜곡이 있는지 그 타당성을 재고해 보는데 초점을 두어야 하는 반면에, 이차적 분노사고에 대한 치료적 개입은 상황에 대한 대처나 문제해결적인 관점에서 그 유용성을 재고해 보는데 초점을 두어야 할 것이다. 이처럼 분노 유발 상황에서 보이는 일차적 분노사고와 이차적 분노사고는 발생시기, 내용, 인지적 오류의 정도, 행동에 대한 예언력, 치료적 함의 등에서 차이를 보인다(표 1).

표 1. 일차적 분노사고와 이차적 분노사고의 특징 비교

	일차적 분노사고	이차적 분노사고
발생시기 및 영향	초기, 분노유발	후기, 분노유발 및 증폭
내 용	상황에 대한 지각이나 평가, 해석	대처양상을 반영하는 충동, 행동, 심리상태
기 능	상황의 위협성에 대한 빠른 지각을 가능하게 해줌으로써, 위협상황에서의 생존가를 높여 준다.	위협으로부터 자신을 방어하거나 지키기 위한 대처행동을 가능하게 해준다.
인지적 오류	영향을 많이 받는다.	비교적 영향을 적게 받는다.
행동 예언력	낮 다.	높 다.
치료적 함의	사고의 타당성 고려	사고의 유용성 고려

2. 비합리적 신념, 자동적 사고 및 분노의 관계

우울이나 불안과 같은 부정적인 정서의 유발 과정에 비합리적 신념과 자동적 사고가 기여하고 있다는 연구들이 다수 있었다. 그 중에는 자동적 사고가 비합리적 신념과 우울이나 불안 사이에서 매개역할을 하고 있음을 검증한 연구도 일부 있었다(조용래, 1998; Kwon, 1992). 그에 비해 분노와 관련된 비합리적 신념이나 자동적 사고에 대한 연구는 상대적으로 드문 편이다(고경희, 2000; 김인희, 2000; Ellis & Tafrate, 1997; Zwemer & Deffenbacher, 1984). 더군다나 비합리적 신념과 역기능적 분노 사이에서 자동적 사고가 어떤 역할을 하는지에 대한 연구는 거의 이루어지지 않았다.

본 연구에서는 Beck 이후로 여러 연구자들에 의해 제안되어 온 인지매개모델을 분노에까지 확장시켜보고자 한다. 비합리적 신념과

분노 사이에서 자동적 사고가 어떤 역할을 하는지를 알아보는데 관심을 두었다. 분노유발에 관여하는 자동적 사고를 일차적 분노사고와 이차적 분노사고로 세분하였으며, 이 두 가지 분노사고가 비합리적 신념과 역기능적 분노 사이를 순차적으로 매개하고 있다고 가정하였다. 이를 도식화하면 그림 4와 같다.

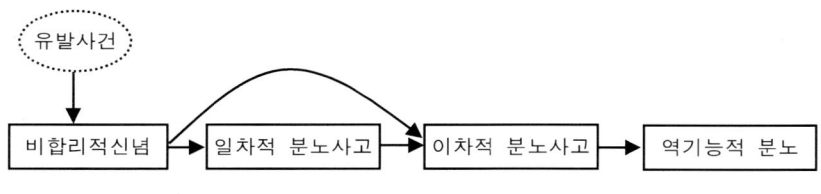

그림 4. 역기능적 분노에 대한 인지 모델

이 모델에 따르면, 유발사건은 비합리적 신념을 활성화시키고 이어서 일차적 분노사고와 이차적 분노사고가 순차적으로 일어나 최종적으로 역기능적 분노를 경험하게 된다. 비합리적 신념과 역기능적 분노 사이를 일차적 분노사고와 이차적 분노사고가 순차적으로 매개하고 있다: 비합리적 신념 → 일차적 분노사고 → 이차적 분노사고 → 역기능적 분노. 분노가 증폭되는 과정에서 비합리적 신념은 일차적 분노사고를 거치지 않고 이차적 분노사고를 직접 활성화시키기도 한다: 비합리적 신념 → 이차적 분노사고 → 역기능적 분노.

3. 분노와 우울 수준에 따른 인지적 특성

일반 대학생 집단을 대상으로 비합리적 신념, 일차적 분노사고, 이차적 분노사고, 분노 사이의 관계가 밝혀지면, 이러한 인지 요인들이 실제로 분노와 관련된 증상을 보기거나 호소하는 내담자 집단에서는 어떤 특징을 보이는지를 확인하 볼 필요가 있다.

임상 현장에서 만나는 내담자들 중에는 물론 분노와 관련된 증상이나 문제만을 호소하는 사람도 있지만 많은 내담자들이 분노와 우울 증상을 함께 호소한다. 분노와 우울 증상을 모두 호소하는 내담자, 분노 증상을 주로 호소하는 내담자, 우울 증상을 주로 호소하는 내담자가 비합리적 신념, 일차적 분노사고, 이차적 분노사고에서 어떤 차이를 보이는지를 탐색적으로 알아보고자 한다. 또한 이러한 인지 요인들 중에 분노와 우울에 공통적으로 관련되는 요인과 분노와 우울 중에 한 가지에만 특정하게 관련되는 요인에는 어떤 것이 있는지도 함께 알아보고자 한다. 분노와 우울 수준에 따라 인지적 특성이 달라지면, 그에 따라 치료적인 개입이나 치료 목표도 수정되어야 할 것이다.

4. 분노표현에 영향을 미치는 인지 요인: 이차적 분노 사고와 분노표현 태도

이차적 분노사고가 대처행동이나 양상을 주로 반영한다는 점을 고려하면, 이차적 분노사고가 분노 유발뿐만 아니라 분노표현 행동에도 중요한 영향을 미칠 것으로 기대된다. 이차적 분노사고가 대처 행동이나 양상과 관련된 사고가 주가 되는 만큼, 이차적 분노사고가 실제 대처 행동과도 관련이 깊을 것으로 여겨진다. 이차적 분노사고가 역기능적인 분노표현 행동과 어떤 관련성을 보이는지, 또한 어떤 유형의 이차적 분노사고가 어떤 역기능적인 분노표현 행동에 특히 영향을 많이 미치는지를 탐색적으로 살펴보고자 한다.

역기능적인 분노표현에 영향을 미치는 인지 요인으로 분노표출이나 억제 행동에 대한 개인의 신념이나 선호를 반영하는 분노표현 태도도 함께 고려하였다. 특정 분노표현 행동에 대한 태도와 실제 분노표현 행동 간의 관계에 대한 탐색적인 연구를 통해서, 분노표현 태도가 역기능적인 분노 표현 행동의 감소에 대해서 갖는 시사점도 발견할 수 있을 것이다.

그림 4에 이차적 분노사고와 분노표현 태도가 분노표현 행동에 미치는 영향을 추가시키면 그림 5와 같이 도식화할 수 있다.

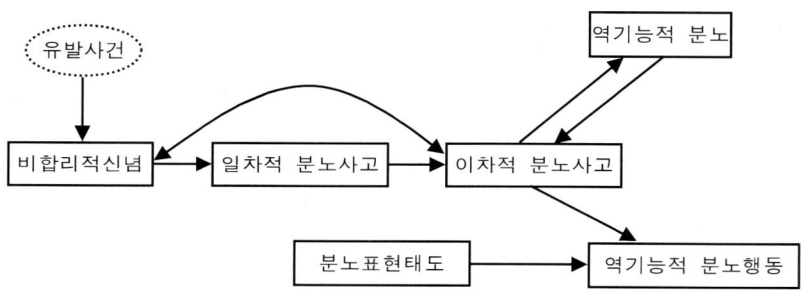

그림 5. 역기능적 분노와 분노표현 행동에 대한 인지 모델

5. 분노조절 인지행동프로그램의 효과

역기능적 분노 문제를 치료하기 위해서 지금까지 여러 치료프로그램들이 개발되었고 이들의 치료 효과를 검증한 다수의 연구들이 있었다. 하지만 이들 연구의 대부분은 다양한 치료 접근들 간에 치료효과를 비교하거나 치료 전후로 분노관련 증상의 감소를 분석한 것으로, 치료과정에서 역기능적인 인지 요인들의 감소와 분노 관련 증상의 감소 간의 관계를 경험적으로 분석한 연구는 드물다.

본 연구에서는 이러한 필요성에 따라 분노 관련 증상이 비합리적 신념과 일차적 및 이차적 분노사고의 감소에 수반해서 감소하는지를 검증해 보고자하며, 이를 통해서 비합리적 신념과 일차적 및 이차적 분노사고를 감소시키는 것이 역기능적인 분노를 감소시키는데 치료적으로 얼마나 유용한지를 살펴보고자 한다. 이를 위해서 먼저 비합리적 신념과 일차적 및 이차적 분노사고를 감소시키는데 초점을 둔 분노조절 인지행동프로그램을 개발하고, 이 프로그램 실시 전후로 비합리적 신념, 일차적 및 이차적 분노사고, 분노관련 증상들의 변화를 비교해 볼 것이다.

연구의 구성

본 연구에서는 역기능적 분노를 일으키는데 관여하는 인지 요인으로 비합리적 신념, 일차적 분노사고, 이차적 분노사고를 가정하고, 역기능적 분노에 대한 이들의 영향과 이들 간의 관계를 규명하는데 초점을 두었다. 본 연구는 모두 5개의 연구로 구성되어 있다.

연구 1에서는 역기능적 분노 유발에 관여하는 자동적 분노사고를 조사하고, 자동적 분노사고를 평가하는 도구를 개발하고자 하였다. 이를 위해서 자동적 분노사고를 일차적 분노사고와 이차적 분노사고로 세분하였으며, 각각에 대한 척도를 제작하고 그 신뢰도와 타당도를 살펴보았다.

연구 2에서는 비합리적 신념, 일차적 분노사고, 이차적 분노사고와 역기능적 분노의 관계를 공분산구조분석을 통해서 검증해 보고자 하였다. 연구자가 제안한 인지 모델(그림 4)은 두 경로를 가정하고 있다: (1) 비합리적 신념→일차적 분노사고→이차적 분노사고→역기능적 분노, (2) 비합리적 신념→이차적 분노사고→역기능적 분노. 경로 (1)은 분노 유발에, 경로 (2)는 분노 증폭에 주로 관여할 것으로 여겨진다.

연구 3에서는 역기능적인 분노를 일으키는데 관여하는 비합리적 신념, 일차적 및 이차적 분노사고가 우울 증상과는 어떤 관련성이 있는지를 탐색적으로 알아보았다. 이를 위해서 인지 요인들과 분노 및 우울수준 간의 상관을 분석하였고, 다음으로 내담자 집단을 분노와 우울 수준에 따라 네 집단(분노/우울, 분노, 우울, 비교집단)으로 구분하고 각 집단이 보이는 인지 요인들의 점수를 비교하였다.

연구 4에서는 이차적 분노사고와 분노표현 태도가 분노표현 행동에 미치는 영향을 상관 분석과 회귀분석을 통해서 탐색적으로 알아보았다. 분노표현 행동으로는 분노표출과 억제, 신체적 및 언어적 공격성, 파괴적 언어행동 등을 고려하였다.

연구 5에서는 비합리적 신념, 일차적 및 이차적 분노사고의 감소에 초점을 둔 분노조절 인지행동프로그램을 개발하고, 그 프로그램 실시 후에 이들의 변화를 분석하였다. 역기능적인 인지 요인들의 감소에 수반해서 분노 관련 증상이 감소하는지를 알아봄으로써, 비합리적 신념, 일차적 및 이차적 분노사고의 치료적인 함의를 살펴보았다.

Ⅱ. 연구 1. 분노와 관련된 자동적 사고: 일차적/ 이차적 분노사고

연구 1에서는 타인과의 관계 상황에서 분노를 느낄 때 어떤 일련의 사고들이 발생하는지를 탐색적으로 조사하고 이를 근거로 일차적 및 이차적 분노사고를 평가하는 척도를 각각 개발하고자 하였다. 연구 1.1에서는 분노 상황에서 보이는 자동적 사고를 일차적 및 이차적 분노사고로 세분하고 그 예를 수집하여 분석하였고, 연구 1.2에서는 연구 1.1에서 수집된 자료에 근거해서 일차적 및 이차적 분노사고 척도를 제작하였으며, 연구 1.3에서는 일차적 및 이차적 분노사고 척도의 신뢰도와 타당도를 살펴보았다.

연구 1.1. 분노와 관련된 자동적 사고에 대한 조사 연구

사람들이 타인으로 인해 분노를 느낄 때, 어떤 자동적 사고를 많이 하는지를 탐색적으로 조사하고 이를 분류해 보는 것이 본 연구의 주요 목적이다. 특히 본 연구에서는 분노에 대한 인지이론(Beck, 2000; Deffenbacher & McKay, 2000; Lazarus, 1991)을 고찰하면서 시사 받은 바에 따라, 자동적 사고를 일차적 분노사고와 이차적 분노사고로 세분해서 조사하였다. 일차적 분노사고는 잠재적인 분노유발 상황에 대한 개인의 지각을 반영하는 사고로, 그 상황에 개인이 부여하는 해석이나 의미부여 내용을 반영하는 인지적 산물이다. 이차적 분노사고는 일차적 분노사고에 대한 반응으로 일어나는 사고로 분노유발 상황에서의 개인의 대처 행동이나 양상을 주로 반영하는 인지적 산물이다. 일차적 분노사고에서 이차적 분노사고로 갈

수록 분노감정은 더 선명해지고 강해질 것이다.

　본 조사연구를 통해서 일차적 분노사고와 이차적 분노사고에 대한 개념적인 구분이 경험적으로도 일관되게 확인되는지 살펴볼 수 있을 것이다. 즉 일차적 분노사고가 상황에 대한 평가를, 이차적 분노사고가 대처 양상을 주로 반영하는지를 확인할 수 있을 것이다. 뿐만 아니라 일차적 및 이차적 분노사고의 구체적인 내용이 어떻게 분류되는지도 탐색적으로 알아볼 수 있을 것이다.

방　법

참여자

　심리학 관련 강의를 수강중인 학부생 179명을 대상으로 조사하였다. 남자가 58명(32%), 여자가 121명(68%)이었다.

절　차

　참여자들에게 최근에 타인과의 관계에서 분노를 심하게 경험했던 사건을 가능한 구체적으로 떠올리게 한 뒤에, 당시의 생생한 사고 내용을 알아보기 위해서 아래의 세 가지 개방형 질문에 대답하게 하였다.

　　질문 1. "화가 났을 당시에 당신을 흥분하게 만들었던 타인의 행동(혹은 사건경험)을 어떻게 해석(이해)하셨나요? 혹은 타인의 행동(혹은 사건 경험)에 어떤 의미를 부여하셨나요?"
　　질문 2. "그 상황에서 무엇이 당신을 그토록 화가 나게 만들었나요?"
　　질문 3. "화가 심하게 났을 당시에 반사적으로 머릿속을 스치고 지나갔던 생각들을 떠올랐던 그대로 기술해 보세요."

질문 1, 2는 분노 상황에 대한 개인의 해석이나 의미부여 내용을 알아보기 위한 것으로, 일차적 분노사고를 수집하기 위한 것이다. 질문 3은 분노 상황에서의 대처 행동이나 양상을 반영하는 이차적 분노사고를 수집하기 위한 것이다.

자료 분석

각 질문에 대한 참여자의 대답을 본 연구자가 비슷한 것끼리 함께 묶어서 몇 개의 하위 항목으로 분류하였다. 이차적 분노사고에 대한 자료를 수집하기 위한 질문 3에서 일부 응답자들이 일차적 분노사고를 보고하였으며, 이 응답들은 분석에 포함시키지 않았다. 표 2와 표 3에 제시한 사고들의 예는 응답자의 대답 중에서 일부를 발췌한 것이며, 응답자들의 분노 상황에 대한 구체적인 기술 내용은 지면상의 제약으로 생략하였다.

결과 및 논의

일차적 분노사고

일차적 분노사고를 분류한 결과를 표 2에 제시하였다. 표 2에 따르면 일차적 분노사고는 세 유형으로 분류된다. 가장 높은 빈도를 차지한 것은 '타인으로부터 배려, 이해, 존중받지 못하고 있다'는 생각으로, 타인의 행동이 이기적이고 자기중심적이며 일방적이라는 부정적인 평가 내용이 주가 된다. 두 번째 유형은 '타인의 행동이 탈규범적이거나 자신에게 피해를 주었다'는 생각으로, 타인의 행동이 비도덕적이거나 상식에 어긋나는 잘못된 행동이라는 부정적인 평가 내용이 주가 된다. 세 번째 유형은 '타인으로부터 무시나 모욕을 받았거나 거

부당했다'는 생각으로, 자존감에 상처나 위협이 되었다는 평가 내용이 주가 된다. 세 유형의 일차적 분노사고는 공통적으로 타인의 행동이 부당하거나 잘못되었다는 것을 강조하고 있다. 특히 타인으로부터 배려, 이해, 존중받지 못했다는 사고와 무시나 모욕을 받거나 거부당했다는 사고는 자기존중감이나 자기 가치감에 위협이 되는 내용이라는 점에서 유사성이 크다. 이러한 결과는 분노가 자존감이 손상되었거나, 상황이나 타인의 행동이 부당하다고 지각할 때 일어난다는 여러 연구자들의 주장과 일관된다(Averill, 1983; Berkowitz, 1989; Carson & Miller, 1988; Poster & Rusbult, 1990). Lazarus(1991)는 분노의 핵심 주제를 '나와 나의 것에 대한 비하적인 공격'이라고 하였으며, Beck(2000)은 상황에 대한 '잘못되었다(wronged)'는 해석이 결정적으로 분노를 일으킨다고 주장하였다.

표 2. 일차적 분노사고의 유형별 예

일차적 분노사고(예)	빈도	백분율
배려, 이해, 존중받지 못했다. 자기감정대로 행동하고 남을 배려하지 못한다. 몰지각하고 타인을 생각하지 않고 자기간 생각하는 이기 적인 행동이다. 내 상황을 이해해 주지 않고 자기 생각만 한다. 다른 사람을 신경 쓰지 않는다./내 입장을 고려해 주지 않는다. 다른 사람의 심정은 생각도 하지 않는다. 상대방을 존중하거나 배려하지 않고 자기 자신만 생각하 는 이기적인 사람이다. 내 생각은 전혀 해주지 않는다./자기 멋 대로다. 그 친구가 너무 자기중심적이라 생각되었다.	65	40%
탈규범적이거나 피해를 주는 행동이다. 자기 잘못을 인정하지 않는다./말과 행동이 다르다. 그런 몰상식한 행동을 하다니, 정말 싸가지 없다. 사과도 하지 않고 그냥 갔다./나를 자기 돈줄처럼 부렸다. 예정에 없이 갑자기 일을 만들어 내게 피해를 주었다. 왜 나만 이렇게 청소를 해야 하나?/차별대우를 받았다. 상대방이 약속을 이행하지 않아서 내 계획을 망쳤다. 능청스럽게 거짓말 하는 그 여자가 너무 가증스러웠다. 절차가 잘못되었다./자기가 맡은 일을 하지 않고 내게 미 루었다. 자기 물건도 아닌데 당당히 빌리는 게 너두 염치없이 보였다. 한마디 미안해하는 구석도 없었다.	54	33%
무시나 모욕을 받거나 거부당했다. 나를 너무 만만히 보는 거 같다./나를 우습게 본다. 의도적으로 나를 모른 척 했다. 그 녀석이 나를 그 정도로밖에 생각하지 않는구나. 나를 무시하는구나./나를 깔보는 듯했다. 많은 사람들이 있는데도 내게 망신을 주었다. 나를 싫어하는구나 라고 생각했다./어리다고 얕보는 것처 럼 느껴졌다. 무시당하고 웃음거리가 된 거 같았다./너무 잘난 척 한다.	44	27%
계	163	100%

이차적 분노사고

이차적 분노사고를 분류한 결과를 표 3에 제시하였다.

표 3. 이차적 분노사고의 유형별 예

이차적 분노사고(예)	빈도	백분율
적응적 사고 내가 어떻게 해야 하나?/나 자신은 어떤데?/조금만 참자. 화를 내면 나만 손해다. 참고 기분 좋게 어울리자. 내가 이렇게 흥분한 이유는 뭘까?/빨리 하던 일이나 하자. 내 입장을 고려해 주었으면 좋겠다./그래, 세상이 다 이렇지 뭐. 상대방이 왜 저러나?/내가 계속 화를 내면 나중에 어떻게 될까?	35	20%
회 피 상대하기 싫다./다시는 이 사람과 어울리지 말자. 그 사람과 헤어지고 싶다./인연을 끊고 싶다./여기서 벗어 나고 싶다 친구 관계를 정리해 버릴까?/혼자 있고 싶다. 아무 소리도 듣고 싶지 않고 말하고 싶지도 않다. 그 장소에서 나와 어디로든 가고 싶다./그만 두고 싶다.	26	15%
타인비난이나 경멸 뭔 저런 인간이 다 있나./나쁜 놈!/재수 없다. 저 새끼, 또 왜 저러나./이런 멍청하고 몰상식한 인간을 봤나. 미친 거 아냐?/너나 잘해.	25	15%
언어적 공격성 욕을 퍼붓고 싶다./대놓고 따지고 싶다./이걸 그냥 확 엎어버려! 따끔하게 충고를 해줘야겠다./그러면 안 된다고 한마디 해 줘야겠다.	19	11%
부정적 정서반응 앗 짜증나!/제기랄!/모든 게 귀찮다./살기 싫다. 열 받네./울고 싶다.	18	11%
보 복 나도 같이 무시해주자./그 사람의 자존심에 상처를 주고 싶다. 잘못을 시인할 때까지 모든 방법을 동원해서 괴롭혀주자. 그 사람도 기분 나쁘게 해주자./이 사람 버릇을 단단히 고 쳐주자. 다른 사람들에게 이 사람의 실체를 다 알릴까보다.	14	8%

이차적 분노사고(예)	빈도	백분율
자기비하 내가 또 바보가 된 거 같다./내가 이 정도밖에 안 되나? 내가 너무 소심한가?/내가 너무 속이 좁다.	10	6%
신체적 공격성 두들겨 패버릴까?/이 자식을 죽여 버려!/한바탕 싸우고 싶다. 혼을 내줘야겠구만./몇 대 맞아야 정신을 차리겠구만. 한 대 패주고 싶다.	9	5%
기타(과거 사건회상, 신체증상, 감정)	16	9%
계	172	100%

표 3에 따르면 이차적 분노사고는 여덟 개의 유형으로 나뉘는데, 이 중에서 일곱 개가 부적응적인 사고(타인비난이나 경멸, 보복, 신체적 공격성, 언어적 공격성, 회피, 자기비하, 부정적 정서반응)에 해당되며 그 비율은 71%였다. 이에 비해서 적응적인 사고는 20%에 불과해서, 사람들이 분노유발 상황에서 적응적인 사고에 비해서 부적응적인 사고를 3배 이상 많이 하는 것으로 나타났다. 타인에 대한 분노나 공격성을 노골적으로 드러내는 사고가 부적응적인 이차적 분노사고의 반 이상을 차지하였다: 타인비난이나 경멸(15%), 언어적 공격성(11%), 보복(8%), 신체적 공격성(5%). 그 외에 많은 비율을 차지한 것은 회피(15%)였으며 다음으로 부정적인 정서반응(11%)과 자기비하(5%) 순이었다. 부정적 정서반응은 당시의 불쾌한 감정 상태를 토로한 내용이 주가 되었다. 기타에는 과거의 기억을 떠올리거나, 신체증상(두통, 가슴이 답답하다)이나 감정을 기록한 것들이 포함되었다.

본 연구의 반응빈도 결과를 해석할 때 두 가지 제한점을 염두에 두어야 한다. 첫째는 본 연구에 참여한 응답자 중에 여성이 남성의 두 배를 넘었다는 점이다. 이러한 남녀 성비의 심한 불균형은 일차적 및 이차적 분노사고의 하위 유형별 반응 빈도에 영향을 미쳤을 가능성이 있다. 남녀를 구분하고 각각에 대해서 일차적 및 이차적 분노사고의 하위 유형별 반응 빈도를 분석해 보는 것이 필요하나, 본 연구의 표집이 너무 적어서 남녀를 구분해서 분석하지는 못했다. 두 번째는 적응적 사고를 세분하지 않고 한 유형으로 분류했다는 점이다. 적응적 사고의 빈도가 부적응적 사고에 비해서 상대적으로 적었고 사고 내용이 너무 다양해서 적응적 사고를 세분하기가 어려웠다. 분노 상황에서 보이는 적응적 사고에 보다 초점을 두고 적응적 사고를 체계적으로 세분화하는 연구가 필요하다.

연구 1.2. 일차적/이차적 분노사고 척도 제작

본 연구의 목적은 연구 1.1의 조사 연구에 기초해서 일차적 분노사고와 이차적 분노사고 척도를 개발하는 것이다. 일차적 분노사고 척도는 분노유발 상황에 대한 개인의 해석이나 의미부여가 주된 내용이며, '자존감에 위협을 받거나 자기 가치가 비하되었는지, 타인의 행동이나 상황이 부당한지'에 대한 평가를 반영한다. 이차적 분노사고 척도는 일차적 분노사고에 이어서 일어나는 사고를 평가하기 위한 것으로, 주로 분노상황에서 개인이 보이는 대처 행동이나 양상을 반영한다. 이차적 분노사고는 타인에 대한 원망이나 책망의 내용을 흔히 담고 있어 공격충동이나 공격행동을 부추기기 쉽다(Beck, 2000).

자동적 사고를 일차사고와 이차사고로 구분하는 것은 우울과 관련된 자동적 사고에도 적용될 수 있다. 우울한 사람들이 많이 보이는 일차사고는 세상, 자신, 타인에 대한 비관적이고 부정적인 평가 내용이 주를 이루며, 이차사고는 자신을 책망하는 내용이나 무기력하고 비관적인 대처 양상을 반영하는 내용이 주를 이룰 것이다. 흔히 사용되는 우울 관련 자동적 사고 질문지인 ATQ(Automatic Thought

Questionnaire)의 문항을 분석해 보면, 일차사고를 반영하는 내용
("내 인생은 엉망진창이다")이 다수를 차지하였으며 이차사고를 반
영하는 내용("나는 어디론가 사라져 버리고 싶다")은 소수에 불과하
였다(Hollon & Kendall, 1980).

　분노와 관련된 자동적 사고 척도로는 최근에 개발된 적대적 자동
적 사고 척도(Hostile Automatic Thought Scale)가 있지만, 이 척
도는 적대적인 대인관계 상황에 제한되어 있어, 분노 상황에서 일
어나는 다양한 자동적 사고를 포괄하지는 못한다(Snyder, Crowson,
Houston, Kurylo, & Poirier, 1997). 엄밀한 의미에서 보자면 분노
상황에서 경험하는 자동적 사고를 평가하는 척도는 아직 개발된 적
이 없으며, 자동적 사고를 일차사고와 이차사고로 구분하려는 시도
도 본 연구가 처음일 것으로 여겨진다. 일차적 및 이차적 분노사고
척도가 개발됨으로써 분노 상황에서 보이는 사고에 대한 체계적이
고 객관적인 평가는 물론이고 분노 유발 과정에서 보이는 평가나
해석을 일차적 및 이차적 분노사고를 통해서 추론할 수 있어, 분노
와 관련된 인지 요인이나 인지 과정에 대한 연구가 더욱 활발해지
는데 도움이 될 것으로 여겨진다.

방　법

예비문항 수집

　연구 1.1에서 수집된 응답들 중에서 내용이 중복되거나 너무 지
엽적인 것을 제외하고 45개의 일차적 분노사고와 127개의 이차적
분노사고를 추렸다. 이렇게 추려진 분노사고를 5명의 대학원생에게
유사성, 적절성, 특이성 등을 고려해서 독립적으로 내용분석을 하게
하였다. 그 결과 일부 문항이 제외되그 최종적으로 39문항의 예비

일차적 분노사고 척도와 68문항의 예비 이차적 분노사고 척도가 구성되었다.

예비 일차적 분노사고 척도는 Likert형의 5점 척도(1: 전혀 일치하지 않음, 2: 약간 일치함, 3: 어느 정도 일치함, 4: 상당히 일치함, 5: 거의 정확히 일치함)상에 평정하도록 하였으며, 그 지시문은 아래와 같다.

「본 질문지는 화가 나는 상황에서 흔히 하게 되는 생각들로 구성되어 있습니다. 각 문장을 읽고 <u>그 상황에 처했을 때 당신이 경험하는 생각이나 느낌과 얼마나 일치하는지를</u> 표시하시면 됩니다. 사람은 각자 생각이 다르기 때문에 여기에 옳고 그른 답은 없습니다. 어떤 문장의 내용들은 여러분이 경험하지 않은 것들일 수도 있습니다. 그럴 경우는 여러분이 그 상황에 처해있다고 상상을 하시고 평가하시면 됩니다. 그 일치 정도에 따라 적당한 숫자 위에 'O'표를 하시면 됩니다.」

예비 이차적 분노사고 척도는 68문항으로 구성되었으며, Likert형의 5점 척도(1: 전혀 이런 생각을 하지 않는다, 2: 가끔 이런 생각을 한다, 3: 종종 이런 생각을 한다, 4: 자주 이런 생각을 한다, 5: 항상 이런 생각을 한다)상에 평정하도록 하였다. 그 지시문은 아래와 같다.

「다음은 화가 나는 상황에서 자연스럽게 떠오르는 여러 가지 생각들을 열거한 것입니다. 각 문장을 읽고 <u>최근 몇 주 동안 화가 났던 상황들에서 얼마나 자주 이러한 생각들이 머릿속에 떠올랐는지를</u> 표시해주시기를 바랍니다. 각 문장을 읽고 아래와 같이 그 빈도에 따라 적당한 숫자에 'O'표를 해 주십시오..」

참여자

서울 시내 대학생 408명을 대상으로 예비 일차적 및 이차적 분노사고 척도를 실시하였다. 남자가 163명이었으며 평균 연령은 23세였고, 여자는 245명으로 평균 연령은 22세였다.

결 과 및 논 의

일차적 분노사고 척도

척도 구성: 요인분석 및 문항 분석

39문항으로 구성된 예비 일차적 분노사고 척도를 대상으로 SPSSWIN 10.0을 사용해서 요인분석을 실시하였다. 공통요인분석 방법 중에서 주축분해법으로 요인을 추출하였으며, 고유치가 1 이상인 요인은 모두 9개로 그 값은 다음과 같았다: 10.68, 1.96, 1.74 (이하 생략). 첫 번째 요인을 제외하고는 요인 간 고유치의 차가 근소하였다. 연구 1.1에서 일차적 분노사고가 세 집단으로 나뉜 것에 근거해서 요인수를 3개로 놓고 다시 동일한 방법으로 요인을 추출하였으며, 그 값은 10.12, 1.39, 1.17이었다. 이어서 Oblimin 방법으로 회전하여 요인계수행렬을 구하였다. 요인계수행렬에서 표적 요인계수가 .40 이하거나 비표적 요인계수가 .30 이상인 문항을 제외시켰다. 그 결과 세 번째 요인에는 두 문항만 남아 한 요인을 구성하기에는 문항수가 너무 적다고 판단되어 그 두 문항을 제외시켰으며, 문항-총점 상관이 다른 문항들에 비해 현저히 낮은 한 문항도 추가적으로 제외시켰다. 최종적으로 39개의 예비 문항에서 19문항이 탈락되고 2요인 구조의 20문항으로 구성된 일차적 분노사고 척도가 구성되었다. 이렇게 구성된 일차적 분노사고 척도의 요인별 문항과 요인계수가 표 4에 제시되어 있다.

일차적 분노사고 척도의 두 요인 모두 분노유발 상황에서 타인이 자신을 배려하지 않고 무시하거나 존중하지 않는 것에 대한 예민성을 반영하는 문항들이 주가 되었다. 첫 번째 요인(11문항)은 '일상적으로 경험하는 타인의 부당하고 이기적인 행동에 대한 예민성'을, 두 번째 요인(9문항)은 '친밀한 관계 상황에서 경험하는 무시와 실망감'을 반영하고 있다. 두 하위척도 간의 상관은 r(408)＝.65(p<.001)로 매우 높아서 두 하위척도가 매우 유사한 내용을 담고 있음이 시사된다.

표 4. 일차적 분노사고 척도의 요인별 문항과 요인계수

문 항	요인계수	
	1	2
요인1. 타인의 부당하고 이기적인 행동에 대한 예민성		
1. 내가 미리 전화를 걸어 얘기를 했는데도 상대가 약속을 이행하지 않으면, 이는 나를 무시하는 것이라는 생각이 든다. (.63)	.73	-.05
2. 내 말을 들어보지도 않고 화부터 내는 사람을 보면, 이 사람은 날 이해하려 하지 않는다는 생각이 든다. (.60)	.68	-.05
3. 발표준비 기간동안 한번도 관심을 보이지 않던 동료가 발표를 앞두고 내게 어떻게 되어 가냐고 물어왔다. 이 동료가 너무 염치도 없고 이기적이다. (.57)	.68	-.08
4. 나에게 거짓말을 한 것이 들통이 났는데도 미안하다는 말 한마디 없다는 게 정말 참을 수가 없다. 그럴 때는 그 사람이 날 대수롭지 않게 생각한다고 느껴진다. (.63)	.64	.07
5. 누가 자기입장에서만 생각하고 내 성격과 태도가 잘못되었다고 고치라고 하면, 이는 날 너무 만만하게 보는 것이다. (.55)	.60	.00
6. 자기도 어려운 것을 다른 사람에게 시키는 사람을 보면, 그 사람이 다른 사람을 배려할 줄 모른다는 생각이 든다. (.56)	.55	.06
7. 누가 자기 기분대로 나를 대하면, 이 사람이 나를 만만히 보고 이런다는 생각이 든다. (.58)	.55	.11

문 항	요인계수	
	1	2
8. 누가 연락도 없이 나를 기다리게 하면, 내 시간을 빼앗았다는 생각과 함께 이기적이라는 생각이 든다. (.50)	.54	.00
9. 바빠서 정신이 없는데 나를 굳이 만나고 싶어 하고 자기한테로 오라고고집하면, 나는 그 사람이 다른 사람의 상황을 전혀 고려해주지 않는 자기 자신만 생각하는 이기적인 사람이라는 생각이 든다. (.49)	.50	.03
10. 잘못을 하고도 내게 사과하지 않다니, 이는 나를 무시하는 것이다. (.56)	.49	.17
11. 부모님이 내 애기는 들어 보시지도 않고 무조건 화만 내시면, 내 생각은 전혀 해주질 않는다는 생각이 든다. (.46)	.44	.07

요인2. 친밀한 관계 상황에서 경험하는 무시와 실망감

문 항	요인계수	
1. 믿었던 친구의 태도가 삐딱하면, 그가 자기감정대로 행동하고 남을 배려하지 않는다는 생각이 든다. (.51)	-.12	.67
2. 친하다고 생각했던 사람이 내 말이나 행동을 받아주지 않으면, 나를 무시한다는 생각이 든다. (.50)	-.10	.65
3. 누가 나를 무시하는 듯한 말투로 얘기하면, 그 사람이 나를 우습게 본다고 여겨진다. (.53)	.12	.52
4. 친한 사이인 줄 알았던 사람이 갑자기 냉랭한 태도를 보이며 오히려 날 비판하면, 내가 이해받지 못하고 수용 받지 못한다는 생각이 든다. (.55)	.14	.52
5. 아끼던 사람이 나에 대해 험담을 뒤에서 하고 다니면, 내가 바보같이 여겨지고 그 사람에 대한 나의 믿음이 헛되다는 생각이 든다. (.47)	.04	.51
6. 중요하다고 여겼던 사람이 내게 중요한 어떤 사실을 얘기해주지 않으면, 나는 배신감을 느낀다. (.47)	.07	.48
7. 누가 내 말을 무시하면, 내 자신이 그 사람에게 보잘것없는 존재라는 생각이 든다. (.52)	.21	.46
8. 다른 사람을 심하게 비난하는 사람을 보면, 너무 이기적이고 자기감정밖에 모른다는 생각이 든다. (.43)	.06	.45
9. 믿었던 친구가 날 비난하고 내게 공격적인 행동을 하면, 나는 배신감을 느낀다. (.43)	.09	.42
고유치	5.47	4.67
전체설명변량(%)		34.68

각 문항 끝의 괄호안의 값은 문항-하위척도 총점 간의 상관계수임.

신뢰도

일차적 분노사고 척도의 내적합치도를 알아보기 위해서 Cronbach a값을 산출하였다. 일차적 분노사고 척도에서 타인의 부당하거나 이기적인 행동에 대한 예민성 요인의 a값은 .86이었고 친밀한 관계 상황에서 경험하는 무시와 실망감 요인의 a값은 .80이었다. 총점의 a값은 .89로 높은 내적합치도를 보였다. 문항-하위척도 총점 간 상관은 최저치가 .43이었고 최고치는 .63이었다.

이차적 분노사고 척도

척도 구성: 요인분석 및 문항 분석

68문항으로 구성된 예비 이차적 분노사고 척도를 대상으로 SPSSWIN 10.0을 사용해서 요인분석을 실시하였다. 공통요인분석 방법 중에서 최대우도법으로 요인을 추출하였다. 고유치가 1 이상인 14개의 요인이 확인되었으며, 그 값은 다음과 같았다: 18.82, 5.33, 2.66, 2.18, 1.81, 1.70(이하 생략). 고유치가 5번째 요인부터 큰 차이를 보이지 않는 경향이 있어, 요인수를 4개로 정하는 것이 타당해 보였다. 요인수를 4개로 정하고 최대우도법으로 요인을 추출하고 oblimine 방법으로 회전하여 요인계수행렬을 구하였다. 요인계수행렬에서 표적 요인계수가 .40 이하거나 비표적 요인계수가 .30 이상인 문항은 제외시켰다. 그 결과 네 번째 요인에 세 문항만 남았는데, 해석상의 어려움과 적은 문항 수를 고려해서 그 세 문항을 제외시켰다. 이어서 문항 분석에서 문항-요인 총점 간의 상관이 높고 유사한 내용의 다른 문항이 이미 존재하는 다섯 개의 문항을 추가적으로 제외시켰다. 그 결과 68개의 예비 문항에서 34문항이 탈락되고 최종적으로 3요인 구조의 34문항으로 구성된 이차적 분노사고 척도가 구성되었다. 이렇게 구성된 이차적 분노사고의 요인별 문항과 요인계수가 표 5에 제시되어 있다.

표 5. 이차적 분노사고 척도의 요인별 문항과 요인계수

문 항	요인계수		
	1	2	3

요인 1. 타인비난/보복

문 항	1	2	3
1. 뭐 이런 인간이 다 있나. (.69)	.73	-.05	.04
2. 혼을 내줘야겠구만. (.67)	.73	-.21	.18
3. 그 사람도 기분 나쁘게 해주고 싶다. (.65)	.69	-.02	-.07
4. 잘못하고도 사과도 안하다니. 너무 기가 막힌다. (.65)	.69	-.15	.17
5. 앞으로 이 사람을 무시해줘야지. (.64)	.67	.06	-.06
6. 인간쓰레기처럼 보이게 다른 사람에게 이 사람의 실체를 다 알릴까보다. (.63)	.65	.02	.00
7. 욕을 퍼붓고 싶다. (.64)	.64	.14	-.07
8. 이 사람 버릇을 단단히 고쳐주자. (.58)	.64	-.25	.24
9. 재수 없다. (.61)	.64	.14	-.16
10. 나쁜 놈! (.61)	.63	.01	-.01
11. 이걸 그냥 확 엎어버려. (.62)	.61	.09	.02
12. 자신의 잘못을 시인할 때까지 모든 방법을 동원해서 괴롭히고 싶다. (.59)	.61	.08	-.10
13. 저 사람이 치면 나도 그럴 것이다. (.59)	.61	.08	-.01
14. 이번에는 절대 그냥 넘어갈 수 없다. (.60)	.61	-.05	.15
15. 한 대 패주고 싶다. (.58)	.60	.05	-.06
16. 앞으로 이 사람에게는 말대꾸도 안하고 쳐다보지도 말아야지. (.59)	.60	.12	-.10
17. 따지고 싶다. (.57)	.56	.05	.10
18. 이 자식을 죽여버려! (.52)	.51	.20	-.12
19. 앞으로 잘 해주지 말자. (.53)	.49	.14	.07

요인 2. 무력감

문 항	1	2	3
1. 살기 싫다. (.57)	.07	.72	-.13
2. 모든 게 귀찮다. (.56)	.03	.62	.07
3. 아무 소리도 듣고 싶지 않고 말하고 싶지도 않다. (.49)	.12	.49	.06
4. 난 왜 이렇게 못났을까?(.49)	-.02	.49	.25
5. 이 세상에 나밖에 없구나. (.46)	.08	.46	.11
6. 울고 싶다. (.48)	-.02	.46	.18
7. 막 소리 지르고 싶다. (.48)	.20	.43	.12

문 항	요인계수		
	1	2	3
요인 3. 분노통제/건설적 대처			
1. 참아야지. (.52)	.01	-.04	.60
2. 나 자신은 어떤데?(.50)	.00	.15	.53
3. 내가 어떻게 해야 하나?(.48)	-.03	.16	.51
4. 내 상황도 조금 고려해 보고 배려를 해주면 좋겠다. (.46)	.30	.02	.48
5. 내가 뭘 안 해줬나?(.45)	.07	.08	.47
6. 내가 이렇게 흥분한 이유는 뭘까?(.45)	.16	.01	.47
7. 화를 내면 나만 손해다. 참고 기분 좋게 어울리자. (.39)	.00	-.03	.46
8. 미안하다. (.36)	-.20	.19	.42
고유치	8.51	3.70	3.43
전체설명변량(%)		38.33	

각 문항 끝의 괄호안의 값은 문항－하위척도 총점 간의 상관계수임.

이차적 분노사고 척도의 세 요인은 '타인비난/보복'(19문항), '무력감'(7문항), '분노통제/건설적 대처'(8문항)였다. 타인비난/보복 요인은 타인을 경멸하고 모욕하거나, 정신적 혹은 물리적으로 보복하는 내용이 주가 된다. 무력감 요인은 분노상황에서 적극적으로 대처하지 못하고 무기력해 하는 내용이 주가 된다. 분노통제/건설적 대처 요인은 분노감정을 의식적으로 통제하고 분노상황을 객관적으로 살펴보거나 문제해결적인 노력을 취하는 내용의 문항들을 포함하고 있었다. 하위척도들 간의 상관을 살펴보면 타인비난/보복과 무력감은 .29($p<.01$), 무력감과 분노통제/건설적 대처는 .31($p<.01$), 타인비난/보복과 분노통제/건설적 대처는 .24($p<.01$)였다.

신뢰도

이차적 분노사고 척도의 타인비난/보복 요인의 a값은 .96이었고 무력감 요인은 .78, 분노통제/건설적 대처 요인은 .75였다. 무력감과 분노통제/건설적 대처 요인의 a값이 다소 낮지만, 10개가 안 되는 적은 문항수를 감안해 볼 때, 이는 연구를 수행하기에 허용할 수 있는 수준으로 여겨진다(Nunnally, 1978). 문항－하위척도 총점 간 상관은 최저치는 .36이었고 최고치는 .69였다.

연구 1.3. 일차적/이차적 분노사고 척도의 신뢰도와 타당도 연구

본 연구에서는 연구 1.2에서 제작된 일차적 및 이차적 분노사고 척도의 신뢰도와 타당도를 확인하기 위해서, 내적합치도, 문항－하위척도 상관계수, 검사－재검사 신뢰도를 알아보았고, 다음으로 일차적 및 이차적 분노사고 척도와 비합리적 신념, 적대적 자동적 사고, 자존감 및 분노 관련 증상을 평가하는 척도들 간의 상관을 분석하였다.

인지 구조인 비합리적 신념은 인지적 산물인 자동적 분노사고를 활성화시키는 것으로 가정되는 바, 이 둘 간에는 유의한 정적 상관을 보일 것이다. 자동적 분노사고는 적대적 자동적 사고와 내용상 유사성이 높아 이 둘 간에 유의한 정적 상관이 예상되는데, 특히 이차적 분노사고의 타인비난/보복 요인이 적대적 자동적 사고와 높은 상관을 보일 것으로 예상된다. 또한 자존감 척도는 낮은 자존감을 간접적으로 반영하는 것으로 여겨지는 일차적 분노사고나 이차적 분노사고의 무력감 사고와 유의한 역상관을 보일 것이다. 일차적 및 이차적 분노사고 척도가 분노 관련 증상을 평가하는 척도들과 유의한 정적 상관을 보일 것으로 예상되며, 특히 이차적 분노사고의 분노통제/건설적 대처 요인은 건설적인 언어표현 척도나 STAXI-K의 분노통제 척도와도 유의한 정적 상관을 보일 것으로 예상된다.

방 법

참여자

참여자는 대학생 410명으로 남자가 149명이었으며 평균 연령은 22세였고, 여자는 261명으로 평균 연령은 21세였다. 검사－재검사 신뢰도를 알아보기 위해서 113명의 대학생(남자 71명, 여자 42명)을 대상으로 2주 간격으로 일차적 및 이차적 분노사고 척도를 실시하였으며, 이 중 9명이 재검사를 받지 않았다.

측정도구

본 연구에서 사용한 측정도구들은 다음과 같다.

일차적 분노사고 척도(Primary Anger Thought Scale). 연구 1.2에서 제작된 척도와 동일하다.

이차적 분노사고 척도(Secondary Anger Thought Scale). 연구 1.2에서 제작된 척도와 동일하다.

공격성 질문지(Aggression Questionnaire-Korean version; AQ-K). Buss와 Perry(1992)가 개발한 것으로 서수균과 권석만(2002)이 번안하여 한국판으로 개발하였다. 신체적 공격성(9문항), 언어적 공격성(5문항), 분노감(5문항), 적대감(8문항) 등으로 구성된 4개의 하위 척도로 이루어져 있으며, Likert형의 5점 척도(1: 전혀 그렇지 않다, 2: 약간 그렇다, 3: 웬 만큼 그렇다, 4: 꽤 그렇다, 5: 매우 그렇다) 상에 평정하도록 하였다. AQ-K는 모두 27문항으로 구성되어 있으며, 점수가 높을수록 해당 특징이 강한 것이다. 내적합치도는 다음과 같았다: 신체적 공격행동 .74, 언어적 공격행동 .73, 분노감 .67, 적대감 .76(총점＝.86)(서수균, 권석만, 2002). 동일한 연구에서 5주 간격으로 얻어진 검사－재검사 신뢰도는 다음과 같았다: 총점 .81, 신체적 공격행동 .71, 언어적 공격행동 .83, 분노감 .60, 적대감 .75.

상태－특성 분노표현 척도(State-Trait Anger Expression Inventory-Korean version: STAXI-K). Spielberger, Krasner와 Solomon(1988)의 상태－특성 분노 표현 척도를 전겸구, 한덕웅, 이장호와 Spielberger (1997)가 한국판으로 개발한 것을 사용하였다. 본 연구에서는 STAXI-K 에서 상태분노를 제외하고 특성분노(10문항)와 분노표현 의 세 가지 양상인 분노억제(Anger-In)(8문항), 분노표출(Anger-Out)(8문항), 분노통제(Anger-Control)(8문항) 하위척도를 사용하였다. 각 문항은 Likert형의 4점 척도(1: 거의 전혀 아니다, 2: 가끔 그렇다, 3: 자주 그렇다, 4: 거의 언제나 그렇다)상에서 평정되었다. 내적합치도는 특성 분노는 .82였으며(전겸구 등, 1997), 분노표출, 분노억제, 분노통제는 각각 .73, .78, .79였다. 검사－재검사 신뢰도는 특성분노가 .81이었으며, 분노표출, 분노억제, 분노통제는 각각 .71, .67, .82였다(전겸구, 한덕웅, 이창호, 1998).

적대적 자동적 사고 척도(Hostile Automatic Thought Scale: HATS). HATS는 Snyder, Crowson, Houston, Kurylo와 Poirier(1997)에 의해 적대적인 사고를 측정하기 위해서 개발된 것으로, 신체적 공격성(11문항), 타인비하(10문항), 보복(9문항)이라는 3요인으로 구성되어 있다. Snyder 등(1997)의 연구에 따르면 HATS의 내적합치도는 .94였고, 각 요인별로는 신체적 공격성이 .92, 타인비하가 .88, 보복이 .91이었다. 본 연구를 위해서 연구자가 HATS를 번안하였으며, 번안한 척도의 내적합치도는 다음과 같았다: 총점 .96, 신체적 공격성 89, 타인비하 .91, 보복 .91.

수정판 일반적 태도 및 신념 척도(Revised General Attitude and Belief Scale: R-GABS). R-GABS는 DiGiuseppe, Leaf, Exner와 Robin(1988)이 개발한 GABS를 본 연구자가 번안하여 탐색적 요인분석과 문항 분석을 거쳐 수정한 것으로, 5개의 하위 비합리적 신념 척도와 한 개의 합리적 신념 척도로 구성되어 있으며 총 38문항으로 이루어져 있다. 5개의 하위 비합리적 신념 척도에는 성취에 대한 집착(7문항), 자기비하(6문항), 불편감이나 좌절에 대한 낮은 인내력(6문항), 무시나 부당한 대우에 대한 과민성(7문항), 호감이나 인정에 대한 집착(5문항)이 포함되어 있으며, 합리적 신념 척도는 7문항으로 구성되어 있다. 각 문항은 Likert형의 5점 척도(1: 전혀 동의하지 않는다, 2: 동의하지 않는다, 3: 중간이다, 4: 동의한다. 5: 강하게 동의한다)상에서 평정되었다. 본 연구자의 연구에 따르면 하위 비합리적 신념 척도들의 내적합치도는 .81에서 .87사이였으며, 비합리적 신념 척도 전체의 내적합치도는 .92였다. 합리적 신념 척도의 내적합치도는 .67이었다.

Rosenberg 자존감 척도(Self-Esteem Scale: SES). SES는 Rosenberg (1965)가 개발한 것으로, 자기개념의 특정 영역에 국한되지 않는 전반적인 자존감을 측정한다. 본 연구에서는 이훈진과 원호택(1995)이 번안한 한국판 척도를 사용하였다. 총 10문항이며 각 문항이 자신에게 해당되는 정도에 따라 5점 척도 상에서 평정하도록 하였다. 한국판 척도의 내적합치도는 .89였으며 요인분석 결과 단일 요인이 시사되었다.

언어성 분노행동 척도(Anger Behavior-Verbal Scale). Chamber (1999)에 의해 개발된 언어성 분노행동 척도는 화가 났던 상황이나 그 경험에 대한 표현 방식을 측정하기 위해서 개발되었다. 이 척도는 건설적 언어표현, 정당화, 반추적 사고라는 3요인을 포함하고 있다. 건설적 언어표현 요인은 타인의 입장이 되어 보거나 분노유발 사건에 대한 이해를 넓혀서 분노를 느끼게 했던 문제를 해결하고자 하는 노력을 반영하는 문항들로 구성되어 있다. 정당화 요인은 타인을 책망하고 자신은 책임이 없다는 것을 강조하는 것으로, 타인의 관점을 이해하려 들지 않고 자신의 행동을 정당화하고 방어하려는 의도를 반영하는 문항들로 구성되어 있다. 반추적 사고 요인은 분노 유발 사건과 관련된 생각에 반추적으로 몰입하는 경향을 반영하는 문항으로 구성되어 있다. Chamber는 정당화와 반추적 사고 요인을 함께 묶어서 파괴적 언어표현으로 명명하였다. 각 문항은 Likert형의 4점 척도(1: 전혀 그렇지 않다, 2: 가끔 그렇다, 3: 자주 그렇다, 4: 거의 항상 그렇다)상에서 평정되었다. 건설적 언어표현 하위척도는 12문항, 정당화 하위척도는 6문항, 반추적 사고 하위척도는 5문항으로 구성되어 있으며, 각각의 내적합치도는 .90, .84, .77 이었다(Chamber, 1999). 본 연구를 위해서 연구자가 언어성 분노행동 척도를 번안하였으며, 연구자의 연구에 따르면 Chamber가 제안한 3요인 모델이 그대로 지지되었다. 각 요인의 내적합치도는 건설적인 표현은 .87, 정당화는 .84, 반추적 사고는 .69였다. 본 연구에서는 정당화와 반추적 사고 요인을 구분하지 않고 함께 묶어서 파괴적 언어표현으로 놓고 분석하였다.

결과 및 논의

일차적 분노사고 척도

하위척도 간 상관 및 신뢰도

일차적 분노사고 척도의 내적합치도를 알아보기 위해서 Cronbach a값을 산출하였다. 전체 척도의 a값은 .90이었고, 타인의 부당하거나 이기적인 행동에 대한 예민성 하위척도와 친밀한 관계 상황에서의 무시와 실망감 하위척도의 a값은 모두 .84였다. 두 하위척도 간의 상관은 .72($p<.001$)였으며, 문항－하위척도 간의 상관은 최저치가 .40이었고 최고치는 .65였다.

검사－재검사 신뢰도는 타인의 부당하거나 이기적인 행동에 대한 예민성 요인이 .34($p<.001$), 친밀한 관계 상황에서의 무시와 실망감 요인이 .20($p<.05$), 총점이 .32($p<.001$)였다. 높지는 않지만 유의한

수준의 신뢰도를 보인 것으로 보아 일차적 분노사고 척도가 성격적인 특질을 반영하는 것으로 일면 시사된다. 하지만 그 수준이 높지 않아 일차적 분노사고 척도가 측정 당시의 스트레스 정도나 심리상태에 영향을 쉽게 받는 측면도 함께 시사된다.

일차적 분노사고 척도의 타당도

일차적 분노사고 척도의 수렴/변별 타당도를 알아보기 위해서 관련된 다른 척도와의 상관계수를 살펴보았다. 그 결과가 표 6에 제시되어 있다. 일차적 분노사고의 두 요인이 다른 척도들과 유사한 상관 양상을 보였기 때문에, 요인 각각과 다른 척도와의 상관은 보지 않고 두 요인의 총점과 다른 척도와의 상관을 중심으로 살펴보았다. 일차적 분노사고가 비합리적 신념과는 .50($p<.01$)의 정적 상관을 보이는 반면에 합리적 신념과는 -.12($p<.05$)의 부적 상관을 보였다. 일차적 분노사고는 비합리적 신념의 하위척도들 중에서 무시/부당한 대우에 대한 과민성 요인과 .50($p<.01$)의 특히 높은 상관을 보였다. 일차적 분노사고가 자존감 척도와는 -.16($p<.01$)의 부적 상관을 보였다. 일차적 분노사고가 분노감이나 적대감 척도와는 중등도 수준의 유의한 정적 상관을 보였다. 이상의 결과들은 예언과 일치하며 일차적 분노사고의 수렴/변별 타당도를 지지해 준다.

표 6. 일차적 분노사고와 다른 척도와의 상관계수, 평균 및 표준편차

척 도	타인의 부당하고 이기적인 행동에 대한 예민성	친밀한 관계에서 경험하는 무시와 실망감	두요인의 총점	평 균	표준편차
AQ-K					
분노감	.22**	.13**	.32**	13.14	3.55
적대감	.30**	.30**	.46**	18.41	5.12
STAXI-K의 특성분노	.37**	.40**	.40**	21.08	5.22
R-GABS					
성취에 대한 집착	.28**	.30**	.30**	20.30	4.84
자기비하	.32**	.26**	.32**	13.16	3.71
불편감 및 좌절에 대한 낮은 인내력	.33**	.36**	.37**	15.55	4.22
무시나 부당한 대우에 대한 과민성	.48**	.45**	.50**	21.02	4.20
호감 및 인정에 대한 집착	.37**	.42**	.43**	13.39	3.50
비합리적 신념 총점	.47**	.47**	.50**	83.17	15.50
합리적 신념	-.15**	-.06	-.12*	24.80	3.31
자존감척도	-.14**	-.15**	-.16**	36.77	6.21

* $p<.05$(양측검증), ** $p<.01$(양측검증)
비합리적 신념 총점은 '(성취에 대한 집착)+(자기비하)+(불편감/좌절에 대한 낮은 인내력)+(무시/부당한 대우에 대한 과민성)+(호감/인정에 대한 집착)'에 의해 산출되었다.
AQ-K: Aggression Questionnaire-Korean version
STAXI-K: State-Trait Anger Expression Inventory-Korean version
R-GABS: Revised General Attitude and Belief Scale

이차적 분노사고 척도

하위척도 간 상관 및 신뢰도

이차적 분노사고 척도의 타인비난/보복 요인의 Cronbach a값은 .93이었고 무력감 요인은 .79, 분노통제/건설적 대처 요인은 .77이었다. 이차적 분노사고 척도의 요인 간 상관계수는 타인비난/보복과 무력감이 .36(p<.001), 무력감과 분노통제/건설적 대처는 .43(p<.001), 타인비난/보복과 분노통제는 .25(p<.001)였다. 문항-하위척도 간의 상관계수는 최저치가 .34였고 최고치는 .67이었다.

각 하위척도별 검사-재검사 신뢰도는 타인비난/보복이 .27(p<.01), 무력감이 .18(p=.07), 분노통제/건설적 대처가 .17(p=.08)이었다. 하위척도별로 차이는 있지만 대체로 검사-재검사 신뢰도가 높지 않았다. 이는 이차적 분노사고 척도가 개인이 최근에 경험한 분노유발 사건의 경험 빈도나 강도와 관련되어 있음을 일면 반영하는 것으로 여겨진다.

표 7. 일차적/이차적 분노사고 척도오- HATS의 평균 및 표준편차

척 도	평 균	표준편차
일차적 분노사고		
타인의 부당하고 이기적인 행동에 대한 예민성	34.21	7.16
친밀한 관계에서 경험하는 무시와 실망감	30.91	5.63
이차적 분노사고		
타인비난/보복	39.57	12.50
무력감	16.03	5.08
분노통제/건설적 대처	22.45	5.11
HATS		
신체적 공격성	16.46	6.22
타인비하	22.07	7.68
보 복	16.58	6.93

HATS: Hostile Automatic Thought Scale

이차적 분노사고 척도의 타당도

일차적 및 이차적 분노사고와 HATS의 평균과 표준편차가 표 7에 제시되어 있다.

이차적 분노사고 척도와 관련 인지 척도의 상관 분석 결과가 표 8에 제시되어 있다. 이차적 분노사고 척도는 적대적 자동적 사고 및 비합리적 신념 척도와 유의한 정적 상관을 보였다. 타인비난/보복 요인은 적대적 자동적 사고와 특히 높은 정적 상관을 보였다. 이차적 분노사고의 하위척도와 비합리적 신념의 상관을 살펴보면, 타인비난/보복 사고는 무시/부당한 대우에 대한 과민성 요인과, 무력감 사고는 불편감/좌절에 대한 낮은 인내력 요인과 특히 상관이 높았다. 무력감 사고는 자존감 척도와는 -.37($p<.10$)의 부적 상관을 보였다. 분노통제/건설적 대처 사고는 이차적 분노사고의 세 요인

82

중에서 유일하게 합리적 신념과 유의한 정적 상관을 보였다. 한편 분노통제/건설적 대처 사고가 적대적 자동적 사고와 유의한 정적 상관을 보이고 있는데, 이는 분노통제/건설적 대처 사고의 역기능성을 반영하기보다는 분노유발 상황에서 일어나는 적대적인 사고에 대한 적응적인 반응으로 분노통제/건설적 대처 사고가 일어나는 것을 반영하는 것으로 여겨진다.

표 8. 이차적 분노사고의 하위척도와 관련 인지 척도의 상관계수

척 도	타인비난/보복	무력감	분노통제/건설적 대처
HATS			
신체적 공격성	.64**	.35**	.24**
타인비하	.68**	.29**	.22**
보 복	.72**	.29**	.23**
R-GABS			
성취에 대한 집착	.29**	.24**	.27**
자기비하	.22**	.32**	.22**
불편감 및 좌절에 대한 낮은 인내력	.18**	.41**	.18**
무시나 부당한 대우에 대한 과민성	.45**	.22**	.11*
호감/인정에 대한 집착	.29**	.23**	.18**
비합리적 신념 총점	.38**	.37**	.26**
합리적 신념	-.04	-.13**	.18**
자존감 척도	-.13**	-.37**	-.11**

* $p<.05$(양측검증), ** $p<.01$(양측검증)
HATS: Hostile Automatic Thought Scale
R-GABS: Revised General Attitude and Belief Scale

이차적 분노사고 척도와 분노 관련 증상 척도의 상관 분석 결과가 표 9에 제시되어 있다. 타인비난/보복 사고는 분노감, 적대감, 신체적/언어적 공격성, 파괴적 언어표현, 분노표출, 분노억제, 특성분

노와 중등도 이상의 유의한 정적 상관을 보였다. 무력감 요인은 분
노 관련 증상 척도와의 상관이 타인비난/보복 사고에 비해서 대체
로 낮은 편으로, 분노감이나 공격행동이 외부로 표현되는 정도를
반영하는 신체적/언어적 공격성, 분노표출 및 파괴적 언어표현 척도
와 특히 상대적으로 낮은 상관을 보였다.

표 9. 이차적 분노사고의 하위척도와 분노 관련 척도의 상관계수

척 도	타인비난/보복	무력감	분노통제/건설적 대처
언어성 분노행동			
파괴적 언어표현	.49**	.35**	.22**
건설적 언어표현	.12*	.09	.43**
AQ-K			
신체적 공격성	.54**	.17**	.07
언어적 공격성	.45**	.09	.17**
분노감	.44**	.30**	.13**
적대감	.54**	.41**	.33**
STAXI-K			
분노표출	.56**	.29**	.08
분노억제	.43**	.39**	.27**
분노통제	-.19**	-.11*	.28**
특성분노	.61**	.34**	.18**

* $p<.05$(양측검증), ** $p<.01$(양측검증)
AQ-K: Aggression Questionnaire-Korean version
STAXI-K: State-Trait Anger Expression Inventory-Korean version

이차적 분노사고의 분노통제/건설적 대처 사고는 분노통제 및 건
설적 언어행동과 각각 .28($p<.01$)과 .43($p<.01$)의 정적 상관을 보여,

이 사고가 분노 상황에서 분노를 적응적으로 통제하거나 문제해결적으로 대처하는데 기여하는 사고임이 시사된다. 이러한 결과를 고려할 때, 이차적 분노사고의 타인비난/보복과 무력감 사고를 역기능적인 이차적 분노사고로 분류하고 분노통제/건설적 대처를 기능적인 이차적 분노사고로 분류하는 것이 타당해 보인다. 한편 분노통제/건설적 대처 사고가 파괴적 언어표현과도 경등도의 유의미한 정적 상관을 보였다($r=.22$, $p<.01$). 이는 분노통제/건설적 대처 사고와 파괴적 언어표현의 구성 요인인 자기 정당화나 반추적인 사고의 관련성을 반영하거나, 다른 한편으로는 분노통제/건설적 대처 사고의 자기주장적인 특징을 반영하는 것일 수도 있다.

이차적 분노사고의 분노통제/건설적 대처 요인이 건설적 언어표현이나 분노통제와 유의한 정적 상관을 보여, 이 요인이 타인비난/보복이나 무력감 요인과는 달리 기능적인 사고일 가능성이 일면 시사된다. 하지만 낮은 수준이기는 하지만 분노통제/건설적 대처 요인이 파괴적 언어행동, 분노억제, 언어적 공격성, 적대감과도 유의한 정적 상관을 보이고 있어, 분노통제/건설적 대처 사고를 적응적으로만 보기에는 무리가 따른다. 분노통제/건설적 대처 요인을 구성하는 문항들의 내용을 분석하면, 다양한 이질적인 문항들을 포함하고 있다. 특히 '참아야지'와 '나 자신은 어떤데?', 이 두 문항은 분노를 억지로 억제시켜 적대감을 증가시키는데 기여하는 자동적 사고일 수 있다.

연구 1의 논의

분노가 일어나는 과정에서 다양한 사고가 머릿속에 침투하듯이 떠오르게 되는데, 이 중에는 분노유발 과정에 관여하는 사고가 있

는가 하면 어떤 사고는 분노 경험에 대한 반응으로서 일어나기도
한다. 분노유발에 관여하는 사고와 이기 일어난 분노의 반응으로서
의 사고를 명확히 구분하는 것은 쉽지 않을뿐더러 그 경계가 분명
하지도 않다. 하지만 분명한 것은 타인과의 관계에서 분노를 경험
할 때 다양한 자동적 사고들이 떠오르고 이들은 분노유발이나 증폭
과정에 중요하게 관여하고 있을 가능성이 높다는 점이다. 자동적
분노사고의 중요성에도 불구하고 아직까지 분노상황에서 일어나는
자동적 사고를 포괄적으로 평가하는 척도가 개발되어 있지 않다.
분노에 대한 여러 인지 이론들에서 시사된 바에 따르면(Beck, 2000;
Deffenbacher & McKay, 2000; Lazarus, 1991), 분노상황에서 일어
나는 자동적 사고는 일차적 분노사고와 이차적 분노사고로 구분할
수 있다.

연구 1에서는 타인과의 관계 상황에서 분노를 느낄 때 어떤 일련
의 사고들이 발생하는지를 탐색적으로 조사하고 이를 근거로 일차
적 및 이차적 분노사고를 각각 평가하는 두 척도를 개발하였다. 연
구 1.1에서는 대학생 179명을 대상으로 분노 상황에서 보이는 일차
적/이차적 분노사고의 예들을 수집하여 분석하였고, 연구 1.2에서는
연구 1.1에서 수집된 자료에 근거해서 일차적/이차적 분노사고 척도
를 제작하였다. 마지막으로 연구 1.3에서는 일차적/이차적 분노사고
척도의 신뢰도와 타당도를 살펴보았다.

연구 1.1의 결과에 따르면, 일차적 분노사고는 (1) 타인으로부터
배려, 이해, 존중받지 못함, (2) 탈규범적이거나 피해를 주는 타인의
행동, (3) 타인의 무시, 모욕, 거부라는 세 유형의 사고로 분류되었
다. 발생빈도는 (1)이 40%, (2)가 33%, (3)이 27%였다. 세 유형의
사고 모두 공통적으로 타인의 행동이 부당하거나 잘못되었다는 상
황에 대한 지각을 반영하고 있다. 특히(1)과 (3)은 타인의 행동이
자존감이나 자기 가치감을 위협하거나 손상시켰다는 평가를 반영하
고 있어 그 유사성이 높다. 이러한 결과는 분노가 자존감이 손상되

었거나, 타인의 행동이 부당하다고 지각할 때 일어난다는 여러 연구자들의 주장과 일관된다(Averill, 1983; Berkowitz, 1989: Carson & Miller, 1988; Poster & Rusbult, 1990).

일차적 분노사고에 비해서 이차적 분노사고는 훨씬 다양했는데, 7개의 부적응적인 사고(타인비난이나 경멸, 보복, 신체적 공격성, 언어적 공격성, 회피, 자기비하, 부정적 정서반응)와 1개의 적응적인 사고로 분류되었다. 발생빈도는 부적응적인 사고가 71%로 적응적인 사고의 3배 이상을 차지하였다. 분노나 공격성을 표출하는 내용의 사고는 타인비난이나 경멸(15%), 언어적 공격성(11%), 보복(8%), 신체적 공격성(5%)을 합쳐서 39%나 되었다.

본 연구의 반응빈도 결과를 해석할 때 한 가지 제한점이 있다. 본 연구에 참여한 응답자의 성비가 여성이 남성의 두 배 이상을 차지하여 일차적/이차적 분노사고 양상에서의 남녀차이가 반응빈도의 분포에 영향을 미쳤을 가능성이 있다. 일차적/이차적 분노사고의 남녀차이에 대한 연구가 추후에 필요하다.

연구 1.2에서는 각각 39문항과, 68문항으로 구성된 예비 일차적/이차적 분노사고 척도를 가지고 요인분석과 문항 분석을 실시하여, 일차적/이차적 분노사고 척도를 제작하였다. 일차적 분노사고 척도는 타인의 부당하고 이기적인 행동에 대한 예민성과 친밀한 관계 상황에서 경험하는 무시와 실망감이라는 2요인 구조로 되어 있었으며, 두 하위척도 간의 상관은 .65였다. 각 요인의 내적합치도는 .86과 .80으로 높은 편이었다.

이차적 분노사고는 타인비난/보복, 무력감, 분노통제/건설적 대처라는 세 요인으로 구성되어 있었으며, 하위척도들 간의 상관은 타인비난/보복과 무력감은 .29, 무력감과 분노통제/건설적 대처는 .31, 타인비난/보복과 분노통제/건설적 대처는 .24였다. 내적합치도는 타인비난/보복이 .96이었고 무력감은 .78, 분노통제/건설적 대처는 .75였다. 연구 1의 조사 연구에서 이루어진 이차적 분노사고의 유형별

분석 결과와 비교해 보면, 타인비난이나 경멸, 보복, 신체적 공격성, 언어적 공격성 사고 유형은 타인비난/보복 요인에, 회피, 부정적 정서반응, 자기비하 사고 유형은 무력감 요인에, 적응적 사고 유형은 분노통제/건설적 대처 요인에 해당되는 것으로 여겨진다.

연구 1.3에서는 일차적/이차적 분노사고의 타당도를 알아보기 위해서 비합리적 신념 척도, 적대적 자동적 사고 척도, 자존감 척도, 분노 관련 증상들을 평가하는 여러 척도들과의 상관을 살펴보았다. 일차적 분노사고는 비합리적 신념과 유의한 정적 상관을 보였으며 특히 무시/부당한 대우에 대한 과민성 요인과 높은 상관을 보였다. 일차적 분노사고가 자존감 척도와는 부적 상관을 유의하게 보였으며, 분노감이나 적대감 척도와는 중등도 수준의 유의한 정적 상관을 보였다. 이러한 결과들은 예언과 일치하며 일차적 분노사고의 수렴/변별 타당도를 지지한다.

이차적 분노사고 척도는 적대적 자동적 사고 및 비합리적 신념 척도와 유의한 정적 상관을 보였다. 특히 타인비난/보복 요인이 적대적 자동적 사고와 높은 정적 상관을 보였다. 무력감 요인은 자존감 척도와 부적 상관을 유의하게 보였다. 분노통제/건설적 대처 요인은 이차적 분노사고의 세 요인 중에서 유일하게 합리적 신념과 유의한 정적 상관을 보였다. 이차적 분노사고 척도와 분노 관련 다양한 증상 척도들과의 상관을 살펴보면, 타인비난/보복 요인은 분노경험과 표현의 다양한 증상에 걸쳐서 중등도 수준의 유의한 상관을 일관되게 보였으며, 이에 비해 무력감 요인은 공격성 표출과 관련된 척도들에서 타인비난/보복에 비해서 낮은 상관을 보이는 경향이 있었다. 이는 타인비난/보복 요인이 무력감 요인에 비해서 분노표출이나 공격행동과 더 관련되어 있음을 시사해 준다. 분노통제/건설적 대처 요인은 분노통제 표현 양상이나 건설적 언어행동과 유의한 정적 상관을 보여, 이 요인이 분노를 통제하고 적응적으로 표현하거나 해소하는데 기여하는 적응적인 사고임이 시사된다. 따라서 분노통제/건설적 대처 요인과 구분해서 타인비난/보복과 무력감 요인을 역기능적인 이차적 분노사고로 보는 것이 타당해 보인다. 이러한 결과들은 예언과 일치하며 이차적 분노사고의 수렴/변별 타당도를 지지해 준다.

일차적 및 이차적 분노사고 척도가 성격적 특질을 반영하는 다양한 척도들과 의미 있는 일관된 결과를 보이고 있어, 이 두 척도가 분노유발 상황에서 보이는 개인의 특질적인 사고 경향성을 반영하고 있음이 시사된다. 하지만 이 두 척도 모두 검사—재검사 신뢰도가 높지 않은 점은 이 두 척도가 평가 당시 개인의 스트레스 정도나 심리 상태, 분노사건 경험의 빈도나 그 강도에 영향을 쉽게 받을 수 있음을 시사하는 것으로 여겨진다.

본 연구가 갖는 이론적 및 임상적 의의를 간추려 보면 다음과 같다.

첫째, 본 연구에서는 인지치료 분야에서 이론적 및 치료적으로 많은 주목을 받고 있는 자동적 사고를 개념적으로 세분화하였다. 우울이나 불안을 비롯해서 다양한 심리장애와 관련된 자동적 사고들이 제안되어 왔으나, 분노유발 과정에 기여하는 자동적 사고에 대한 구체적인 제안은 드물 뿐만 아니라 본 연구에서처럼 일차적 분노사고와 이차적 분노사고로 세분화하려는 시도도 지금까지 없었다.

자동적 사고를 일차적 분노사고와 이차적 분노사고로 구분하는 것의 의의를 살펴보면 다음과 같다. 첫째, 분노유발 과정에 대한 인지이론들(Beck, 2000; Deffenbacher, & McKay, 2000; Lazarus, 1991)에서 제안된 두 단계의 평가나 해석 과정을 반영해주는 인지적 산물로서 일차적 및 이차적 분노사고가 고려될 수 있다. 일차적 및 이차적 분노사고를 분석함으로써 분노유발 과정에서 이루어지고 있는 평가나 해석 과정에 대해서 경험적으로 알아볼 수 있다. 둘째, 분노유발 상황에서 보이는 역기능적인 사고양상에 대해서 보다 세분화되고 체계적인 이해가 가능해진다. 개인에 따라서 일차적 분노사고와 이차적 분노사고를 보이는 양상이 다를 것이다. 일차적 분노사고가 두드러진 사람, 이차적 분노사고가 두드러진 사람, 아니면 두 가지 분노사고 모두에서 역기능성을 심각히 보이는 사람이 있을 것이다. 이들 각각에 대한 차별화된 인지적 이해가 필요하고 그에 따라 치료의 초점이나 전략이 달라질 수 있다. 셋째, 분노 강도가 역기능적으로 증폭되는데 기여하는 인지 과정에 대한 이해를 넓힐 수 있다. 일차적 분노사고에서 이차적 분노사고로 넘어가면서 분노의 강도가 증가하고 과도하게 흥분된 상태에까지 이르는 경향이 시사된다.

둘째, 분노유발 상황에서 일어나는 자동적 사고를 측정하는 일차적 및 이차적 분노사고 척도를 개발하였다. 지금까지 분노유발 상황에서 일어나는 자동적 사고를 객관적으로 측정할 수 있는 측정도구가 마땅히 개발되어 있지 않았다. Snyder 등(1997)이 개발한 적대적 자동적 사고 척도가 있지만, 이 척도는 분노유발 상황에서 보이는 사고를 측정하기보다는 적대적 상황에서 보이는 사고를 측정하고 있어서 분노유발 상황에서 보이는 자동적 사고를 포괄적으로 측정하지는 못한다. 일차적 및 이차적 분노사고 척도는 분노유발 상황에서 보이는 다양한 사고 양상들에 대한 체계적인 평가를 가능하게 해준다. 연구 장면에서는 물론이고, 치료 장면에서 내담자의 분노사고 특징을 미리 알아보거나 치료 전후로 내담자의 분노사고 양상의 변화를 객관적으로 비교해보는데도 이 척도는 유용하게 활용될 수 있다.

본 연구의 제한점과 앞으로의 연구과제로는 다음과 같은 점들이 고려될 수 있다. 첫째, 일차적/이차적 분노사고 척도가 대학생 집단을 대상으로 문항수집과 요인분석이 이루어졌기 때문에, 본 연구의 결과를 일반인이나 청소년 집단으로 일반화시키기 위해서는 추가적인 연구가 필요하다. 둘째, 본 연구에서 일차적/이차적 분노사고와 분노의 관련성은 확인되었지만, 이들 간의 인과적인 관계는 검증되지 않았다. 그림 1에 제시된 인지모델에 따르면 분노유발 사건과 분노 사이를 일차적 분노사고와 이차적 분노사고가 순차적으로 매개하고 있다. 앞으로의 연구에서 이 모델에 대한 검증이 이루어져야 할 것이다. 셋째, 자동적 사고에 대한 일차 및 이차사고 구분이 다른 심리장애에도 적용될 수 있는지 검토해 볼 수 있다. 예를 들면, 우울증과 관련된 자동적 사고에도 적용될 수 있다. 우울한 사람들이 많이 보이는 일차사고는 세상, 자신, 타인에 대한 비관적이고 부정적인 평가 내용이 주를 이루며, 이차사고는 자신을 책망하는 내용이나 무기력하고 비관적인 대처 양상을 반영하는 내용이 주를 이룰 것이다. 넷째, 탐색적 요인분석을 통해서 확인된 일차적 및 이차적 분노사고 척도의 요인구조가 확인적 요인분석을 통해서도 일관되게 지지되는지를 검증해 볼 필요가 있다. 마지막으로 일차적 및 이차적 분노사고 척도가 분노 상황에서 일어나는 의식적인 사고를 평가하는데 초점을 두고 있어, 분노유발 상황에서 일어나는 자각이 어려운 사고를 평가하지는 못하고 있다. 이 점에서 보자면 일차적 및 이차적 분노사고 척도가 자각이 어려운 자동적 사고를 반영하고 있지는 않으며, 그보다는 분노상황에서 개인의 머릿속에 떠오르는 의식 가능한 자기말(self-talk)을 반영한다고 보는 편이 타당하다.

Ⅲ. 연구 2. 비합리적 신념, 자동적 사고 및 분노의 관계

Beck이 우울증 발생의 기저에 있는 인지 요인으로 역기능적 신념과 자동적 사고를 제안한 이후로, 그의 인지매개이론은 다양한 정서장애나 성격장애를 설명하는데 적용되어 왔다(Beck, 1976; Beck, Emery, & Greenberg, 1985; Beck, Rush, Shaw & Emery, 1979). 최근에 우울증과 사회공포증의 발생 과정에 대한 인지매개모델이 제안되어 검증된 바도 있다(조용래, 1998; Kwon, 1992). 본 연구에서 검증하고자 하는 모델은 이러한 Beck의 인지매개모델을 정교화한 것이다. 본 연구의 목적은 우울증이나 불안장애, 성격장애를 설명하기 위해서 사용되던 인지매개모델을 정교화 시켜서 역기능적인 분노의 발생 과정을 설명하는데 적용해 보고 그 타당성을 검증해보는 것이다.

역기능적인 분노가 유발되는 과정에 비합리적 신념과 역기능적인 자동적 사고가 기여하고 있을 거라는 가정 하에서, 연구 1에서는 분노 상황에서 일어나는 자동적 사고를 일차적 분노사고와 이차적 분노사고로 구분하고 각각을 평가하기 위한 척도를 개발하였다. 연구 2에서는 일차적 및 이차적 분노사고가 비합리적 신념과 역기능적 분노 사이에서 어떤 역할을 하는지를 알아보고자 한다.

본 연구자가 가정하고 있는 비합리적 신념, 일차적 분노사고, 이차적 분노사고 및 역기능적 분노의 관계를 도식화하면 그림 4와 같다. 그림 4에 따르면 유발사건이 비합리적 신념을 활성화시키고 이어서 일차적 분노사고와 이차적 분노사고가 순차적으로 일어나 최종적으로 역기능적 분노를 경험하게 된다. 여기서 이차적 분노사고는 역기능적인 이차적 분노사고를 의미하는 것으로, 이차적 분노사고의 세요인 중에서 분노통제/건설적 대처 사고를 제외하고 타인비난/보복과 무력감 사고를 포함한 것이다. 비합리적 신념과 역기능적 분노 사이를 일차적 분노사고와 이차적 분노사고가 순차적으로 매개하고 있다: 비합리적 신념→일차적 분노사고→이차적 분노사고→역기능적 분노. 여기에 더해서 이 모델은 일차적 분노사고를 거치지 않는 경로도 가정하고 있다: 비합리적 신념→이차적 분노사고→역기능적 분노.

본 연구에서는 분노의 발생 과정을 설명하는 이중인지매개모델의 타당성을 검증해 보고, 이를 통해서 분노 문제에 대한 인지적 개입을 위한 시사점을 얻고자 한다. 특히 병리적 인지구조인 비합리적 신념이 역기능적 분노를 초래하는 과정에서 인지적 산물인 분노사고, 즉 일차적 및 이차적 분노사고가 어떤 역할을 하는지를 알아보는데 초점을 두었다. 비합리적 신념이 강한 사람일수록 생활 사건들을 부정적으로 평가하기 쉬워 일차적 분노사고를 많이 경험하게 되며, 부정적인 평가를 반영하는 일차적 분노사고는 심리적 불편감과 함께 공격적인 사고나 무력감을 반영하는 역기능적인 이차적 분노사고를 많이 유발시켜 역기능적 분노를 일으키게 된다. 역기능적인 이차적 분노사고는 분노 경험 상황에서 부적응적인 대처를 일으키는 주요 인지 요인으로 여겨진다. 이렇게 유발된 역기능적 분노는 다시 부정적인 정서 경험과 연합되어 있는 비합리적 신념을 활성화시키고 이어서 일차적 분노사고와 이차적 분노사고를 더욱 활성화시켜 분노가 점차 증폭되는 악순환이 반복된다. 분노가 증폭되는 과정에서 비합리적 신념은 일차적 분노사고를 거치지 않고 이차적 분노사고를 직접 활성화시키기도 하며, 그 결과 분노는 짧은 시간 내에 폭발적으로 증폭되게 된다.

본 연구에서 제안한 이중인지매개모델(그림 6)의 타당성을 알아보기 위해서 병렬인지매개모델과 비매개인지모델이라는 두 대안모델을 제안하고, 이 모델들의 적합도를 비교해 보았다. 병렬인지매개모델(그림 7)에서는 일차적 분노사고와 이차적 분노사고가 비합리

적 신념과 역기능적 분노사이를 병렬적으로 매개하고 있으며, 비매
개인지모델(그림 8)에서는 일차적 분노사고와 이차적 분노사고가
매개역할을 하고 있지 않다.

방 법

참여자

참여자는 서울 시내 학부 대학생 813명으로 남자가 405명, 여자
가 408명이었다.

측정도구

공격성 질문지(Aggression Questionnaire-Korean version: AQ-K).
연구 1.3에서 사용한 척도로 분노감 하위척도만을 발췌해서 사용하
였다.

상태-특성 분노표현 척도(State-Trait Anger Expression Inventory-
Korean version: STAXI-K). 연구 1.3에서 사용한 척도로 특성분노 척
도만을 발췌해서 사용하였다.

수정판 일반적 태도 및 신념 척도(Revised General Attitude and
Belief Scale: R-GABS). 연구 1.3에서 사용한 척도로 비합리적 신념
하위척도들만을 발췌해서 사용하였다.

일차적 분노사고 척도(Primary Anger Thought Scale: PATS). 연구
1.2에서 제작된 척도와 동일하다.

역기능적인 이차적 분노사고 척도(Secondary Anger Thought Scale:
SATS). 연구 1.2에서 제작된 이차적 분노사고 척도에서 분노통제/건
설적 대처 하위척도는 제외하고 타인비난/보복과 무력감 하위척도
만을 포함시킨 척도이다. 분노통제/건설적 대처 하위척도를 제외한

이유는 그 사고가 역기능적 사고라기보다는 분노를 완화시키거나 통제하는 기능적인 사고로 여겨지기 때문이다.

자료 분석

공분산구조분석을 위해서 역기능적 분노의 관찰변인으로 AQ-K의 분노감 하위척도와 STAXI-K의 특성분노 하위척도 점수를, 일차적 분노사고의 관찰변인으로는 일차적 분노사고의 두 하위척도 점수를, 역기능적인 이차적 분노사고의 관찰변인으로는 타인비난/보복과 무력감 하위척도 점수를, 비합리적 신념의 관찰변인으로는 R-GABS의 5개 비합리적 신념 하위척도 점수를 지정하였다.

결　과

연구 2에서 사용된 각 척도별 평균과 표준편차를 표 10에 제시하였다.

표 10. 연구 2에서 사용된 각 척도별 평균과 표준편차

척 도	평 균	표준편차
AQ-K의 분노감	13.61	5.24
STAXI-K의 특성분노	20.60	5.08
R-GABS		
성취에 대한 집착	20.34	4.93
자기비하	13.07	3.62
불편감/좌절에 대한 낮은 인내력	15.50	4.18
무시/부당한 대우에 대한 과민성	20.97	4.10
호감/인정에 대한 집착	13.40	3.39
일차적 분노사고	61.46	12.62
역기능적인 이차적 분노사고		
타인비난/보복	44.56	14.26
무력감	16.32	5.24

R-GABS: Revised General Attitude and Belief Scale

공분산구조분석을 이용한 인지매개모델 검증

　비합리적 신념과 분노 사이에서 일차적 분노사고와 역기능적인 이차적 분노사고가 어떤 역할을 하는지를 살펴보기 위해서 공분산구조분석을 실시하였다. 이를 위해서 그림 6, 7, 8과 같은 세 가지 모델을 가정하였다. 그림 6은 본 연구자가 가정하는 인지모델로 이중인지매개모델이라고 이름을 붙였으며, 그림 7과 8은 대안모델로 각각 병렬인지매개모델과 비매개인지모델이라고 이름을 붙였다. 병렬인지매개모델에서는 비합리적 신념과 역기능적 분노 사이를 일차적 분노사고와 역기능적인 이차적 분노사고가 매개는 하지만, 이 두 자동적 사고가 순차적인 관련성을 보이지 않고 병렬적으로 매개 역할을 한다. 비매개인지모델에서는 비합리적 신념, 일차적 분노사고, 역기능적인 이차적 분노사고가 관련성을 갖지 않고 각각 독립적으로 영향을 미친다. 이 각각의 모델에 대해서 AMOS 4.0 프로그램을 이용해서 공분산구조분석을 실시하였다.

분석 결과, 병렬인지매개모델과 비매개인지모델에서 일차적 분노사고가 분노에 직접 미치는 영향을 반영하는 경로계수는 각각 .00과 .07로 유의한 수준을 보이지 않았다. 이는 일차적 분노사고가 이차적 분노사고를 거치지 않고 분노를 유발시키는 경로를 가정하는 것이 타당하지 않음을 시사해 준다. 따라서 일차적 분노사고와 역기능적 분노 사이의 직접적인 경로를 가정하고 있는 병렬인지매개모델과 비매개인지모델은 부적절한 모델로 여겨진다. 이에 비해 이중인지매개모델의 경우에는 모델에서 가정한 모든 경로가 유의한 수준을 보였으며, 적합도 또한 x^2를 제외하고는 이중인지매개모델의 타당성을 지지해 주었다: $x^2 = 305.78(df = 40, N = 824)(p < .001)$, NFI = .988, RFI = .980, TLI = .982, CFI = .989, RMSEA = .090. x^2는 지나치게 엄격하게 모델을 검증하기 때문에 모델의 적합성을 현실적으로 평가하지 못하기 쉬우며, 이럴 경우 일반적으로 다른 적합도 결과를 우선적으로 살펴보고 판단하도록 권한다(이순묵, 1990; Mulaik, James, Alstine, Bennett, Lind, Stilwell, 1989). 이중인지매개모델에 대한 공분산구조분석 결과, NFI, RFI, TLI, CFI는 '양호한' 수준을 보였으며 RMSEA는 '받아들여질 만한' 수준을 보였다. NFI, RFI, TLI, CF에서는 세 모델이 거의 차이를 보이지 않았으나, RMSEA에서는 이중인지매개모델이 .090으로 상대적으로 양호한 수준의 적합도를 보였다. 비합리적 신념이 일차적 분노사고를 거치지 않고 이차적 분노사고로 직접 연결되는 경로계수가 유의한 수준을 보였는데, 이는 '비합리적 신념→이차적 분노사고→역기능적 분노'에 이르는 분노 증폭 경로가 있음을 시사해준다.

이상의 결과를 종합해 볼 때, 병렬인지매개모델이나 비매개인지모델에 비해서 이중인지매개모델이 더 우수한 모델임이 시사된다. 또한 비합리적 신념과 분노 사이를 일차적 분노사고와 이차적 분노사고가 순차적으로 매개하고 있으며, 일차적 분노사고가 이차적 분노사고를 거치지 않고 직접 분노를 일으키지는 않는 것으로 시사된다.

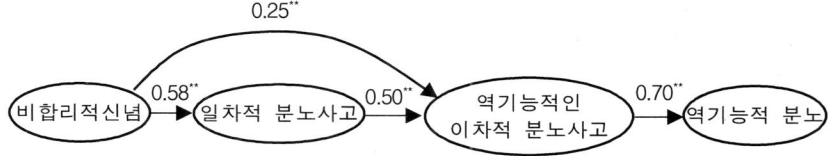

NFI=.988, RFI=.980, TLI=.989, CFI=.982, RMSEA=.090

그림 6. 이중인지매개모델(** *p*<.01, *** *p*<.001)

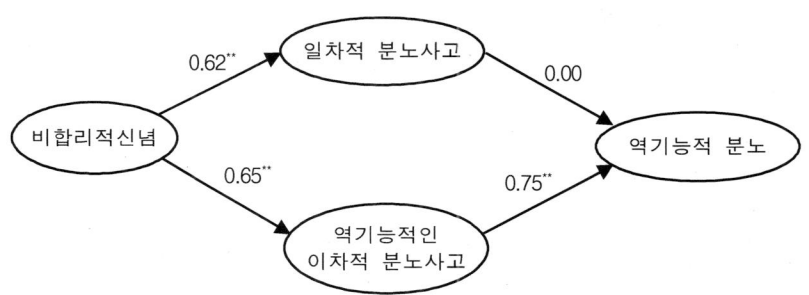

NFI=.979, RFI=.965, TLI=.967, CFI=.981, RMSEA=.122

그림 7. 병렬인지매개모델(*** *p*<.001)

98

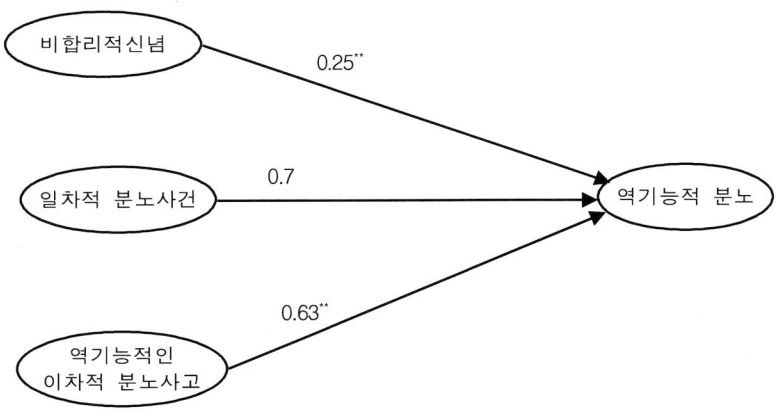

NFI=.985, RFI=.975, TLI=.978, CFI=.986, RMSEA=.101

그림 8. 비매개인지모델(** p<.01, *** p<.001)

논 의

본 연구에서는 분노유발 과정에서 비합리적 신념과 자동적 사고가 어떤 역할을 하는지를 살펴보았다. 이를 위해서 비합리적 신념과 분노 사이를 일차적 분노사고와 이차적 분노사고가 순차적으로 매개하고 있는 이중인지매개모델이 제안되었으며, 공분산구조분석을 통해서 두 대안모델(병렬인지매개모델과 비매개인지모델)과 이중인지매개모델을 비교하였다. 그 결과, 이중인지매개모델이 두 대안모델에 비해서 상대적으로 더 우수한 모델임이 확인되었다.

연구 결과를 보다 세분해서 다시 살펴보면 다음과 같다. 첫째, 자동적 분노사고의 두 유형인 일차적 분노사고와 이차적 분노사고가 비합리적 신념과 분노 사이를 순차적으로 매개하고 있었다. 이는 '비합리적 신념→일차적 분노사고→이차적 분노사고→분노'로 이어지는 분노발생 경로를 지지해 준다. 둘째, 비합리적 신념이 일차적 분노사고를 거치지 않고 이차적 분노사고를 직접 유발시켜 분노를 일으키기도 하였다. 이는 '비합리적 신념→이차적 분노사고→분노'로 이어지는 경로로, 특히 분노가 증폭되는 과정에 기여하는 것으로 여겨진다. 분노를 폭발적으로 보이는 사람은 역기능적인 이차적 분노사고가 과도하게 활성화되어 분노가 쉽게 증폭되며 급기야는 폭발적으로 표출되는 경향을 보일 수 있다. 셋째, 병렬인지매개모델과 비매개인지모델에서 일차적 분노사고가 이차적 분노사고를 거치지 않고 직접 분노를 일으키는 경로계수는 유의한 수준을 보이지 않았다. 이러한 결과는 역기능적인 분노를 직접적으로 일으키는 주요 인지요인이 일차적 분노사고보다는 이차적 분노사고일 가능성이 높음을 보여준다. 이차적 분노사고의 과도한 활성화를 다루지 않고 일차적 분노사고만을 다루어서는 분노를 감소시키는데 한계가 있을 것으로 여겨진다. 역기능적 이차적 분노사고(타인에 대한 비난/보복, 무력감)를 감소시키는 것이 과도한 분노감을 적절한 수준으로 낮추기 위해서는 반드시 필요한 치료적 개입임이 시사된다.

분노와 관련된 비합리적 신념이나 자동적 사고를 단편적으로 다룬 연구들은 소수 있었지만, 이들 간의 관계에 대한 모델을 검증한 연구는 거의 보고 되지 않았다. 특히 본 연구에서는 분노사고를 일차적 분노사고와 이차적 분노사고로 세분화하고 있어 Beck의 인지매개모델을 이론적으로 정교화 하였다. 분노증폭 과정에 관여하는 '비합리적 신념→이차적 분노사고→분노' 경로는 자동적 사고를 일차적 분노사고와 이차적 분노사고로 구분하지 않았으면 확인할 수 없었을 것이다. 역기능적 분노를 효율적으로 다스리기 위해서는 개인의 비합리적 신념과 자동적 사고의 양상을 체계적으로 평가하는 것이 필요하며, 특히 자동적 사고를 일차적 분노사고와 이차적 분노사고로 세분하는 것이 개인의 분노관련 인지적 취약성을 이해하는데 한층 더 유용할 것으로 여겨진다.

　마지막으로 본 연구의 제한점을 몇 가지 고려해 보면 다음과 같다. 첫째, 비합리적 신념, 일차적 및 이차적 분노사고, 역기능적 분노 간의 관계에 대한 이중인지매개모델이 공분산구조분석을 통해서는 지지되었지만, 이는 이들 간의 상관관계에 기초한 분석일 뿐 변인들 간의 인과적인 관계에 대해서 명확한 결론을 내려주지는 못한다. 예를 들면, 일차적 및 이차적 분노사고가 분노를 일으키는 인지요인인지 아니면 분노가 일어났을 때 보이는 인지적 반응인지에 대한 명확한 구분은 본 연구 결과를 통해서는 확인하기 어렵다. 둘째, 본 연구에서 분노증폭 과정에 관여하는 '비합리적 신념→이차적 분노사고→분노' 경로가 확인되었지만, 이는 공분산구조분석을 통해서 시사된 것으로 다른 연구 방법을 통해서 다시 검증될 필요가 있다. 이를 위해서는 분노가 증폭되기 전과 증폭된 후의 인지적 변화를 시간상에서 비교할 수 있는 연구 설계가 유용할 것으로 여겨진다. 셋째, 역기능적 분노에 대한 조작적인 정의가 명확하지 않다. 본 연구에서는 AQ-K와 STAXI-K의 점수가 높을수록 역기능적인 분노일 가능성이 높다고 가정하고, 역기능적인 분노의 수준을 이 두 척도의 점수로 평가하였다. 이중인지매개모델에서 가정하고 있는 것처럼 비합리적 신념과 역기능적인 분노사고로 인해서 유발된 분노라면 역기능적인 분노일 가능성이 더 높을 것이다. 하지만 이는 분노발생 과정을 통해서 역기능적인 분노라고 추론한 것이지, 실제 분노유발 상황에 비추어서 분노의 역기능성을 평가한 것은 아니다. 따라서 구체적인 분노유발 상황에서 경험하는 분노의 수준, 지속기간, 발생빈도가 그 상황에 비추어 적절한지에 대한 평가가 이루어지고, 이와 함께 그 상황에서 보이는 자동적 분노사고의 오류나 왜곡, 역기능성에 대해서도 평가가 이루어진다면, 유발된 분노의 부적절성과 역기능성에 대한 보다 객관적인 평가가 가능할 것이다.

Ⅳ. 연구 3. 분노와 우울 수준에 따른 인지적 특성

　연구 2에서는 역기능적인 분노 유발이나 증폭 과정에 비합리적 신념, 일차적/이차적 분노사고가 어떻게 관여하고 있는지에 대해서 알아보았다. 비합리적 신념, 일차적/이차적 분노사고를 많이 보일수록 역기능적 분노수준은 높아졌다. 본 연구에서는 상담을 받고 있는 내담자 집단을 대상으로 이러한 인지적 요인들의 특성을 살펴보고자 한다. 특히 연구 1에서 개발된 일차적/이차적 분노사고가 우울과 비교했을 때 분노와 얼마나 특정하게 관련되는지를 알아보는데 초점을 두었다.

　분노와 우울은 내담자들이 흔히 호스하는 증상으로, 내담자 중에는 분노나 우울 중에 한 가지만을 현저히 호소하는 사람이 있는가 하면 분노와 우울을 모두 심각하게 호소하는 사람도 있다(Eckhardt & Deffenbacher, 1995; Fava et al., 1993; Rosenbaum et al., 1993). 본 연구에서는 분노와 우울이 동시에 높은 내담자와 분노나 우울 중 한 가지만 높은 내담자를 구분하고 이들이 비합리적 신념, 일차적/이차적 분노사고에서 어떤 차이를 보이는지를 살펴보고자 한다. 이를 통해서 분노와 우울이 동시에 높은 내담자와 분노만 높은 내담자의 인지적 특성을 비교해서 이해할 수 있을 것이다. 내담자 유형 별로 인지적 특성에서 차이가 있으면 내담자 유형에 맞는 차별적인 치료를 고려해야 할 것이다. 또한 분노만 높은 집단과 우울만 높은 집단을 변별해주는 인지적 요인에 대해서도 탐색적으로 알아볼 수 있을 것이다.

　이를 위해서 먼저 비합리적 신념, 일차적/이차적 분노사고와 분노나 우울의 상관을 분석하였다. 다음으로 내담자를 분노와 우울 수준에 따라 네 집단(분노와 우울이 동시에 높은 집단, 분노는 높지만 우울은 낮은 집단, 분노는 낮지만 우울이 높은 집단, 분노와 우울이 동시에 낮은 집단)으로 구분하고 이들 집단 간에 비합리적 신념, 일차적/이차적 분노사고의 점수를 비교하였다.

분노를 자주 경험하는 사람은 부정적인 경험에 대해서 다른 사람을 탓하는 반면에 우울감을 자주 느끼는 사람은 부정적인 경험에 대해서 자신을 책망하는 경향이 있다(Beck, 2000; Beck et al., 1979; Deffen-bacher, & McKay, 2000; Ellis & Tafrate, 1997). 일차적 분노사고가 불쾌한 상황에 대해 다른 사람의 부당함이나 잘못을 탓하는 내용이 대부분이라는 점을 고려해 볼 때, 분노가 높은 사람은 우울이 높은 사람보다 일차적 분노사고를 더 많이 보일 것으로 예상된다. 또한 이차적 분노사고의 타인비난/보복 사고도 분노가 높은 사람이 우울이 높은 사람보다 더 많이 보일 것으로 예상된다.

분노와 우울을 구별해 주는 비합리적 신념으로 두 요인이 고려될 수 있다. 우울이 높은 사람들은 자기 가치감이 낮아서 자신이 타인으로부터 무시당해도 당연하게 여기는 경향이 있는 반면에 분노 수준이 높은 사람들은 자신이 무시당하는 것에 대해서 부당하게 여기고 이러한 타인의 행동에 강하게 반발하는 경향이 있다. 비합리적 신념의 무시/부당한 대우에 대한 과민성 점수는 분노 수준이 높은 사람이 우울 수준이 높은 사람에 비해서 더 높은 반면에, 자기비하 점수는 반대로 우울 수준이 높은 사람이 분노 수준이 높은 사람보다 더 높을 것으로 예상된다.

방　법

참여자 및 절차

대학내 상담기관에서 무료로 개인상담을 받고 있는 213명의 대학생(남:87명, 여:126명, 평균연령:26세)을 대상으로 질문지 묶음을 실시하고, 분노와 우울 수준에 따라 4개 집단으로 구분하였다. 질문지 묶음에는 특성분노 척도, Beck 우울 척도(BDI), 수정판 일반적 태도 및 신념 척도 중 비합리적 신념 척도, 일차적/이차적 분노사고 척도 등이 포함되어 있다.

특성분노와 BDI에서 모두 상위 40% 이내의 점수를 받은 내담자는 분노/우울집단에 포함되었으며 45명(남:16명, 여:29명, 평균연령:25세)의 내담자가 할당되었다. 분노집단은 특성분노는 상위 40% 이내지만 BDI는 하위 40% 이내에 속하는 내담자로 구성되며 33명(남:13명, 여:20명, 평균연령:25세)의 내담자가 할당되었다. 우울집단은 특성분노는 하위 40% 이내지만 BDI는 상위 40% 이내에 속하는 내담자로 구성되며 30명(남:10명, 여:20명, 평균연령:26세)의 내담자가 할당되었다. 마지막으로 특성분노와 BDI에서 모두 하위 40% 이내에 포함되는 내담자는 비교집단으로 분류하였으며, 49명(남:23명, 여:26명, 평균연령:25세)의 내담자가 할당되었다.

측정도구

상태-특성 분노표현 척도(State-Trait Anger Expression Inventory-Korean version: STAXI-K). 연구 1.3에서 사용한 척도로 특성분노 척도만을 발췌해서 사용하였다.

수정판 일반적 태도 및 신념 척도(Revised General Attitude and Belief Scale: R-GABS). 연구 1.3에서 사용한 척도로 비합리적 신념 척도만 발췌해서 사용하였다.

일차적 분노사고 척도(Anger Behavior-Verbal Scale). 연구 1.2에서 제작된 척도와 동일하다.

이차적 분노사고 척도(Secondary Anger Thought Scale). 연구 1.2에서 제작된 척도로 본 연구에서는 역기능적 이차적 분노사고에 해당되는 타인비난/보복과 무력감 하위척도만을 포함시켰다.

Beck 우울 척도(Beck Depression Inventory). Beck, Ward, Mendalson, Mock와 Erbaugh(1961)가 우울 증상을 측정하기 위해 개발한 21문항의 자기보고형 검사이다. 본 연구에서는 이영호와 송종용(1991)이 번안한 한국판 Beck 우울척도를 사용하였다. 내적합치도는 .98로 보고 되었다.

결 과

부분상관 분석

비합리적 신념, 일차적/이차적 분노사고 중에서 분노나 우울에 특정하게 관련되는 변인을 탐색적으로 알아보기 위해서, 이들과 특성분노 및 BDI의 상관을 살펴보았다. 특성분노와 BDI가 .21($p<.01$) 수준의 유의한 상관을 보여, 각각을 통제 변인으로 지정하고 부분상관분석을 실시하였다.

표 11에 따르면, 일부 비합리적 신념을 제외하고 대부분의 인지요인들이 정도의 차이는 있지만 분노와 우울 모두와 유의한 상관을 보였다. 분노사고와 비합리적 신념에서 분노나 우울에 특정한 관련성이 시사되는 요인들을 중심으로 결과를 살펴보면 다음과 같다. 비합리적 신념의 무시나 부당한 대우에 대한 과민성 요인은 특성분노와는 유의한 정적 상관을 보이는 반면에, BDI와는 유의한 상관을 보이지 않았다. 반대로 비합리적 신념의 자기비하 요인은 BDI와는 유의한 정적 상관을 보이는 반면에, 특성분노와는 유의한 상관을 보이지 않았다. 분노사고들은 분노와 우울 모두와 유의한 상관을 보이지만 상관의 정도에서 차이를 보였다. 특히 이차적 분노사고의 타인비난/보복 사고는 BDI보다 특성분노와 더 높은 상관을 보이는 경향이 가장 현저했다. 일차적 분노사고는 BDI보다 특성분노와, 이

차적 분노사고의 무력감 사고는 특성분노보다 BDI와 더 높은 상관
을 보이는 경향이 있었다.

표 11. 인지 요인들과 특성분노 및 BDI의 부분상관계수

척 도	특성분노 (통제변인: BDI)	BDI (통제변인: 특성분노)
일차적 분노사고	.38**	.23**
이차적 분노사고		
타인비난/보복	.55**	.14*
무력감	.31**	.54**
R-GABS		
비합리적 신념 총점	.31**	.49**
성취에 대한 집착	.22**	.32**
자기비하	.09	.48**
불편감 및 좌절에 대한 낮은 인내력	.20**	.50**
무시나 부당한 대우에 대한 과민성	.34**	.02
호감 및 인정에 대한 집착	.21**	.33**

* $p<.05$(양방검증), ** $p<.01$(양방검증)
R-GABS: Revised General Attitude and Belief Scale

　이러한 결과에 따르면 분노사고 중에는 일차적 분노사고와 이차
적 분노사고의 타인비난/보복 사고가, 비합리적 신념 중에는 무시나
부당한 대우에 대한 과민성 요인이 우울보다는 분노와 더 높은 관
련성을 보이는 것으로 시사되며, 이차적 분노사고의 무력감 사고
와 비합리적 신념의 자기비하 요인은 분노보다 우울과 더 높은 관
련성을 보이는 것으로 시사된다. 특히 비합리적 신념 중에서 무시
나 부당한 대우에 대한 과민성 요인은 분노와의 특정한 관련성을
시사되며, 반대로 자기비하 요인은 우울과의 특정한 관련성이 시사
된다.

집단 간의 분노와 우울 수준 비교

네 집단 간에 특성분노 점수와 우울 점수를 비교한 결과가 표 12에 제시되어 있다. 분노집단과 우울집단이 특성분노와 우울 수준에서 상반된 결과를 보였다. 분노/우울집단과 분노집단은 우울 수준에서만 유의한 차이를 보인 반면에 분노/우울집단과 우울집단은 분노수준에서만 유의한 차이를 보였다. 또한 분노집단이 비교집단과 우울 수준에서는 유의한 차이가 없었으며, 우울집단이 비교집단과 분노수준에서는 유의한 차이가 없었다. 이러한 결과는 분노와 우울 수준에 따른 집단 간 분류가 계획대로 잘 되었음을 확인해 준다.

표 12. 각 집단 간 분노와 우울 점수의 평균 비교

척 도	분노/ 우울집단	분노집단	우울집단	비교집단	F	사후검증 (scheffé)
특성분노	27.02(3.00)	26.76(2.77)	16.73(2.20)	17.10(2.00)	203.72**	1=2>3=4
BDI	22.36(7.21)	7.33(2.53)	21.23(5.65)	5.55(3.25)	125.45**	1=3>2=4

** $p<.01$(양방검증)
비교집단: 분노와 우울이 동시에 낮은 집단

비합리적 신념, 일차적/이차적 분노사고의 집단 간 비교

비합리적 신념, 일차적/이차적 분노사고 수준에 대한 네 집단 간의 비교 결과가 표 13에 제시되어 있다. 네 집단을 대상으로 일원변량분석을 하였으며 사후 검증으로 Scheffé 분석을 실시하였다. 표 13의 결과에 따르면 앞서 제시한 부분상관분석의 결과가 집단 간 비교분석에서도 일관되게 지지되고 있음을 확인할 수 있다. 즉, 비합리적 신념 중에서 무시나 부당한 대우에 대한 과민성 요인에서는 분노/우울집단과 분노집단이 우울 및 비교집단보다 유의하게 더 높은 수준을 보였으며 우울집단과 비교집단 간에는 유의한 차이가 없었다. 또한 자기비하 요인에서는 반대로 분노/우울집단과 우울집단이 분노 및 비교집단 보다 유의하게 더 높은 수준을 보였으며 분노집단과 비교집단 간에는 유의한 차이가 없었다. 이차적 분노사고의 타인비난/보복 사고에서는 분노/우울집단과 분노집단이 우울 및 비교집단보다 유의하게 더 높은 수준을 보였으며, 우울집단과 비교집단 간에는 타인비난/보복 사고에서 유의한 차이를 보이지 않았다. 이러한 결과는 비합리적 신념의 무시나 부당한 대우에 대한 과민성 요인과 이차적 분노사고의 타인비난/보복 사고 요인이 분노와 특정하게 관련된 요인이라면, 비합리적 신념의 자기비하 요인은 우울과 특정하게 관련된 요인임을 시사해 준다. 분노/우울 집단은 모든 분노사고와 비합리적 신념에서 다른 집단보다 유의하게 더 높은 수준을 보이고 있어, 역기능적인 분노와 우울에 인지적으로 가장 취약한 집단임이 시사된다.

Scheffé 분석 결과에서는 일차적 분노사고와 이차적 분노사고의 무력감 사고에서 분노집단과 우울집단이 유의한 차이를 보이지 않았다. 통계적 검증력을 높이기 위해서 분노집단과 우울집단을 대상으로 대비분석을 추가로 실시한 결과, 일차적 분노사고에서는 분노집단이 우울집단보다 유의하게 높은 수준을 보였으며 무력감 사고에서는 반대로 우울집단이 분노집단보다 유의하게 더 높은 수준을 보였다, $t(152)=2.00$, $p<.05$; $t(153)=-2.01$, $p<.05$.

표 13. 비합리적 신념, 일차적/이차적 분노사고에 대한 집단 간 평균 비교

척 도	분노/우울집단	분노집단	우울집단	비교집단	F	사후검증 (scheffé)
일차적 분노사고	76.62(10.29)	68.22(11.89)	62.37(12.25)	60.02(11.86)	18.22**	1>2>4, 1>3
이차적 분노사고						
타인비난/보복	59.69(13.43)	55.09(14.84)	41.63(12.18)	40.47(10.01)	24.43**	1=2>3=4
무력감	22.84(5.74)	17.24(5.80)	19.83(4.36)	13.57(3.61)	29.34**	1>2=3>4
R-GABS						
비합리적 신념 총점	110.02(14.96)	93.81(14.24)	98.57(13.96)	86.71(13.12)	22.08**	1>2,3>4
성취에 대한 집착	26.84(4.74)	21.75(4.91)	23.33(4.53)	21.22(5.23)	11.87**	1>2=3=4
자기비하	18.40(4.66)	13.66(3.84)	17.30(4.08)	13.15(4.12)	15.88**	1=3>2=4
불편감 및 좌절에 대한 낮은 인내력	21.84(4.20)	17.88(4.57)	20.20(4.80)	16.24(3.87)	14.78**	1>2=4, 1=3>4
무시나 부당한 대우에 대한 과민성	25.78(3.53)	25.30(3.61)	22.37(4.06)	22.24(3.59)	10.59**	1=2>3=4
호감 및 인정에 대한 집착	17.16(4.30)	14.76(3.22)	15.37(3.50)	13.59(3.02)	8.05**	1>2=4

* $p<.05$(양방검증), ** $p<.01$(양방검증)
비교집단: 분노와 우울이 동시에 낮은 집단
R-GABS: Revised General Attitude and Belief Scale

논 의

본 연구에서는 분노와 우울 수준에 따라 비합리적 신념, 일차적/이차적 분노사고가 어떤 특성을 보이는지를 탐색적으로 알아보고자 하였으며, 특히 연구 1에서 개발된 일차적/이차적 분노사고가 분노와 얼마나 특정하게 관련된 자동적 사고인지를 알아보는데 초점을 두었다. 이를 위해서 먼저 분노나 우울 수준을 통제하고 분노 및 우울과 인지 요인간의 부분상관분석을 하였다. 다음으로 대학 내

학생상담센터에서 상담을 받고 있는 내담자를 분노와 우울 수준에 따라 네 집단(분노/우울집단, 분노집단, 우울집단, 비교집단)으로 구분하고, 집단의 유형에 따라 비합리적 신념, 일차적/이차적 분노사고에서 어떤 차이를 보이는지를 살펴보았다.

부분상관분석 결과를 요약하면 다음과 같다. 우울 수준을 통제하고 특성분노와 비합리적 신념의 하위요인간의 상관계수를 구했을 때, 특성분노는 비합리적 신념의 자기비하 요인을 제외한 모든 인지 요인들과 유의한 상관을 보였다. 반대로 분노 수준을 통제하고 우울과 인지 요인 간의 상관계수를 구했을 때, 우울 수준은 비합리적 신념의 무시나 부당한 대우에 대한 과민성 요인을 제외한 모든 인지 요인들과 유의한 상관을 보였다. 이러한 결과는 비합리적 신념 중에서 분노와 고유하게 관련되는 요인은 무시나 부당한 대우에 대한 과민성 요인이며, 우울과 고유하게 관련되는 요인은 자기비하 요인임을 시사해 준다. 비합리적 신념의 다른 요인들, 즉 성취에 대한 집착, 불편감 및 좌절에 대한 낮은 인내력, 호감 및 인정에 대한 집착 등은 그 정도에는 차이가 있지만 분노와 우울 모두와 관련되는 비합리적 신념으로 여겨진다. 일차적/이차적 분노사고와 분노나 우울 간의 상관분석 결과에 따르면, 이차적 분노사고의 타인비난/보복 사고가 우울보다 분노와 현저히 높은 상관 수준을 보이고 있어 분노에 특정적인 자동적 사고로 가장 시사된다. 이에 비해 이차적 분노사고의 무력감 사고는 분노보다 우울과 상대적으로 높은 상관을 보이는 경향이 있었다. 일차적 분노사고는 분노와 우울 모두와 유의한 상관을 보였으며, 우울보다 분노와 더 높은 상관을 보이는 경향이 있었다.

분노와 우울수준에 따라 네 집단으로 구분한 집단 간 비교분석 결과는 부분상관분석 결과와 대체로 일관되었다. 분노집단이 우울집단보다 일차적 분노사고, 타인비난/크복 사고, 무시나 부당한 대우에 대한 과민성 요인에서 더 높은 점수를 보였다. 반면에 자기비하 요인과 무력감 사고에서는 우울집단이 분노집단보다 더 높은 점수를 보였다. 분노/우울 집단은 모든 분노사고와 비합리적 신념에서 네 집단 중에서 가장 높은 수준을 일관되게 보여 역기능적인 분노와 우울에 인지적으로 가장 취약한 집단인 것으로 시사되었다.

　본 연구의 의의를 몇 가지 소개하겠다. 첫째, 타인의 무시나 부당한 대우에 과민하면서 타인을 비난하거나 보복하는 사고에 몰두하는 경향이 강한 사람일수록 우울보다는 분노를 자주 지배적으로 경험하며, 자기비하적인 생각이 강하고 무기력한 사고를 많이 하는 사람일수록 분노보다는 우울을 더 자주 지배적으로 경험할 것으로 여겨진다. 타인의 무시나 부당한 대우에 과민하면서 동시에 자기비하적인 생각에 몰두하고, 타인을 비난하거나 보복하는 사고를 많이 하면서 동시에 무기력한 사고도 많이 하는 사람은 분노와 우울을 함께 자주 강하게 보이는 것으로 여겨진다. 이러한 결과는 분노나 우울에 특정하게 관련되는 비합리적 신념과 자동적 사고가 존재함을 보여주고 있으며, 개인이 지배적으로 갖고 있는 비합리적 신념과 자동적 사고의 유형에 따라서 그가 주로 경험하는 부정적인 감정의 종류도 달라질 수 있음을 시사해 준다. 이는 이미 경험적 연구를 통해서 검증된 바가 있는 인지적 내용-특수성 가설(cognitive content-specificity hypothesis)을 지지하는 결과이기도 하다(Beck, Brown, Steer, Eidelson & Riskind, 1987; Greenberg & Beck, 1989). 둘째, 서수균과 권석만(2005)이 분노유발 과정을 설명하기 위해서 개발한 일차적/이차적 분노사고 질문지가 우울보다는 분노에 인지적으로 취약한 사람을 변별해 내는데 효율적인 도구임이 시사된다. 특히 이차적 분노사고의 타인비난/보복 사고 요인은 우울과는 관련이 없는 분노에 특정하게 관련된 인지적 특징으로, 분노에 대한 인지적 취약성을 평가할 수 있는 주요 자동적 사고인 것으로 여겨진다. 셋째, 임상 현장에서 분노 관련 문제를 호소하는 내담자들이 우울을 함께 호소하는 경우와 그렇지 않은 경우를 구분할 필요가 있으며, 그에 따라 인지치료의 초점도 달라져야할 것이다. 분노와 함께 우울 수준도 높은 내담자는 분노에 대한 인지적 개입에 더해서 무력감과 자기비하적인 사고에 대한 인지치료적인 개입도 병행되어야 할 것으로 여겨진다.

마지막으로 본 연구의 제한점이나 앞으로의 연구방향에 대해서 몇 가지 언급하면 다음과 같다. 첫째, 내담자 집단을 분노와 우울에 대한 자기보고형 질문지 점수에 따라 네 집단으로 구분하였는데, 보다 객관적인 집단 분류가 이루어지려면 분노와 우울 수준에 대한 제3자의 평정자료를 함께 고려하는 것이 필요하다. 둘째, 이차적 분노사고의 무력감 요인과의 상관에서 우울과 분노 모두 중등도 이상의 유의한 수준을 보였지만, 만성적으로 분노 수준이 높은 사람이 경험하는 무력감과 만성적으로 우울한 사람이 경험하는 무력감은 질적으로 다를 가능성이 있다. 분노수준이 높은 사람들이 타인의 무시나 부당한 대우에 과민하고 타인을 비난하거나 보복하려는 사고를 많이 한다는 본 연구결과를 고려해 볼 때, 분노수준이 높은 사람의 경우는 타인의 부당함을 시정하고자 하는 과도한 통제욕구로 인해 필연적으로 경험할 수밖에 없는 좌절감에 기인한 무력감일 가능성이 높다. 반면에 우울수준이 높은 사람들은 자기비하적인 생각에 몰두하는 경향이 강하다는 본 연구결과를 고려해 볼 때, 우울수준이 높은 사람의 경우는 자신의 무능력함에 보다 초점이 맞춰진 무력감일 가능성이 높다. 이러한 관점을 반영해서 추후 연구에서는 분노나 우울과 관련된 무력감 사고의 특징을 보다 세분화할 필요성이 있어 보인다.

V. 연구 4. 분노표현에 영향을 미치는 인지적 요인: 이차적 분노사고와 분노표현 태도

　분노는 경험과 표현이라는 두 차원으로 구분될 수 있다. 따라서 인지 요인도 분노가 경험되는 과정에 주로 관여하는 것과 분노가 표현되는 과정에 주로 관여하는 것을 구분할 필요가 있다. 어떤 인지 요인은 분노경험이나 표현 중에 하나에만 관여하는가 하면 어떤 요인은 분노경험과 표현에 공통적으로 관여하고 있다. 본 연구에서 제안한 모델(그림 5)에 따르면 비합리적 신념과 일차적 분노사고는 주로 분노경험 유발에 관여하는 인지 요인이며, 이차적 분노사고는 분노경험과 표현에 모두 관여하는 인지 요인이다.

　연구 2와 3에서는 역기능적인 분노경험의 유발에 관여하는 인지 요인들의 특징과 그들 간의 관계에 대해서 살펴보았다. 본 연구에서는 분노경험이 아닌 분노표현에 영향을 미치는 인지 요인에 대해서 알아보고자 한다. 연구자가 제안한 모델(그림 5)에 따르면 분노 표현 행동은 역기능적 분노, 이차적 분노사고, 분노표현 태도에 의해서 영향을 받는다. 이차적 분노사고는 개인의 대처 행동이나 양상을 반영하는 자동적 사고라서 개인의 대처 행동에 직접적으로 영향을 미칠 가능성이 높다. 분노표현 태도는 특정 분노표현 양상에 대한 평가를 반영하는 신념이나 지식으로, 잠재적으로 개인의 분노 표현 행동과 이차적 분노사고에 영향을 미칠 수 있다(서수균, 이훈진, 권석만, 2004).

　분노표현 양상은 흔히 분노통제, 분노표출, 분노억제라는 세 가지 양상으로 분류되는데, 본 연구에서는 분노통제를 제외하고 분노표출과 분노억제에 초점을 두고 있다. 역기능적인 분노표현 양상으로 분노표출과 분노억제가 일반적으로 강조된다(전겸구, 한덕웅, 이장호, 1998; Biodeau, 1992; Gottlieb, 1999; Spielberger et al, 1995;

Thich, 2001). 분노표출은 화가 나면 화를 겉으로 드러내는 것으로, 화난 표정을 지어 보인다거나 욕하는 것, 말다툼이나 과격한 공격 행동을 보이는 것 등이 그 예다. 분노억제는 화는 나있지만 이를 겉으로 드러내지 않는 것으로, 화가 나면 오히려 말을 하지 않거나 사람을 피하고 속으로만 상대방을 비판하는 경우가 이에 해당된다 (Spielberger et al., 1995).

분노표출과 분노억제가 심리장애와 신체질환에 부정적인 영향을 미치고 있음이 여러 연구들에서 일관되게 강조되어 왔다(김교헌, 2000; 김교헌, 전겸구, 1997; 전겸구, 1991; Bridewell & Chang, 1996; Cautin et al., 2001; Martin, Wan, David, Wegner, & Watson, 1999; Moore & Paolillo, 1984; Zaitsoff et al., 2002). 최근에 와서 분노표출 과 억제를 일으키는 인지 요인에 대한 관심이 학자들 사이에서 높아 지고 있다(Ellis & Tafrate, 1997; Kassinove & Sukhodolsky, 1995; Lazarus, 1991). 그 대부분은 분노와 관련된 다양한 역기능적인 신념 이나 평가, 자동적 사고, 귀인 등에 대한 연구들이다(이훈진, 2001; Averill, 1983; Beck, 2000; Deffenbacher & McKay, 2000; Snyder, Crowson, Houston, Kurylo, & Poirier, 1997). 이들은 분노경험을 촉발시키거나 증폭시키는 다양한 인지 요인에 관심을 두고 있으며, 분노표현과 관련된 개인의 태도나 신념에 초점을 두지는 않고 있다.

Collier(1985)는 분노가 좌절과 신체폭력에 대한 반응으로 일어나 며 보통은 분노를 유발시킨 사람을 공격하고 상해를 입히려는 충동을 수반한다고 하였다. 이렇듯 분노는 공격행동과 밀접히 관련되어 있다 (Novaco, 1977; Rothenberg, 1971). 하지만 분노가 반드시 공격행동을 일으키는 것은 아니다(Averill, 1983; Baron, 1977). Averill(1983)의 연 구에 따르면 상대에게 분노나 공격충동을 느낀 경우에 직접적인 신 체적 공격이나 벌을 가한 경우는 10%에 지나지 않았다.

본 연구에서는 분노를 경험하고 공격 충동을 느끼더라도 사람에 따라 다양한 반응을 보이는데 주목하고, 공격행동이나 역기능적인 분노표현을 일으키는데 기여하는 인지 요인에 대해서 탐색적으로 살펴보고자 한다. 특히 역기능적인 이차적 분노사고와 분노표현 태도에 초점을 두겠다.

역기능적인 이차적 분노사고의 두 요인인 타인비난/보복과 무력감 사고가 분노표출과 분노억제에 미치는 영향이 다를 것이다. 타인비난/보복 사고를 많이 하고 분노표출지지 태도가 강할수록 분노표출을 많이 하고 신체적 및 언어적 공격성과 파괴적 언어행동도 많이 보일 것이다. 이에 비해서 타인티난/보복과 함께 무력감 사고도 많이 보이는 사람은 분노를 주로 억제할 것으로 여겨진다. 분노억제가 강한 사람은 타인을 향한 분노가 분노표출이 강한 사람 못지않게 강하지만, 동시에 무력감 사고와 분노억제를 지지하는 태도가 강해서 분노를 겉으로 표현하는 일은 적을 것이다.

방 법

참여자

참여자는 134명의 학부 대학생으로 남자가 64명이었으며 평균 연령은 24세였고 여자는 70명으로 평균 연령은 22세였다.

측정도구

공격성 질문지(Aggression Questionnaire-Korean version; AQ-K). 연구 1.3에서 사용된 척도로 본 연구에서는 신체적/언어적 공격성 하위척도만을 발췌해서 사용하였다.

상태－특성 분노표현 척도(State-Trait Anger Expression Inventory-Korean version: STAXI-K). 연구 1.3에서 사용한 척도로 분노표현 척도만 발췌해서 사용하였다.

언어성 분노행동 척도(Anger Behavior-Verbal Scale). 연구 1.3에서 사용한 척도로, 파괴적 언어행동 하위척도만 발췌해서 사용하였다. 파괴적 언어행동 척도는 분노 상황에서 보이는 자기정당화와 반추적인 사고 경향성을 반영하는 언어적인 표현 행동을 평가하는 문항들로 구성되어 있다.

역기능적인 이차적 분노사고 척도(Secondary Anger Thought Scale). 연구 1.2에서 제작된 척도로 이차적 분노사고 척도의 타인비난/보복과 무력감 하위척도만을 포함하고 있다.

분노표출 태도 척도(Anger-Out Attitude Scale). 서수균, 이훈진, 권석만(2004)이 개발한 척도로 타인의 부정적인 평가에 대한 두려움(10문항), 부정적인 대인관계 결과 예상(9문항), 적극적인 분노표현 지지(10문항), 소극적인 분노표현 지지(7문항)라는 4개 하위척도로 구성되어 있다. 7점 척도 상에서 평정되었으며(1: 전적으로 반대한다, 2: 상당히 반대한다, 3: 약간 반대한다, 4: 중간이다, 5: 약간 동의한다, 6: 상당히 동의한다, 7: 전적으로 동의한다), 내적합치도는 타인의 부정적인 평가에 대한 두려움이 .86, 부정적인 대인관계 결과 예상이 .86, 적극적인 분노표현 지지가 .85, 소극적인 분노표현 지지가 .79였다.

분노억제 태도 척도(Anger-In Attitude Scale). 서수균, 이훈진, 권석만(2004)이 개발한 척도로 분노억제에 대한 부정적인 태도(17문항)와 분노억제에 대한 긍정적인 태도(6문항)라는 2개 하위척도로 구성되어 있다. 7점 척도 상에서 평정되었으며, 내적합치도는 분노억제에 대한 부정적인 태도가 .89, 분노억제에 대한 긍정적인 태도가 .76이었다. 두 하위척도 간 상관은 -.24였다.

분노표현 태도의 요인구조를 알아보기 위해서 분노표출 태도 척도와 분노억제 태도 척도의 6개 요인을 대상으로 척도 수준의 요인분석을 실시하였다. 그 결과, 분노표출지지 태도와 분노억제지지 태도라는 두 요인이 확인되었다(서수균, 이훈진, 권석만, 2004). 분노

표출지지 태도 점수는 분노표출 태도 척도의 적극적인 분노표현 지
지와 소극적인 분노표현 지지, 분노억제 태도 척도의 분노억제에
대한 부정적인 태도 하위척도의 합이며, 분노억제지지 태도 점수는
분노표출 태도 척도의 타인의 부정적인 평가에 대한 두려움과 부정
적인 대인관계 결과 예상, 분노억제 태도 척도의 분노억제에 대한
긍정적인 태도 하위척도의 합이다.

결   과

연구 4에서 사용된 각 척도별 평균과 표준편차는 표 14와
같다.

표 14. 연구 4에서 사용된 각 척도별 평균과 표준편차

척 도	평 균	표준편차
분노표출지지 태도	161.93	22.62
분노억제지지 태도	110.02	16.71
이차적 분노사고		
타인비난/보복	44.39	13.55
무력감	15.41	5.04
STAXI-K		
분노표출	14.59	3.55
분노억제	17.48	4.57
분노통제	20.80	4.08
AQ-K		
신체적 공격성	16.92	5.77
언어적 공격성	11.76	3.54
파괴적 언어행동	21.74	5.45

STAXI-K: State-Trait Anger Expression Inventory-Korean version
AQ-K: Aggression Questionnaire-Korean version

이차적 분노사고 및 분노표현 태도와 분노표현 행동의 상관분석

역기능적인 이차적 분노사고 및 분노표현 태도와 다양한 분노표현 행동 간의 상관을 분석한 결과가 표 15에 제시되어 있다. 역기능적인 이차적 분노사고의 타인비난/보복 사고는 분노표출, 신체적 및 언어적 공격성, 파괴적 언어행동과 중등도 수준의 유의한 정적 상관을 보였으며, 뿐만 아니라 분노억제와도 유사한 수준의 정적 상관을 보였다. 이는 타인비난/보복 사고가 분노표출과 억제 행동에 모두 영향을 미치고 있음을 시사해 준다. 이에 비해 무력감 사고는

분노억제 및 파괴적 언어행동과만 중등도 수준의 유의한 정적 상관
을 보이고 있으며, 분노표출이나 신체적 및 언어적 공격행동과는
유의한 상관을 보이지 않았다. 이는 무력감 사고가 분노억제와 특
정하게 관련되는 인지 요인임을 시사해 준다. 한편 무력감 사고가
파괴적 언어행동과도 유의한 상관을 보인 것은 무력감 사고가 파괴
적 언어행동의 자기 정당화나 반추적인 사고양상을 공유하기 때문
인 것으로 여겨진다.

**표 15. 이차적 분노사고 및 분노표현 태도와 분노표현 행동의
상관계수**

척 도	분노표출지지 태도	분노억제지지 태도	이차적 분노사고	
			타인비난/보복	무력감
STAXI-K				
분노표출	.44**	.16	.47**	.13
분노억제	.25**	.23**	.48**	.53**
분노통제	-.22*	.02	-.12	.01
AQ-K				
신체적 공격성	.36**	.07	.48**	.03
언어적 공격성	.34**	-.01	.37**	.00
파괴적 언어행동	.34**	.19*	.59**	.37**
역기능적인 이차적 분 노사고				
타인비난/보복	.41**	.13		.53**
무력감	.09	.11		

* $p<.05$(양방검증), ** $p<.01$(양방검증)
STAXI-K: State-Trait Anger Expression Inventory-Korean version
AQ-K: Aggression Questionnaire-Korean version

분노표출지지 태도는 분노표출과는 .44($p<.01$)의 유의한 정적 상
관을 보인 반면에 분노통제와는 -.22($p<.01$)의 유의한 부적 상관을

보였다. 또한 신체적/언어적 공격성, 파괴적 언어행동과도 유의하게 정적 상관을 보이고 있어, 분노표출지지 태도가 역기능적인 분노표출 행동을 일으키는데 기여하는 것으로 여겨진다. 또한 분노표출지지 태도는 타인비난/보복 사고와도 .41($p<.01$)의 유의한 정적 상관을 보여, 분노표출지지 태도가 타인비난/보복 사고를 거쳐 역기능적인 분노표출 행동을 일으키는 경로가 있을 가능성이 시사된다. 분노억제지지 태도는 분노억제와 경등도 수준의 유의한 정적 상관을 보여, 많지는 않지만 분노억제지지 태도가 분노억제 행동을 일으키는데 기여하는 것으로 여겨진다.

분노표현 행동에 대한 이차적 분노사고와 분노표현 태도의 위계적 회귀분석

역기능적인 이차적 분노사고와 분노표현 태도가 분노표현 행동에 미치는 영향을 알아보기 위해서 위계적 회귀분석을 실시하였다. 역기능적인 이차적 분노사고와 분노표출지지 태도가 다양한 분노표현 행동에 미치는 영향을 알아보기 위해서, 타인비난/보복 사고, 무력감 사고 및 분노표출지지 태도를 예언변인으로 지정하고 이들을 차례대로 투입하고 그 설명 변량의 변화를 살펴보았다. 표 16에 따르면 STAXI-K의 분노표출을 종속 변인으로 하였을 때, 타인비난/보복 사고와 분노표출지지 태도는 분노표출을 유의하게 설명해 주었으나 무력감 사고는 추가적으로 유의하게 설명해 주지 않았다.

표 16. 분노표출에 대한 위계적 회귀분석

예언변인	R^2	R^2 change	F change	Beta	t
타인비난/보복	.215		38.85***	.399	4.29***
무력감	.226	.012	2.11	-.081	-.96
분노표출지지 태도	.284	.057	11.16***	.265	3.34***

*** $p<.001$(양방검증)

표 17에 따르면 신체적 공격성을 종속 변인으로 하였을 때, 타인
비난/보복과 무력감 사고가 신체적 공격성을 유의하게 설명해 주었
다. 타인비난/보복 사고는 신체적 공격성을 증가시키는 반면에, 무
력감 사고는 부적인 회귀계수를 보여 신체적 공격성을 감소시키는
것으로 나타났다. 표 15의 상관 분석 결과에서는 신체적 공격성과
무력감이 유의한 상관을 보이지 않았지만, 위계적 회귀분석에서 타
인비난/보복을 먼저 투입함으로써 타인비난/보복을 통제하자 무력
감은 신체적 공격성과 유의한 부적인 관계를 보였다.

표 17. 신체적 공격성에 대한 위계적 회귀분석

예언변인	R^2	R^2 change	F change	Beta	t
타인비난/보복	.240		44.76***	.581	6.40***
무력감	.550	.062	12.59***	-.272	-3.26***
분노표출지지 태도	.562	.013	2.72	.128	1.65

*** $p<.001$(양방검증)

표 18에 따르면 언어적 공격성을 종속 변인으로 하였을 때, 타인
비난/보복 사고, 무력감 사고, 분노표출지지 태도가 언어적 공격성
을 유의하게 설명해 주었으며 이 중에서 무력감 사고는 신체적 공
격성에서와 같이 부적인 회귀계수를 보여 언어적 공격성을 억제하

는 역할을 하고 있었다.

표 18. 언어적 공격성에 대한 위계적 회귀분석

예언변인	R^2	R^2 change	F change	Beta	t
타인비난/보복	.136		22.40***	.418	4.29***
무력감	.190	.053	9.27**	-.239	-2.69**
분노표출지지 태도	.219	.029	5.21*	.189	2.28*

* $p<.05$(양방검증), ** $p<.01$(양방검증), *** $p<.001$(양방검증)

표 15의 상관 분석 결과에서는 언어성 공격성과 무력감이 유의한 상관을 보이지 않았지만, 위계적 회귀분석에서 타인비난/보복을 먼저 투입함으로써 타인비난/보복을 통제하자 무력감은 언어적 공격성과 유의한 부적인 관계를 보였다. 이는 신체적 공격성과 무력감의 관계 양상과 일치하는 것으로, 무력감과 관련된 사고를 많이 하는 사람은 신체적이든 언어적이든 겉으로 드러나는 공격적인 행동을 억제하는 경향이 있는 것으로 시사된다.

표 19에 따르면 파괴적 언어행동을 종속 변인으로 하였을 때, 타인비난/보복 사고와 분노표출지지 태도는 파괴적 언어행동을 유의하게 설명해 주었으나 무력감 사고는 추가적으로 유의하게 설명해 주지 않았다. 타인비난/보복적인 사고를 많이 하고 분노표출을 지지하는 태도가 강한 사람일수록 분노 유발 상황에서 자신이 옳다는 생각을 반추적으로 하고 이를 언어적으로 표현하는 경향이 강한 것으로 시사된다.

표 19. 파괴적 언어행동에 대한 위계적 회귀분석

예언변인	R^2	R^2 change	F change	Beta	t
타인비난/보복	.321		67.27***	.444	5.00***
무력감	.328	.006	1.35	.120	1.47
분노표출지지 태도	.346	.018	3.82*	.148	1.95*

* $p<.05$(양방검증), *** $p<.001$(양방검증)

표 20에 따르면 STAXI-K의 분노억제를 종속 변인으로 하였을 때, 타인비난/보복 사고, 무력감 사고, 분노억제지지 태도가 분노억제를 유의미하게 설명해 주었다. 무력감 사고는 타인비난/보복 사고에 추가적으로 9%를, 분노억제지지 태도는 2.4%를 추가적으로 설명해 주었다.

표 20. 분노억제에 대한 위계적 회귀분석

예언변인	R^2	R^2 change	F change	Beta	t
타인비난/보복	.211		37.92***	.258	3.14**
무력감	.301	.090	18.15***	.344	4.20***
분노억제지지 태도	.325	.024	5.07*	.158	2.25*

* $p<.05$(양방검증), ** $p<.01$(양방검증), *** $p<.001$(양방검증)

논 의

연구 4에서는 역기능적인 이차적 분노사고가 역기능적인 분노표현 행동에 미치는 영향을 탐색적으로 알아보았으며, 부가적으로 분노표현 태도가 역기능적인 분노표현 행동에 미치는 영향도 함께 알아보았다. 역기능적인 이차적 분노사고는 대처 행동이나 양상과 관련된 사고를 반영하고 있어 분노표현 행동에도 많은 영향을 줄 것으로 기대되었다.

연구 결과에 따르면, 이차적 분노사고의 타인비난/보복과 관련된 사고는 분노표출 및 억제와 모두 유의한 정적 상관을 보인 반면에 무력감과 관련된 사고는 분노억제와만 유의한 정적 상관을 보였다. 이에 더해서 위계적 회귀분석 결과에서 무력감 사고가 신체적/언어적 공격성을 억제하는 경향이 확인되었다. 이러한 결과를 고려해 볼 때, 분노를 경험하더라도 타인비난/보복과 관련된 사고와 함께 무력감과 관련된 사고를 많이 보이는 사람은 타인을 비난하거나 보복을 하고 싶은 생각이 들어도 이를 행동으로 옮기지 못하고 억제하는 경향이 강할 것으로 시사된다. 즉, 무력감 사고의 정도가 개인이 분노나 공격충동을 행동으로 표현할지 아니면 억제할지를 예언해주는 주요 변인으로 여겨진다.

무력감 요인의 문항 내용을 분석해 보면 체념("살기 싫다", "울고 싶다", "이 세상에 나밖에 없구나")이나 부정적 정서 반응("막 소리를 지르고 싶다"), 회피("모든 게 귀찮다", "아무 소리도 듣고 싶지 않고 말하고 싶지도 않다"), 자기비하적인 내용("난 왜 이렇게 못났을까?")이 주를 이룬다. 체념적이고 회피적이며 자기비하적인 사고를 많이 하는 사람은 분노감이나 공격충동을 경험하더라도 이를 공격적이고 과격하게 표현하기보다는 억제하는 것으로 여겨진다.

타인비난/보복 요인의 문항 내용을 분석해 보면 신체적 공격성("이 자식을 죽여버려", "한 대 패주고 싶다"), 언어적 공격성("욕을 퍼붓고 싶다", "따지고 싶다"), 타인비난이나 경멸("나쁜 놈", "재수 없다"), 보복("인간쓰레기처럼 보이게 다른 사람에게 이 사람의 실체를 다 알릴까보다", "앞으로 잘 해주지 말자")이 주를 이루고 있다. 무력감과 분노표현 행동의 관련성을 함께 고려한다면, 이런 유형의 사고를 많이 하고 무력감과 관련된 사고를 적게 하는 사람일수록 공격충동이 과격한 공격행동으로 표현될 소지가 높을 것으로 예상된다.

이상의 결과에 따르면, 분노상황에서 보이는 이차적 분노사고의 유형과 분노표현 행동의 양상이 상당히 일관되었다. 이는 부적응적인 분노표현 행동을 감소시키기 위해서 역기능적인 이차적 분노사고를 감소시키고 적응적인 이차적 분노사고를 늘려가는 것이 치료적으로 유용할 수 있음을 시사해 준다.

VI. 연구 5. 분노조절 인지행동프로그램의 효과

　연구 1, 2, 3, 4에서 역기능적 분노를 유발시키는데 기여하는 인지 요인으로 비합리적 신념, 일차적 분노사고, 이차적 분노사고가 일관되게 시사되었다. 지금까지 사용한 분석 방법은 상관 분석, 공분산구조분석, 회귀분석, 집단 간 평균 비교였다. 이러한 분석방법들을 통해서 인지 요인과 분노관련 증상의 관련성은 확인할 수 있지만, 이들 간의 인과적인 관계에 대한 명확한 결론을 내리기는 어렵다. 본 연구에서는 분노조절 인지행동프로그램의 진행 전후로 인지 요인의 변화와 분노관련 증상의 변화의 관계를 살펴봄으로써, 인지 요인과 분노관련 증상 간의 인과적인 관계를 명확히 하는데 도움을 얻고자 한다.

　이를 위해서 먼저 비합리적 신념, 일차적 분노사고, 이차적 분노사고의 감소에 초점을 둔 분노조절 집단인지행동프로그램을 개발하였다. 이 프로그램을 내담자 집단에 실시하고 인지 요인의 감소에 수반해서 분노관련 증상이 감소하는지를 알아봄으로써, 인지 요인과 분노관련 증상 간의 인과적인 관계를 확인해 보고자 한다.

　개발된 분노조절 집단인지행동프로그램은 네 요소로 구성되어 있다. 첫 번째 요소는 자기관찰이다. 분노가 일어날 때 먼저 자신의 상태를 객관적으로 관찰할 수 있어야 한다. 분노 발생시에 신체적, 생리적, 인지적 증상들을 객관적으로 살펴보는 자각 능력을 길러야 분노에 압도되지 않고 자신에 대한 통제력을 유지할 수 있다. 특히 분노 상황에서의 인지적 증상을 관찰하는 능력을 기르는 것은 자동적 분노사고를 탐색하는데 도움을 주기 때문에 인지적 재구조화 작업을 위한 기초 작업이기도 하다. 두 번째 요소는 행동적 기법이다. 분노 상황에서의 생리적 각성수준을 낮추기 위한 근육 이완훈련과

호흡법, 그리고 분노나 공격행동이 부적절하게 표현되는 것을 막기 위한 타임아웃 기법이 포함된다. 세 번째 요소는 프로그램의 핵심적 요소인 인지적 재구조화 작업이다. 여기서는 비합리적 신념, 일차적 분노사고, 역기능적 이차적 분노사고를 감소시키며, 동시에 적응적인 대처 사고와 합리적인 신념을 학습시키는데 초점을 두고 있다. 마지막인 네 번째 요소는 분노표현 연습으로 지금까지는 분노를 적응적으로 조절하는데 초점을 두었다면, 여기서는 타인과의 관계 속에서 자신의 감정과 욕구를 적절히 표현함으로써 자기 성취감을 증진시키고 나아가서 자신이 원하는 것을 얻을 수 있는 기회를 적극적으로 추구하도록 돕는데 중점을 두고 있다.

본 프로그램은 최근 분노조절프로그램의 주요 추세인 통합적인 치료 모델을 따르고 있다(Novaco, 1975; Tafrate, 1995). 통합적인 치료가 한 가지 치료적 접근만을 사용했던 경우보다 치료 효과가 더 우수하다는 다수의 연구들이 있다(Deffenbacher, McNamara, Stark, & Sabadell, 1990; Feindler, Ection, Kingsley, & Dubey, 1986). 이러한 연구 결과와 통합적 치료 모델이 임상가들에 의해 많이 수용되고 있는 최근의 동향을 고려해서, 본 연구에서도 통합적 치료 모델에 따라 분노조절 인지행동프로그램을 개발하였다.

치료프로그램에 행동주의 접근의 대표적인 치료기법인 이완훈련을 포함시킨 이유는 이완훈련 치료를 적극적으로 도입하기 위해서라기보다는 프로그램 초반의 낯설음이나 어색함을 신체 활동을 통해서 낮추고 집단에 대한 참여 동기를 높이는 일종의 워밍업 작업을 위해서다. Deffenbacher와 Stark(1992)는 이완 요소를 인지적 요소에 선행해서 실시하면 치료에 대한 저항을 완화시키고 내담자들이 치료 개입을 빨리 수용하게 된다고 하였다. 프로그램이 중반을 넘어서면서부터는 이완훈련을 프로그램 내에서는 더 이상 다루지 않는다. 자기 관찰은 거의 모든 심리치료적인 접근에서 공통적으로 강조하는 것으로, 본 치료 프로그램에서는 특히 자신의 비합리적 신념과 자동적 분노사고를 내성하기 위해서 그 중요성이 강조된다. 분노표현 연습의 상당 부분이 역기능적인 자동적 사고를 적응적인 대처사고로 수정해서 표현하는 작업을 포함하고 있다. 따라서 본 프로그램에서 가장 비중을 두고 있는 치료적 요소는 인지적 재구조화 작업이라 할 수 있다.

분노문제에 대한 인지행동프로그램의 효과를 검증한 연구들은 많다 (강신덕, 1997; 고미영, 1999; 고영인, 1994; 김계현, 1993; 이영순, 이현림, 천성문, 2000; Beck & Fernandez, 1998; Deffenbachacher, Dahlen, Lynch & Morris, 2000). 하지간 분노문제를 치료하는 과정에서 어떤 인지적 변화가 내담자나 환자에게 일어나고 이것이 분노 관련 증상 완화에 얼마나 기여하고 있는지에 대한 경험적인 연구는 드물다. 본 연구에서는 분노문제를 보이는 사람들이 분노조절 인지행동프로그램 동안에 어떤 인지적인 변화를 보이는지를 살펴보고자 하였다.

본 연구의 목적은 크게 둘로 요약할 수 있다. 첫 번째는 집단치료 과정 중에 일어나는 비합리적 신념, 일차적 및 이차적 분노사고와 같은 인지 요인과 분노관련 증상의 변화를 살펴봄으로써, 인지 요인과 분노증상 간의 인과 관계를 경험적으로 확인해 보는 것이다. 두 번째 목적은 분노조절 인지행동프로그램을 통한 이중인지매개모델의 검증이다. 이중인지매개모델이 옳다면, 비합리적 신념과 특성분노의 변화량 사이에서 일차적 분노사고와 이차적 분노사고의 변화량이 순차적으로 매개역할을 하고 있을 것이다.

연구가설

1. 분노조절 인지행동프로그램 실시 후에 분노증상의 감소와 함께 비합리적 신념, 일차적 분노사고, 이차적 분노사고도 유의한 감소를 보일 것이다.

2. 분노조절 인지행동프로그램 실시 후에 비합리적 신념, 일차적 분노사고, 이차적 분노사고의 감소량이 많을수록 분노 증상의 감소량도 많을 것이다.

3. 분노조절 인지행동프로그램 실시 전후에 측정한 일차적 분노사고의 변화량은 비합리적 신념과 이차적 분노사고의 변화량 사이에서 매개역할을 할 것이다.

4. 분노조절 인지행동프로그램 전후에 측정한 이차적 분노사고의 변화량은 일차적 분노사고와 특성분노의 변화량 사이에서 매개역할을 할 것이다.

방 법

참여자 및 절차

프로그램 실시가 있기 2주 전에 대학 내에 공고를 통해서 분노관련 문제를 개선하기 위해 참여를 원하는 지원자를 모집하였다. 참여 지원서에는 자신의 분노관련 어려움과 집단에 참여하게 된 동기를 별도로 적게 하였다. 지원자 중에 심각한 정신질환이 의심되는 경우는 프로그램 참여를 제한하였으며, 개인상담을 받고 있는 사람은 프로그램 참여는 허용되었지만 자료 분석에서는 제외되었다. 총 10회의 프로그램 중에 4회 이상 빠진 사람은 도중에 탈락시켰으며, 이에 대해서는 프로그램 시작 전에 주지시켰다. 일련의 척도들이 포함된 질문지 묶음을 프로그램 시작 전에 작성해서 제출하게 하였다. 프로그램은 대학 내 상담소에서 실시되었으며 참여 비용은 무료였다. 한 집단은 10명 내외로 구성되었으며 총 5집단을 대상으로 프로그램을 실시하였다. 프로그램 진행은 본 연구자가 주도적으로 이끌었으며 보조진행자 한명이 진행을 도왔다.

최종적으로 분석에 포함된 인원은 37명(남: 15명, 여: 22명)의 대학생이었으며 평균 연령은 27세였다. 이들을 대상으로 공격성 질문지(AQ-K), 상태–특성 분노표현 척도(STAXI-K), 수정판 일반적 태도 및 신념 척도(R-GABS), 일차적 및 이차적 분노사고 척도 척도가 포함된 질문지 묶음을 프로그램을 시작하기 전과 프로그램을 마친 후에 실시하였다.

분노조절 인지행동프로그램 참여자의 분노증상과 인지적 요인 수준을 상대적으로 비교하기 위한 참고 자료로 602명의 일반 대학생을 대상으로 해서 얻은 분노증상과 인지적 요인의 평균과 표준편차를 표 21과 표 22에 소개하였다.

분노조절 인지행동프로그램 소개

프로그램은 매회 2시간 반씩 진행되었고 총 10회로 구성되었다. 주 2회 진행되었고 프로그램이 진행되는 전체 기간은 5주에서 6주 사이였다. 프로그램의 내용과 구성을 간략하게 소개하면 다음과 같다.

- 제1회기: 프로그램 소개 및 구조화
  - 집단규칙 주지시키기
  - 집단원 소개하기
  - 집단 참여 동기 및 집단에 대한 기대 나누기

- 제2회기: 신체증상 자각하기, 근육 이완훈련 연습
  - 분노상황에서 경험하는 신체증상 자각하기
  - 근육 이완훈련 실습

- 제3회기: 자동적 사고 이해와 분노차단 행동기법 연습
  - 일차적 분노사고와 이차적 분노사고 구별하기
  - 분노차단 행동기법 연습

▪ 제4회기: 인지적 재구조화 I

  ‧인지적 오류와 비합리적 신념 이해하기

  ‧인지적 재구조화: 일차적 분노사고와 비합리적 신념을 중심
   으로

▪ 제5회기: 분노표현 연습 I

  ‧분노표현에 앞서 가져야 하는 태도들
  ‧나-전달법 연습

▪ 제6회기: 인지적 재구조화 II

  ‧이차적 분노사고에 대한 이해

  ‧적응적 대처사고 연습

▪ 제7회기: 분노표현 연습 II

  ‧분노에 가려진 감정과 욕구 파악하기

  ‧분노 기저의 욕구나 바램 표현 연습

▪ 제8회기: 인지적 재구조화 및 분노표현 연습 I

  ‧인지적 재구조화 작업 정리
  ‧적응적인 의사표현 연습

▪ 제9회기: 인지적 재구조화 및 분노표현 연습 II

▪ 제10회기: 마무리

  ‧프로그램 참여성과 나누기

  ‧수료증 수여

측정도구

공격성 질문지(Aggression Questionnaire-Korean version: AQ-K). 연구 1.3에서 사용된 척도와 동일하다.

상태-특성 분노 표현 척도(State-Trait Anger Expression Inventory-Korean version: STAXI-K). 연구 1.3에서 사용한 척도와 동일하다. 본 연구에서는 검사 실시 당시의 감정 상태를 평가하는 것이 목적인 상태분노를 제외하고 특성분노(10문항)와 분노표현의 세 가지 양상인 분노억제(Anger-In)(8문항), 분노표출(Anger-Out)(8문항), 분노통제(Anger-Control)(8문항) 하위척도를 사용하였다.

수정판 일반적 태도 및 신념 척도(Revised General Attitude and Belief Scale: R-GABS). 연구 1.3에서 사용된 척도와 동일하다.

일차적 분노사고 척도(Primary Anger Thought Scale). 연구 1.2에서 제작된 척도와 동일하다.

이차적 분노사고 척도(Secondary Anger Thought Scale). 연구 1.2에서 제작된 척도와 동일하다. 본 연구에서는 역기능적인 이차적 분노사고로 명명되는 타인비난/보복과 무력감 하위척도만 포함시켰다.

자료 분석

분노조절 인지행동프로그램 실시 전후로 분노관련 증상과 인지요인들의 수준을 평가하고 그 평균값에 대한 사전-사후 쌍별 t검증을 실시하였다. 다음으로 비합리적 신념, 일차적 분노사고, 이차적 분노사고의 감소에 수반해서 분노관련 증상이 감소하는지를 알아보고자, 분노조절 인지행동프로그램 참여 전후로 비합리적 신념, 일차적 분노사고, 이차적 분노사고의 변화량과 분노관련 증상의 변화량 간의 상관을 분석하였다.

이어서 분노조절 인지행동프로그램 참여 전후로 달라진 비합리적 신념과 특성분노의 변화량 사이를 일차적 분노사고와 이차적 분노사고의 변화량이 순차적으로 매개하고 있는지를 알아보고자 일련의 회귀분석을 실시하였다. 관찰치의 수에 비해서 표본의 크기가 너무 작아서 공분산구조분석은 가능하지 않았다. 그래서 Baron과 Kenny(1986)가 제안한 일련의 회귀분석을 이용한 방법을 사용하였다. '비합리적 신념의 변화량 → 일차적 분노사고의 변화량 → 이차적 분노사고의 변화량→ 특성분노의 변화량' 모델을 검증하기 위해서, 이 모델을 두 개의 하위모델로 나누었다. 즉 '비합리적 신념의 변화량 → 일차적 분노사고의 변화량 → 이차적 분노사고의 변화량'과 '일차적 분노사고의 변화량 → 이차적 분노사고의 변화량 → 특성분노의 변화량' 모델로 나누어서 일련의 회귀분석을 실시하였다.

결 과

분노조절 인지행동프로그램 참여자의 집단 내 변화

분노조절 인지행동프로그램이 진행되는 동안에 분노관련 증상과 인지 요인의 변화를 사전과 사후로 구분해서 측정한 결과가 각각 표 21과 표 22에 제시되어 있다. 신체적 및 언어적 공격성, 분노감, 적대감, 특성분노, 분노억제 등의 다양한 분노관련 증상들이 프로그램 실시 후에 유의한 감소를 보였으며, 이와 함께 일차적 분노사고, 역기능적인 이차적 분노사고, 비합리적 신념도 프로그램 실시 후에 유의한 감소를 보였다. 이러한 결과는 분노관련 인지 요인과 증상이 프로그램 실시 후에 함께 감소할 것이라는 가설 1의 내용을 지지해 준다. STAXI-K의 분노표출 하위척도에서는 유의한 수준은 아니지만 프로그램 실시 후에 분노표출 수준이 감소하는 경향을 보였다.

표 21. 분노와 관련된 증상 척도들의 프로그램 실시 전후의 변화

척 도	사 전 평균(표준편차)	사 후 평균(표준편차)	t(사후−사전)	일반대학생 평균(표준편차)
AQ-K				
신체적공격성	17.49(5.18)	16.11(4.46)	-2.72**	19.08(5.57)
언어적공격성	12.89(4.52)	10.91(3.99)	-4.30***	12.41(3.44)
분노감	15.83(4.07)	13.91(3.95)	-4.09***	13.40(3.41)
적대감	21.74(5.37)	17.83(6.38)	-3.98***	18.30(5.07)
총 점	67.94(13.88)	58.57(13.59)	-5.48***	63.09(13.39)
STAXI-K				
특성분노	23.03(5.50)	20.77(5.04)	-3.73***	20.66(5.11)
분노표출	16.17(4.64)	15.34(4.69)	-1.59	15.25(4.05)
분노억제	22.49(5.33)	19.51(5.03)	-3.94***	18.90(4.36)

** $p<.01$(양방검증), *** $p<.001$(양방검증)
AQ-K: Aggression Questionnaire-Korean version
STAXI-K: State-Trait Anger Expression Inventory-Korean version

표 22. 분노와 관련된 인지적 요인들의 프로그램 실시 전후의 변화

척 도	사 전 평균(표준편차)	사 후 평균(표준편차)	t(사후-사전)	일반대학생 평균(표준편차)
일차적 분노사고	68.60(11.03)	58.60(14.04)	-5.03***	61.46(12.62)
이차적 분노사고				
타인비난/보복	49.26(13.38)	39.77(11.10)	-4.93***	44.56(14.26)
무력감	18.71(5.49)	14.97(6.08)	-3.80***	16.32(5.24)
R-GABS				
합리적 신념	23.46(3.92)	26.26(2.96)	5.14***	31.62(4.09)
비합리적신념 총점	100.40(15.50)	85.94(20.02)	-4.83***	83.16(15.11)
성취에 대한 집착	23.49(4.47)	20.43(5.55)	-3.84***	20.34(4.93)
자기비하	16.17(3.97)	13.74(4.49)	-3.42**	13.06(3.62)
불편감 및 좌절에 대한 낮은 인내력	19.74(4.85)	16.80(5.51)	-4.10***	15.50(4.18)
무시나 부당한 대우에 대한 과민성	25.23(4.12)	21.11(5.00)	-5.49***	20.97(4.10)
호감 및 인정에 대한 집착	15.77(4.05)	13.86(3.78)	-3.15**	13.40(3.39)

** $p<.01$(양방검증), *** $p<.001$(양방검증)
R-GABS: Revised General Attitude and Belief Scale

집단프로그램 전후, 분노 증상의 변화량과 인지요인의 변화량 간의 상관분석

프로그램 실시 전후로 비합리적 신념, 일차적 분노사고 및 역기능적인 이차적 분노사고의 변화량과 분노관련 증상의 변화량 간의 상관 분석 결과가 표 23에 제시되어 있다.

일차적 및 이차적 분노사고의 변화량은 AQ-K와 STAXI-K 하위척도들의 변화량과 대부분 유의한 정적 상관을 보이고 있어, 자동적 분노사고의 감소에 수반해서 분노관련 증상이 감소하고 있음이 시

사된다. 또한 비합리적 신념 총점의 변화량과 분노관련 증상의 변화량 간의 상관을 살펴보면, AQ-K의 신체적 공격성을 제외한 모든 하위척도들에서도 유의한 정적 상관을 보였다. 이러한 결과는 자동적 분노사고와 비합리적 신념의 감소량이 많을수록 분노관련 증상도 많이 감소할 것이라는 가설 2를 상당부분 지지해 준다. 비합리적 신념의 변화량과 신체적 공격성의 변화량 간에 유의한 상관을 보이지 않은 결과는 비합리적 신념을 감소시키는 것만으로는 신체적 공격행동과 같은 행동적으로 과격한 분노표현 경향을 감소시키는데 한계가 있으며, 일차적 및 이차적 분노사고를 감소시키는데 보다 초점을 두어야 함을 간접적으로 시사해 준다.

표 23. 프로그램 실시 전후 분노증상 변화와 인지적 요인 변
화 간의 상관계수

척 도	AQ-K				STAXI-K		
	신체적 공격성	언어적 공격성	분노감	적대감	특성 분노	분노 표출	분노 억제
일차적 분노사고	.30*	.35**	.42**	.47**	.47**	.41**	.41**
이차적 분노사고							
타인비난/보복	.55**	.16	.44**	.40**	.67**	.67**	.52**
무력감	.34**	.30*	.42**	.38**	.54**	.44**	.53**
R-GABS							
합리적 신념	-.08	-.10	-.26	-.23	-.39**	-.26	-.25
비합리적 신념 총점	.16	.48**	.45**	.49**	.32**	.41**	.52**
성취에 대한 집착	.08	.23	.24	.33**	.22	.35**	.43**
자기비하	.21	.61**	.40**	.36**	.19	.16	.25
불편감 및 좌절에 대한 낮은 인내력	.17	.51**	.41**	.31*	.28	.42**	.50**
무시나 부당한 대우에 대한 과민성	-.01	.40**	.48**	.50**	.34**	.43**	.50**
호감 및 인정에 대한 집착	.22	.24	.37**	.56**	.30*	.49**	.49**

* $p<.05$(양방검증), ** $p<.01$(양방검증)
AQ-K: Aggression Questionnaire-Korean version
STAXI-K: State-Trait Anger Expression Inventory-Korean version
R-GABS: Revised General Attitude and Belief Scale

일차적 및 이차적 분노사고의 매개역할 검증을 위한 회귀분석

비합리적 신념의 변화량과 특성분노의 변화량 사이에서 일차적
및 이차적 분노사고의 변화량이 순차적으로 매개역할을 하고 있는
지를 검증하기 위해서, Baron과 Kenny(1986)가 제안한 방법을 이
용해서 일련의 회귀분석을 실시하였다.

비합리적 신념의 변화량과 역기능적인 이차적 분노사고의 변화량
사이에서 일차적 분노사고의 변화량이 매개역할을 한다는 가설 3을

검증하기 위해서 일련의 회귀분석을 실시하였으며, 그 결과를 표 24에 제시하였다. 비합리적 신념의 변화량은 일차적 분노사고와 역기능적인 이차적 분노사고의 변화량을 유의하게 설명해 주었다, $F(1, 36) = 16.03$, $p<.001$; $F(1, 36) = 13.60$, $p<.001$. 이어서 이차적 분노사고의 변화량을 종속변인으로 하고 일차적 분노사고와 비합리적 신념의 변화량을 차례로 예언변인으로 집어넣어 회귀분석을 실시하였다. 그 결과, 비합리적 신념의 변화량이 일차적 분노사고의 변화량에 추가해서 역기능적인 이차적 분노사고의 변화량을 설명해주는 양은 5.3%로 처음 회귀분석에서 비합리적 신념의 변화량이 이차적 분노사고의 변화량을 설명해 준 28%에는 현저히 못 미쳤다. 이는 일차적 분노사고의 변화량이 비합리적 신념과 이차적 분노사고의 변화량 사이에서 매개역할을 하고 있다는 가설 3을 지지해 준다.

표 24. 비합리적 신념의 변화량과 이차적 분노사고의 변화량 간에 일차적 분노사고 변화량의 매개효과 검증을 위한 회귀분석

종속변인	예언변인	R^2	R^2 change	F change	Beta	t
이차적 분노사고	비합리적 신념	.280			.53	3.69***
일차적 분노사고	비합리적 신념	.314			.56	4.00**
이차적 분노사고	일차적 분노사고	.364		20.07***	.45	2.83**
	비합리적 신념	.417	.053	3.09	.28	1.76

** $p<.01$(양방검증), *** $p<.001$(양방검증)
이차적분노사고의 변화량: 타인비난/보복 사고의 변화량+무력감 사고의 변화량

다음으로 일차적 분노사고의 변화량과 특성분노의 변화량 사이에서 이차적 분노사고의 변화량이 매개역할을 하고 있는지를 앞에서와 같은 방법으로 알아보았다. 그 결과를 표 25에 제시하였다. 일차적 분노사고의 변화량은 특성분노의 변화량과 이차적 분노사고의 변화량을 유의하게 설명해 주었다: $F(1, 36)=9.95$, $p<.01$; $F(1, 36)=20.07$, $p<.001$. 이어서 특성분노 변화량을 종속변인으로 하고 역기능적인 이차적 분노사고와 일차적 분노사고의 변화량을 차례로 예언변인으로 집어넣어 회귀분석을 실시하였다. 그 결과, 일차적 분노사고의 변화량이 이차적 분노사고의 변화량에 추가해서 특성분노의 변화량을 설명해주는 양은 0.4%에 불과하였다. 이는 처음 회귀분석에서 일차적 분노사고의 변화량이 특성분노 변화량을 설명해 준 22%에는 현저히 못 미치는 값으로 이차적 분노사고의 변화량이 일차적 분노사고와 특성분노의 변화량 사이에서 매개역할을 하고 있다는 가설 4를 지지해 주는 결과이다.

표 25. 일차적 분노사고의 변화량과 특성분노의 변화량 간에 이차적 분노사고 변화량의 매개효과 검증을 위한 회귀분석

종속변인	예언변인	R^2	R^2 change	F change	$Beta$	t
특성분노	일차적 분노사고	.221			.47	3.16**
이차적 분노사고	일차적 분노사고	.364			.60	4.48***
특성분노	이차적 분노사고	.490		33.68**	.66	4.28***
	일차적 분노사고	.494	.004	.24	.08	.49

** $p<.01$(양방검증), *** $p<.001$(양방검증)
이차적 분노사고의 변화량: 타인비난/보복 사고의 변화량+무력감 사고의 변화량

논 의

본 연구에서는 연구 1, 2, 3, 4에서 분노와 관련된 인지 요인으로 확인된 비합리적 신념, 일차적 분노사고 및 이차적 분노사고가 분노조절 인지행동프로그램 실시 전후로 어떤 변화를 보이는지를 살펴보았다. 특히 비합리적 신념, 일차적 및 이차적 분노사고의 감소에 수반해서 분노관련 증상들이 감소하는지를 알아보고자 하였다. 이를 위해서 먼저 비합리적 신념과 일차적/이차적 분노사고의 감소에 초점을 둔 분노조절 인지행동프로그램을 개발하고, 이 프로그램을 분노문제로 어려움을 겪고 있는 자발적인 지원자 집단에 실시하였다.

프로그램 실시 후에 신체적 및 언어적 공격성, 분노감, 적대감 등의 분노관련 증상들과 함께 비합리적 신념, 일차적 및 이차적 분노사고도 유의하게 감소하였으며, 합리적 신념은 유의하게 증가하였다. 프로그램 실시 전후로 인지 요인과 분노관련 증상의 변화량 간에도 유의한 상관을 일관되게 보였다. 이러한 결과는 역기능적인 인지 요인들, 즉 비합리적 신념, 일차적 및 이차적 분노사고의 감소와 분노관련 증상 감소의 수반성을 일관되게 시사해 준다.

일차적 분노사고와 이차적 분노사고가 비합리적 신념과 특성분노 사이에서 순차적으로 매개역할을 하고 있다는 이중인지매개모델에 따르면, 비합리적 신념과 특성분노의 변화량 사이에서 일차적 분노사고와 이차적 분노사고의 변화량이 순차적으로 매개역할을 하고 있다고 가정할 수 있다. 이 가설을 검증하기 위해서 Baron과 Kenny(1986)가 제안한 대로 일련의 회귀분석을 실시하였으며, 그 결과는 가설을 지지해 주었다. 즉 비합리적 신념과 이차적 분노사고의 변화량 사이를 일차적 분노사고의 변화량이 매개하고 있었으며, 일차적 분노사고와 분노의 변화량 사이를 이차적 분노사고의 변화량이 매개하고 있었다. 따라서 역기능적 분노를 감소시키기 위해서는 분노유발 과정에 관여하고 있는 비합리적 신념과 일차적/이차적 분노사고를 감소시키는 것이 필요하며, 이러한 역기능적인 인지 요인의 감소에 초점을 둔 치료적 개입이 유용할 것으로 시사된다.

마지막으로 본 연구의 제한점을 몇 가지 언급하겠다. 첫째, 본 연구에서는 통제집단을 두지 않았기 때문에 본 연구자가 개발한 분노조절 인지행동프로그램의 효과를 엄격하게 검증하고 있다고 보기는 어렵다. 엄격한 효과검증 연구가 되기 위해서는 프로그램 대기자로 구성된 통제집단을 포함시켜서 연구 설계를 할 필요가 있다. 둘째, 본 연구를 위해서 개발되고 실시된 분노조절 인지행동프로그램이 인지적 재구조화 작업에 가장 많은 시간을 할애하고는 있지만, 엄격하게 인지적 재구조화 작업만을 포함하고 있다고 보기는 어렵다. 따라서 프로그램 실시 전후로 변화된 분노증상의 감소량이 온전히 인지적 재구조화 작업의 효과라고 보기는 어렵다. 본 연구에서는 어떤 치료적 개입이 분노증상의 감소에 얼마나 기여했는지는 정확히 평가할 수 없다. 또한 역기능적인 인지 요인의 감소가 순전히 인지적 재구조화 작업의 결과라고 단정하기도 어렵다. 본 연구의 주요 목적이 인지적 재구조화 작업의 치료 효과를 엄격히 알아보는 것이 아니고 분노유발에 기여하는 인지 요인과 분노증상 간의 수반성을 확인하는 것임을 고려해 본다면, 이런 제한점에도 불구하고 본 연구가 연구목적에 부합하는 의미 있는 결과를 보여주고 있다고 여겨진다. 셋째, 분노조절 인지행동프로그램을 실시하고 그 전후 변화는 비교해 보았으나, 프로그램 종결 직후의 변화가 얼마나 지속되는지를 알아보는 추적 연구는 하지 않았다. 즉 치료효과의 지속성에 대한 연구가 이루어지지 않았다. 6개월이나 1년 뒤에 내담자 상태에 대한 재평가를 통해서 인지 요인과 분노관련 증상의 변화가 얼마나 지속되는지를 살펴볼 필요가 있다. 넷째, 분노관련 증상, 비합리적 신념, 일차적/이차적 분노사고를 측정하기 위해서 사용된 측정도구들이 모두 자기보고형 질문지에 편중되어 있다. 분노가 사회적 바람직성이나 사회문화적인 규범의 영향을 많이 받는 정서인 만큼 분노관련 증상이나 인지 요인들을 보고할 때 반응이 왜곡될 가능성이 있다. 이를 보완하기 위해서 타인이 평정하는 측정 도구를 함께 사용하는 것이 좋을 것이다.

Ⅶ. 종합 논의

본 연구에서는 역기능적 분노의 유발 과정에 영향을 미치는 인지 요인들의 특성과 그들 사이의 관계에 대해서 알아보았다. 분노는 일상적으로 흔히 경험하는 정서로 위협으로부터 자신을 방어하는 적응적인 기능도 하지만, 신체적, 심리적, 사회적으로 부정적인 영향을 미치는 역기능적인 기능도 그에 못지않다. 분노는 상황에 대한 인지적 평가나 해석에 의해 직접적으로 영향을 받는 주관적인 경험이어서, 동일한 상황을 경험하더라도 분노 경험의 유무나 그 강도가 개인에 따라 차이가 있다. 분노가 역기능적으로 작용하는 많은 경우에 분노 유발이나 증폭 과정에서 상황에 대한 잘못된 혹은 과장된 평가나 해석이 관여하고 있으며, 이를 반영하는 부적응적인 대처사고들은 분노를 더욱 부추기고 강화시키는 역할을 한다(Deffenbacher & McKay, 2000).

역기능적인 분노 유발이나 증폭 과정에는 역기능적인 인지 요인들이 결정적인 역할을 하고 있다. 성격적으로 분노를 쉽게 경험하고 분노가 단시간 내에 쉽게 높아지는 경향이 있는 사람들, 즉 특성분노가 높은 사람들은 분노 유발이나 증폭 과정에 기여하는 인지 요인들에서 특성분노가 낮은 사람들과 차이를 보인다. 특성분노가 높은 사람일수록 분노 유발이나 증폭 과정에 관여하는 인지적 과정들이 비합리적이고 왜곡되어 있을 가능성이 높다(Ellis, 1977; Ellis & Dryden, 1983).

비합리적 신념과 자동적 사고는 우울이나 불안을 비롯해서 다양한 심리적 장애의 유발 과정에 기여하는 역기능적인 인지 요인이며, 이 들에 대한 많은 연구가 있었다. 본 연구자는 이 중에서 자동적 사고가 비합리적 신념과 심리적 장애 사이에서 매개역할을 하고 있음을 시사하는 연구들에 주목하였다(조용래, 1998; Kwon, 1992). 지금까지 분노와 비합리적 신념의 관계에 대한 연구들은 소수 있었지만, 분노유발 과정에 기여하는 비합리적 신념과 자동적 사고의 관계를 체계적으로 검증한 연구는 거의 없었다.

본 연구의 첫 번째 목적은 바로 이러한 필요성에 따라 조용래(1998)와 Kwon(1992)이 제안한 인지매개모델을 정교화해서 분노에 적용하여 검증해 보는 것이다. 즉 비합리적 신념이 강한 사람은 분노관련 자동적 사고를 많이 보일 것이고, 그로 인해 분노를 더 자주, 강하게 경험하게 된다는 모델을 경험적으로 검증해 보고자 하였다. 이를 위해서 먼저 분노상황에서 보이는 자동적 사고를 일차적 분노사고와 이차적 분노사고로 구분하고 각각을 측정하기 위한 척도를 개발하였다. 두 번째 목적은 비합리적 신념, 일차적 및 이차적 분노사고가 우울과는 어떤 관련성을 보이는지를 탐색적으로 알아보는 것이다. 이를 통해서 분노에 특정하게 관계되는 인지 요인과 분노와 우울 모두와 관계되는 인지 요인을 구분할 수 있을 것이다. 세 번째 목적은 비합리적 신념, 일차적 분노사고 및 역기능적인 이차적 분노사고가 감소하면 분노관련 증상이 감소하는지를 확인해 보고, 분노관련 인지 요인과 분노관련 증상 간의 인과적인 관계성을 검증해보는 것이다. 네 번째 목적은 이차적 분노사고와 분노표현 태도가 분노표현 행동에 미치는 영향을 탐색적으로 알아보는 것이다.

본 연구에서 얻은 주요 연구 결과들을 요약하면 다음과 같다. 연구 1에서는 자동적 분노사고를 일차적 분노사고와 이차적 분노사고로 세분해서 조사하고 이를 근거로 일차적 분노사고 척도와 이차적 분노사고 척도를 제작하였다.

학부생 179명을 대상으로 한 설문조사에 따르면, 일차적 분노사고는 크게 세 유형으로 분류되었다: '배려, 이해, 존중을 받지 못했다'(40%), '탈규범적이거나 피해를 주는 행동이다'(33%), '무시나 모욕을 받거나 거부당했다'(27%). 첫 번째와 세 번째 유형은 공통적으로 자기 가치감에 훼손이나 위협감을 느꼈다는 내용을 담고 있어, 분노 상황에 대한 평가 중에 약 70%가 자기 가치감의 위협과 관련된 내용임을 알 수 있었다. 이차적 분노사고는 한 개의 적응적 사고(20%)와 7개의 부적응적 사고(71%)로 분류되었으며, 사람들이 분노상황에서 적응적 사고에 비해서 부적응적 사고를 3배 이상으로 많이 하는 것으로 나타났다. 부적응적 사고에는 회피(15%), 타인비난/경멸(15%), 언어적 공격성(11%), 부정적 정서반응(11%), 보복(8%), 자기비하(6%), 신체적 공격성(5%)이 포함되었으며, 특히 공격성을 노골적으로 드러내는 내용의 사고가 부적응적 사고의 반 이상을 차지하였다.

일차적 분노사고 척도는 요인분석 결과, '타인의 부당하고 이기적인 행동에 대한 예민성'(11문항)과 '친밀한 관계 상황에서 경험하는 무시와 실망감'(9문항)이라는 두 요인이 확인되었다. 이차적 분노사고는 요인분석 결과, '타인비난/보복'(19문항), '무력감'(7문항), '분노통제/건설적 대처'(8문항)라는 세 요인이 확인되었다. 두 사고 척도 모두 분노 관련 증상들과 유의한 정적 상관을 보였다. 일차적 분노사고는 비합리적 신념과는 정적 상관을 보이는 반면에 자존감 척도와는 부적 상관을 보였다. 이차적 분노사고는 적대적 자동적 사고와 정적 상관을 보였으며, 이차적 분노사고의 무력감 요인은 자존감 척도와 부적 상관을 보였다. 이차적 분노사고의 분노통제/건설적 대처 요인은 건설적 언어행동, 합리적 신념, 분노통제와 정적 상관을 보여, 다른 요인들과는 달리 분노상황에서 보이는 적응적인 사고일 가능성이 시사되었다. 이러한 결과에 근거해서 이차적 분노사고의 타인비난/보복과 무력감 사고를 역기능적인 이차적 분노사고로 명명하였다. 이상의 상관 분석 결과들은 일차적 및 이차적 분노사고의 수렴/변별 타당도를 지지해 준다.

연구 2에서는 공분산구조분석을 통해서 비합리적 신념이 일차적 분노사고와 역기능적인 이차적 분노사고에 의해서 순차적으로 매개되어 역기능적 분노를 일으키는지를 검증하였다. 연구 결과, 일차적 분노사고와 역기능적인 이차적 분노사고가 순차적으로 매개 역할을 하고 있는 이중인지매개모델이 다른 대안 모델에 비해서 상대적으로 더 적합한 모델임이 시사되었다. 이중인지매개모델에 따르면 '비합리적 신념→일차적 분노사고→이차적 분노사고→역기능적 분노'와 '비합리적 신념→이차적 분노사고→역기능적 분노'라는 두 경로가 시사되었다. 두 번째 경로는 분노가 유발된 뒤에 증폭되는 과정에 관여하는 분노증폭 경로로 이해된다. 즉 '비합리적 신념→일차적 분노사고→이차적 분노사고→역기능적 분노' 경로를 통해서 분노가 유발되는 과정이 있고, '비합리적 신념→이차적 분노사고→역기능적 분노' 경로를 통해서 이미 유발된 분노가 증폭되는 과정이 있다. 이 두 경로를 통해서 분노는 유발 및 증폭되어 역기능적인 수준에까지 이르는 것으로 여겨진다.

연구 3에서는 분노와 우울 수준에 따라 비합리적 신념, 일차적 및 이차적 분노사고가 어떤 특성을 보이는지를 알아보았다. 부분상관 분석 결과에 따르면, 자기비하적 사고는 우울과, 무시나 부당한 대우에 대한 과민성 요인은 분노와 고유하게 관련되는 인지 요인인 반면에 그 외의 인지 요인들은 정도에서 차이는 있지만 우울과 분노 모두와 유의한 관계에 있음이 시사되었다.

분노와 우울 수준에 따른 내담자 집단 간의 비교분석 결과에 따르면, 분노집단은 우울집단보다 일차적 분노사고, 타인비난/보복 사고, 무시나 부당한 대우에 대한 과민성에서 더 높은 점수를 보였다. 반면에 자기비하적인 사고와 무력감 사고에서는 우울집단이 분노집단보다 더 높은 점수를 보였다. 분노/우울 집단은 분노집단보다 일차적 분노사고, 무력감 사고, 자기비하적인 사고에서 더 높은 점수를 보였다. 이는 분노와 우울을 함께 보이는 내담자의 경우에는 분노 유발에 일반적으로 관여하고 있는 사고에 더해서 무력감과 자기비하적인 사고도 함께 많이 보이며, 따라서 이에 대한 치료적인 개입이 추가적으로 요구됨을 시사해 준다.

연구 4에서는 역기능적인 이차적 분노사고가 분노표현 행동에 미치는 영향을 탐색적으로 알아보았으며, 부가적으로 분노표현 태도가 분노표현 행동에 미치는 영향도 함께 알아보았다. 이차적 분노사고의 타인비난/보복은 분노표출과 억제와 모두 유의한 정적 상관을 보인 반면에 무력감은 분노억제와만 유의한 정적 상관을 보였다. 또한 위계적 회귀분석 결과에서 무력감 사고가 신체적/언어적 공격성을 억제하는 경향이 확인되었다. 이러한 결과를 고려해 볼 때, 타인비난/보복과 관련된 사고와 함께 무력감과 관련된 사고를 많이 보이는 사람은 분노로 인해서 타인을 비난하거나 보복을 하고 싶은 생각이 들어도 이를 행동으로 옮기지 못하고 억제하는 경향이 강할 것으로 시사된다. 즉, 무력감 사고의 정도가 개인이 분노나 공격충동을 행동으로 표현할지 아니면 억제할지를 예언해주는 주요 변인으로 여겨진다.

분노표출지지 태도는 신체적 및 언어적 공격성, 분노표출, 파괴적 언어행동과 유의한 정적 상관을, 분노억제지지 태도는 분노억제 행동과 유의한 정적 상관을 보였다.

연구 5에서는 분노조절 집단인지행동프로그램 실시 후에 비합리적 신념, 일차적 분노사고, 역기능적인 이차적 분노사고의 감소에 수반해서 분노관련 증상이 유의하게 감소하는지를 살펴보았다. 연구결과, 프로그램 실시 후에 역기능적인 인지 요인들의 유의한 감소에 수반해서 분노관련 증상이 유의하게 감소하였다. 역기능적인 인지 요인의 변화에 수반해서 분노관련 증상이 변화는 경향은 상관분석에서도 확인되었다. 또한 비합리적 신념의 변화량과 특성분노의 변화량 사이에서 일차적 분노사고와 역기능적인 이차적 분노사고의 변화량이 순차적으로 매개역할을 하고 있음이 일련의 회귀분석을 통해서 지지되었다.

본 연구에서는 역기능적인 분노와 분노표현 행동에 부정적인 영향을 미치는 인지 요인들을 밝힘으로써, 궁극적으로는 내담자나 환자들이 보이는 역기능적인 분노와 분노표현 행동을 적응적으로 변화시키는데 기여하고자 하였다. 본 연구가 갖는 이론적 및 임상적 의의를 간추려 보면 다음과 같다.

첫째, 본 연구에서는 인지치료 분야에서 이론적 및 치료적으로 많은 주목을 받고 있는 자동적 사고를 개념적으로 세분화하였다. 우울이나 불안을 비롯해서 다양한 심리장애와 관련된 자동적 사고들이 제안되어 왔으나, 분노유발 과정에 기여하는 자동적 사고에 대한 구체적인 제안은 드물 뿐만 아니라 본 연구에서처럼 일차적 분노사고와 이차적 분노사고로 세분화하려는 시도도 지금까지 없었다.

자동적 사고를 일차적 분노사고와 이차적 분노사고로 구분함으로써 갖게 되는 몇 가지 의의를 살펴보면 다음과 같다. 첫째, 분노유발 과정에 대한 주요 인지이론(Beck, 2000; Lazarus, 1991; Deffenbacher, & McKay, 2000)들에서 제안된 두 단계의 인지적 평가나 해석 과정을 반영해주는 인지적 산물로서 일차적 및 이차적 분노사고가 고려될 수 있다. 일차적 및 이차적 분노사고를 분석함으로써 분노유발 과정에서 이루어지고 있는 인지적 평가나 해석 과정에 대해서 경험적으로 알아볼 수 있다. 둘째, 분노유발 상황에서 보이는 역기능적인 사고양상에 대해서 보다 세분화되고 체계적인 이해가 가능해진다. 개인에 따라서 일차적 분노사고와 이차적 분노사고를 보이는 양상이 다를 것이다. 일차적 분노사고가 두드러진 사람, 이차적 분노사고가 두드러진 사람, 아니면 두 가지 분노사고 모두에서 역기능성을 심각히 보이는 사람이 있을 것이다. 이들 각각에 대한 차별화된 인지적 이해가 필요하고 그에 따라 치료의 초점이나 전략도 달리 세워져야 할 것이다. 셋째, 분노의 강도가 심하게 증폭되는데 기여하는 인지 과정에 대한 이해를 넓힐 수 있다. 일차적 분노사고에서 이차적 분노사고로 넘어가면서 분노의 강도가 증가하고 과도

하게 흥분된 상태에까지 이르는 경향이 시사되었다.

둘째, 분노유발 상황에서 일어나는 자동적 사고를 측정하는 일차적 및 이차적 분노사고 척도를 개발하였다. 지금까지 분노유발 상황에서 일어나는 자동적 사고를 객관적으로 측정할 수 있는 측정도구가 마땅히 개발되어 있지 않았다. Snyder 등(1997)이 개발한 적대적 자동적 사고 척도가 있지만, 이 척도는 분노유발 상황에서 보이는 사고를 측정하기보다는 적대적 상황에서 보이는 사고를 측정하고 있어서 분노유발 상황에서 보이는 자동적 사고를 포괄적으로 측정하지는 못한다. 일차적 및 이차적 분노사고 척도는 분노유발 상황에서 보이는 다양한 사고 양상들에 대한 체계적인 평가를 가능하게 해준다. 연구 장면에서는 물론이고, 치료 장면에서 내담자의 분노사고 특징을 미리 알아보거나 치료 전후로 내담자의 분노사고 양상의 변화를 객관적으로 비교해보는데도 이 척도는 유용하게 활용될 수 있다.

셋째, 조용래(1998)와 Kwon(1992)이 사회공포증과 우울증을 대상으로 검증한 인지매개모델을 역기능적인 분노에 적용해서 검증해 보았다. 이전 연구들에서는 분노와 관련된 비합리적 신념이나 자동적 사고를 단편적으로는 다루었지만 이들 간의 관계에 대한 모델을 검증한 연구는 아직 보고되지 않은 걸로 알고 있다. 아마 본 연구에서 처음으로 비합리적 신념, 자동적 사고, 분노 사이의 관계에 대한 인지매개모델을 검증해 보는 게 아닌가 생각된다. 특히 본 연구에서는 사고를 일차적 분노사고와 이차적 분노사고로 세분화하고 있어 이전의 인지매개모델을 이론적으로 정교화 하였다. 검증 결과, 일차적 및 이차적 분노사고가 순차적으로 비합리적 신념과 분노 사이를 매개하고 있음이 확인되었다. 특히 이중인지매개모델에서 확인된 바와 같이, 분노유발뿐만 아니라 분노증폭 과정에 관여하는 경로까지 시사 받을 수 있었다. 분노증폭 과정에 관여하는 '비합리적 신념→이차적 분노사고→역기능적 분노' 경로의 발견은 자동적 사고를 일차적 분노사고와 이차적 분노사고로 구분하지 않았으면 발견할 수 없었을 것이다. 이러한 결과는 역기능적 분노를 치료하는데 있어서 내담자나 환자의 비합리적 신념과 자동적 사고의 특성을 체계적으로 이해할 필요성뿐만 아니라, 자동적 사고를 일차적 분노사고와 이차적 분노사고로 나누어서 이해하고 이에 맞춰서 치료 전략을 수립하는 것이 유용함을 시사해 준다.

넷째, 분노와 우울 수준에 따른 비합리적 신념과 일차적 및 이차적 분노사고의 특성을 살펴봄으로써, 분노에만 고유하게 작용하는 인지 요인과 분노와 우울에 모두 작용하는 인지 요인에 대해서 구체적으로 확인해볼 수 있었다. 이는 임상 집단에서 분노와 우울이 동시에 문제가 되는 집단과 분노만 문제가 되는 집단을 구별해야 하고 이러한 집단의 특성에 따라 인지 치료의 초점이 달라져야 함을 시사해 준다.

다섯째, 이차적 분노사고와 분노표현 태도가 분노표현 행동에 미치는 영향에 대한 탐색적인 연구가 이루어졌다. 특히 이차적 분노사고의 두 요인인 타인비난/보복과 무력감 사고가 역기능적 분노경험뿐만 아니라 분노표현 행동에도 중요한 영향을 미치고 있어, 이들의 임상적인 중요성이 한층 더 강조되어야 할 것으로 여겨진다.

마지막으로 본 연구가 안고 있는 제한점과 앞으로의 연구를 위한 과제를 언급하면 다음과 같다. 첫째, 본 연구는 분노유발 과정에 관여하는 인지 요인들과 분노의 관계를 알아보는데 초점을 두고 있어, 인지 요인들을 촉발시키고 분노를 일으키는 유발 사건이나 상황에 대한 평가는 이루어지지 않았다. 분노유발 사건이나 상황에 대한 객관적인 평가가 이루어졌다면, 분노유발 과정에 관여하는 비합리적 신념과 일차적 및 이차적 분노사고의 타당성이나 유용성에 대한 객관적인 평가와 유발된 분노수준의 적절성에 대한 평가도 가능하였을 것이다. 그랬다면 역기능적인 분노와 그렇지 않은 분노를 구별하고 각각에 기여하는 인지 요인들에 대한 연구가 가능하였을 것이다.

본 연구의 결과들은 특질적으로 분노를 자주, 강하게 보이는 사람들이 어떤 비합리적 신념과 일차적 및 이차적 분노사고를 많이 보이는지에 대해서는 시사해줄 수 있지만, 격노나 격분과 같은 부적절한 수준의 역기능적인 분노를 설명해주는 데는 한계가 있다. 격노나 격분과 같은 과격한 공격성을 수반하기 쉬운 분노는 인지 요인만으로 설명하는 데는 한계가 있으며, 다른 성격적인 혹은 체질적인 요인이 상당부분 기여할 것으로 여겨진다.

Averill(1983)이 분노가 발생하는 일화에 대한 조사 연구를 한 적이 있다. 그 연구에서는 분노가 일어나는 전형적인 사건을 찾을 수가 없었다. 사람들은 매우 다양한 상황에서 분노를 경험하였으며, 의외의 상황에서 분노를 경험하기도 하였다. 이는 그 만큼 분노가 경험되는 상황이 다양하며 분노가 주관적으로 경험되는 정서라는 점을 시사해 준다. 분노유발 과정에 인지 요인이 특히 강조되는 이유도 이와 맥락을 같이 한다. 상황 자체의 특징보다 그 상황을 개인이 어떻게 주관적으로 받아들이고 해석하느냐가 분노유발 여부에 결정적으로 중요하게 작용한다는 것은 이미 여러 학자들에 의해 강조된 바 있다. 대표성이 있는 분노 유발 상황들을 찾아내고 이를 객관적으로 측정할 수 있는 질문지를 개발하는 것은 어려울 수 있다. 하지만 연구자와의 일대일 면담을 통해서 분노유발 상황에 대한 객관적인 정보들을 자세히 수집하고 이와 관련된 개인의 비합리적 신념이나 자동적 사고를 개별적으로 분석해 보는 연구는 가능할 것이다.

둘째, 일차적 분노사고와 이차적 분노사고에 영향을 주는 비합리적 신념이 다를 수 있다. 일차적 분노사고에 특정하게 관련되는 비합리적 신념이 있는가 하면, 이차적 분노사고에 특정하게 관련되는 비합리적 신념도 있을 것이다. 본 연구에서 사용한 비합리적 신념 척도로는 이에 대한 시사점을 발견하는데 한계가 있었다. 역기능적 분노와 관련된 보다 다양한 유형의 비합리적 신념을 포함하는 척도를 개발하고, 이를 이용해서 일차적 분노사고나 이차적 분노사고에 특정하게 영향을 주는 비합리적 신념의 유형을 살펴볼 필요가 있다.

셋째, 연구 5에서 분노조절 집단인지행동프로그램을 실시하고 그 전후 변화는 비교해 보았으나, 프로그램 종결 직후의 변화가 얼마나 지속되는지를 알아보는 추적 연구는 하지 않았다. 즉 치료효과의 지속성에 대한 연구가 이루어지지 않았다. 6개월이나 1년 뒤에 내담자 상태에 대한 재평가를 통해서 인지 요인의 변화가 얼마나 지속적이고 그에 따른 분노관련 증상의 변화도 지속되는지를 살펴볼 필요가 있다.

넷째, 분노 관련 증상, 비합리적 신념, 일차적 및 이차적 분노사고를 측정하기 위해서 사용된 측정도구들이 모두 자기보고형 질문지에 편중되어 있다. 분노가 사회적 바람직성이나 사회문화적인 규범의 영향을 많이 받는 정서인 만큼 분노관련 증상이나 인지 요인들을 보고할 때 반응이 왜곡될 가능성이 있다. 이를 보완하기 위해서 타인이 평정하는 측정 도구를 함께 사용하는 것이 좋을 것이다.

다섯째, 본 연구는 대학생 집단과 대학생 내담자 집단을 대상으로 하였다. 따라서 본 연구의 결과도 대학생 집단이 아닌 집단에 적용할 때는 주의할 필요가 있다. 일반인을 대상으로 한 연구를 통해서 본 연구 결과의 일반화 가능성을 살펴볼 필요가 있다.

여섯째, 본 연구에서 분노증폭 과정에 관여하는 '비합리적 신념→이차적 분노사고→역기능적 분노' 경로가 확인되었다. 하지만 이는 공분산구조분석을 통해서 시사된 것으로 다른 연구 방법을 통해서 다시 검증될 필요가 있다. 분노가 이 경로에 의해서 증폭되기 전과 증폭된 후의 분노 수준을 비교할 수 있는 연구 설계를 통해서 분노 증폭 경로의 역할에 대해서 객관적으로 평가해 볼 필요가 있다.

참고문헌

강신덕(1997). **비행청소년 분노조절 교육 프로그램 개발 및 효과 연구**. 서울대학교 박사학위 청구논문.

고경희(2000). **특성분노, 분노표현 양식과 비합리적 신념**. 이화여자대학교 석사학위 청구논문.

고미영(1999). 정신건강센터에서 제공하는 청소년 분노 조절 소집단에 관한 연구. **정신보건과 사회사업**, 8, 5-24.

고영인(1994). **대학생의 분노 표현 양식과 우울 및 공격성과의 관계**. 부산대학교 박사학위 청구논문.

권석만(1995). 정신병리와 인지 I : 정서장애를 중심으로. 심리학 연구의 통합적 탐색(한국심리학회 편)(pp.49-95). **1995년도 한국심리학회 동계 심리학 연구 세미나 자료집**.

권정혜(1993). 인지행동치료의 실제. **1993년도 한국심리학회 동계 연수회 자료집**.

권혜진(1995). **청소년 분노현상의 근거이론적 접근**. 이화여자대학교 박사학위 청구논문.

김계현(1993). 분노조절을 위한 프로그램. **청소년 범죄연구, 제11집**.

김교헌(2000). 분노 억제와 고혈압. **한국심리학회지: 건강**, 5, 181-192.

김교헌, 전겸구(1997). 분노, 적개감 및 스트레스가 신체 건강에 미치는 영향. **한국심리학회지: 건강**, 2, 79-95.

김상희(1996). **대학생의 분노표현 방식과 우울 및 불안의 관계**. 대구효성카톨릭대학교 석사학위 청구논문.

김성일(1993). 한국과 캐나다 대학생의 공감적 이해도 비교: 예비연구. **한국심리학회지: 발달**, 6, 58-94.

김세진(1999). **성인애착유형에 따른 분노경험 양식의 차이**. 서울
대학교 석사학위 청구논문.

김인희(2000). **대학생의 비합리적 신념과 분노의 관계**. 명지대학교
석사학위 청구논문.

김청자(1993). **공격유발요인과 판단에 대한 연구**. 성신여자대학교
박사학위 청구논문.

김후자(1987). **의사소통론**. 서울: 수문사.

민경환, 김지현, 황석현, 장승민(1998). 성·세대·성격유형에 따른
정서반응양식의 차이. **한국심리학회지: 사회 및 성격, 12,**
2, 119-140.

서수균, 권석만(2002). 한국판 공격성 질문지의 타당화 연구. **한국심**
리학회지: 임상, 21. 487-501.

서수균, 이훈진, 권석만(2004). 분노표출/분노억제 태도 척도의 개발
과 타당화 연구. **한국심리학회지: 임상, 23.** 521-540.

이영순, 이현림, 천성문(2000). 신경증적 비행청소년의 분노조절을
위한 인지행동적 집단치료 효과. **한국심리학회지: 상담, 12,**
53-82.

이훈진, 원호택(1995). 편집증적 경향, 자기개념, 자의식 간의 관계
에 대한 탐색적 연구. **한국심리학회 '95 연차대회 학술발표**
논문집, 277-290.

임태숙(1992). **분노통제훈련이 비행청소년의 분노 및 공격성 감소**
에 미치는 효과. 계명대학교 석사학위 청구논문.

전겸구(1999). 분노에 대한 기초 연구. **재활심리연구, 6(1),** 173-190

전겸구, 한덕웅, 이장호, Spielberger, C. D. (1997). 한국판 STAXI
척도개발: 분노와 혈압. **한국심리학회지: 건강, 2.** 60-78.

전겸구, 한덕웅, 이장호(1998). 한국판 상태-특성 분노 표현 척도

(STAXI-K): 대학생 집단. 한국심리학회지: 건강, 3(1). 18-22.

조용래(1998). 역기능적 신념과 부적응적인 자동적 사고가 사회공포증에 미치는 영향. 서울대학교 박사학위 청구논문.

천성문(1999). 신경증적 비행청소년의 분노조절을 위한 인지행동적 집단치료 효과. 영남대학교 박사학위 청구논문.

American Psychiatric Association. (1994). *Diagnostic and statistical manual of mental disorders(fourth edition).* Washington, DC: American Psychiatric Association.

Averill, J. R. (1982). *Anger and aggression: An essay on emotion.* New York: Springer.

Averill, J. R. (1983). Studies on anger and aggression: Implications for theories of emotion. *American Psychologist.* 1145-1160.

Ax, A. F. (1953). The physiological differentiation between fear and anger in humans. *Psychosomatic Medicine, 15,* 433-442.

Baron, R. (1977). *Human aggression.* New York: Plenum Press.

Baron, R. M., & Kenny, D. A. (1986). The moderator-mediator variable distinction in social psychological research: conceptual, strategic, and statistical considerations. *Journal of Personality and Social Psychology, 6,* 1173-1182.

Beck, A. T. (1963). Thinking and Depression: Idiosyncratic content and cognitive distortion. *Archives of General Psychiatry, 9,* 324-333.

Beck, A. T. (1967). *Depression: Clinical, experimental, and theoretical aspects.* New York: Harper & Row.

Beck, A. T. (1976). *Cognitive therapy and the emotional disorders.* New York: International University Press.

Beck, A. T., Brown, G., Steer, R. A. Eidelson, J. I., & Riskind, J. H. (1987). Differentiating anxiety and depression: A test of the cognitive content-specificity hypothesis. *Journal of Abnormal Psychology, 96,* 179-183.

Beck, A. T., Emery, G., & Greenberg, R. L. (1985). *Anxiety disorders and Phobias: A Cognitive perspective.* New York: Basic Books.

Beck, A. T., Rush, A. J., Shaw, B, F., & Emery, G. (1979). *Cognitive therapy of depression.* New York: Guilford Press.

Beck, A. T. (2000). *Prisoner of hate: The cognitive basis of anger, hostility, and violence.* New York: Perennial.

Beck, A. T., & Fernandez, F. (1998). Cognitive-behavioral therapy in the treatment of anger: A meta-analysis. *Cognitive Therapy and Research, 22,* 63-74.

Beck, J. (1995). *Cognitive therapy: Basic and beyond.* New York: The Guilford Press.

Berkowitz, L. (1989). Frustration-aggression hypothesis: Examination and enformulation. *Psychological Bulletin, 106,* 59-73.

Berkowitz, L. (1990). On the information and regulation of anger and aggression: A cognitive-neoassociationistic analysis. *American Psychologist, 45,* 494-503.

Berkowitz, L. (1993). *Aggression: Its cause, consequences, and control.* New York: McGraw-Hill, Inc.

Bernard., M. E. (1998). Validation of the general attitude and belief scale. *Journal of Rational-Emotive & Cognitive Behavior Therapy,* 16, 183-196.

Bilodeau, L. (1992). *The Anger Workbook.* Hazelden.

Bower, G. H. (1981). Mood and memory. *American Psychologist,* 36, 129-148.

Bowlby, J. (1980). *Attachment and loss.* New York: Basic Books.

Bridewell, W. B., & Chang, E. C. (1996). Distinguishing between anxiety, depression, and hostility: Relations to anger-in, anger-out, and anger-control. *Personality and Individual Difference. 22(4),* 587-590.

Buss, A. (1971). Aggression pays. In Singer, J. L. (Ed.). *The control of aggression and violence: Cognitive and physiological factors.* Academic Press.

Buss, A., & Perry, M. (1992). The aggression questionnaire. *Journal of Personality and Social Psychology, 63,* 452-459.

Carson, M., & Miller, N. (1988). Bad experiences and aggression. *Sociology and Social Research,* 72, 155-157.

Carter, L., & Frank, M. (1995). 분노[*The anger workbook*]. (이승재 역). 서울: 은혜출판사. (원전은 1993년에 출판)

Cautin, R. L., Overholser, J. C., & Goetz, P. (2001). Assessment of mode of anger expression in adolescent psychiatric inpatients. *Adolescence, 36,* 163-170.

Chambers, L. (1999). *The relation among self-reported constructive and destructive anger verbal behavior and resting blood pressure.* A dissertation for the degree of doctor in The Dalhausie University.

Clore, G. L., Ortony, A., & Foss, M. (1987). The psychological foundations of the affective lexicon. *Journal of Personality and Social Psychology, 53,* 751–766.

Collier, G. (1985). *Emotional expression.* Hillsdale. New Jersey: Lawrence Erlbaum Associates, Inc.

Cramer, D. (1985). Irrational beliefs and strength versus inappropriateness of feelings. *British Journal of Cognitive Psychotherapy, 3,* 81–83.

Cramer, D. & Fong, J. (1991). Effect of rational and irrational beliefson intensity and inappropriateness of feelings: A test of rational–emotive theory. *Cognitive Therapy and Research,* 15,319–329.

Crockenberg, S. (1981). Infantile irritability, mother responsiveness, and social support influences on the security of infant–mother attachment. *Child Development, 52,* 857–865.

Davison, G. C., Robins, C., & Johnson, M. K. (1983). Articulated thoughts during simulated situations: A paradigm for studying cognition in emotion and behavior. *Cognitive Therapy and Research, 7,* 17–40.

Deborah, A. (1999). *Cognitive distortions in the experience and expression of anger.* A dissertation for the degree of doctor in The Adler school of professional psychology.

Deffenbacher, J. L. (1999). Cognitive–behavioral conceptualization and treatment of anger. *Journal of Clinical Psychology, 55,* 295–309.

Deffenbacher, J. L., Dahlen, E. R., Lynch, R. S., & Morris, C. D. (2000). An application of Beck's cognitive therapy to general anger reduction. *Cognitive Therapy and Research, 24,* 689–697.

Deffenbacher, J. L., Demm, P. M., & Brandon, A. D. (1986). High general anger: Correlates and treatment. *Behavioral Research and Therapy, 24,* 481-489.

Deffenbacher, J. L., & Hogg, J. A. (1986). Irrational beliefs, depression, and anger among college students. *Journal of College Student Personnel, 27,* 349-353.

Deffenbacher, J. L., & McKay, M. (2000). *Overcoming situational and general anger.* Oakland: New Harbinger.

Deffenbacher, J. L., McNamara, K, Stark, R. S., & Sabadell, P. M.(1990). A combination of cognitive, relaxation, and behavioral coping skills in the reduction of general anger. *Journal of College Student Personnel, 31,* 351-358.

Deffanbacher, J. L., Oetting, E. R., Lynch, R. S., & Morris, C. D. (1996). The expression of anger and its consequences. *Behavior research and therapy. 34(7),* 575-590.

Deffenbacher, J. L., Thwaites, G. A., Wallcae, T. L., & Oetting, E. R. (1994). Social skills and cognitive-relaxation approaches to general anger reduction. *Journal of Counseling Psychology, 41,* 386-396.

DiGiuseppe, R. (1995). Developing the therapeutic alliance with angry clients. *In H. Kassinove(ed.), Anger disorders: Definition, diagnosis and treatment(pp.131-149).* Washington, DC: Taylor and Francis.

DiGiuseppe, R. (1999). End piece: Reflections on the treatment of anger. *Journal of Clinical Psychology, 55.* 311-324.

DiGiuseppe, R., Leaf, R., Exner, T., & Robin, M. W. (1988). *The development of a measure of rational/irrational thinking.*

Paper presented at the World Congress of Behavior Therapy, Edinburgh, Scotland, September.

DiGiuseppe, R., Eckhardt, C., Tafrate, R., & Robin, M. (1994). The diagnosis and treatment of anger in a cross-cultural context. *Journal of Social Distress and the Homeless, 3,* 229-261.

DiGiuseppe, R., Tatrate, R. C., & Eckhardt, C. I. (1994). Critical issues in the treatment of anger. *Cognitive and Behavioral Practice, 1,* 111-132.

Dollard, J., Doob, L., Miller, N., Mowrer, O., & Sears, R. (1939). *Frustration and aggression.* New Haven, CT: Yale University Press.

Douglas, F. B. (1991). Anger and irrational beliefs in violent inmates. *Personality & Individual Difference, 12,* 211-215.

Eckhardt, C. I., & Deffenbacher, J. L. (1995). Diagnosis of angerdisorders. IN H. Kassinove(Ed). *Anger disorders: Definition, diagnosis, and treatment(pp.27-48).* Washington, DC: Tatlor & Francis.

Ekamn, P., Frisen, W. V., & Ellsworth, P. C. (1982). *What are the similarities and differences in facial behavior across cultures?* in Cambridge, England: Cambridge University Press.

Ellis, A. E. (1962). *Reason and emotion in psychotherapy.* New York: LyleStuart.

Ellis, A. E. (1973). *Humanistic psychotherapy.* New York: McGraw-Hill.

Ellis, A. E. (1977). *Anger: How to live with it and without it.*

New York: Citadel Press

Ellis, A. E. (1994). *Reason and emotion in psychotherapy: Revised and updated.* New York: Carol Publishing.

Ellis, A. E., & Dryden, W. (1987). *The practice of rational-emotive therapy.* New York: Springer.

Ellis, A. E. & Harper, R. (1975). *A new guide to rational living.* North Hollywood, CA: Wilshire Books.

Ellis, A. E. & Tafrate, R. C. (1997). *How to control your anger before it controls you.* New York: Citadel Press.

Fava, M., Rosenbaum, J. F., Pava, J., McCarthy, M. K., Steingard, R., & Bouffides, E. (1993). Anger attacks in unipolar depression: Part 1. Clinical correates and response to fluoxetine treatment. *American Journal of Psychiatry, 150,* 1158-1163.

Feindler, E. L., & Ecton, R. B. (1996). *Adolescent anger control: Cognitive behavioral techniques.* Elmsford, New York: Pergamon Press.

Feindler, E. L., Ection, R. B., Kingsley, D., & Dubey, D. (1986). Group anger control training for institutionalized psychiatric male adolescents. *Behavior Therapy, 17,* 109-123.

Fennell, M. (1989). Depression. In K. Hawton, P. M. Salkovskis, J. &D. M. Clark(Eds.) *Cognitive behavior therapy for psychiatric problems: A practical guide*(pp.169-234). Oxford University Press.

Fishbein, M., & Ajzen, I. (1975). *Belief, attitude, intention, and behavior: An introduction to theory and research.* Reading, MA: Addison-Wesley.

Gentry, W. D., Chensney, A. P., Gary, H. E., Hall, R. P., & Harburg, E. (1982). Habitual anger-coping styles: Effect on mean blood pressure and risk for essential hypertension. *Psychosomatic Medicine, 44,* 195-202.

Gottlieb, M. M. (1999). *The angry self: A comprehensive approach to anger management.* Phoenix, Arizona: Zeig, Tucker & Co. Press.

Graham, S., Hudley, C., & Williams, E. (1992). Attributional and emotional determinants of aggression among african-american and latino young adolescents. *Developmental Psychology,* 28,731-740.

Greenberg, M. S., & Beck, A. T. (1989). Depression verse anxiety: A test of the cognitive content-specificity hypothesis. *Journal of Abnormal Psychology, 98,* 9-13.

Greer, S., & Morris, T. (1975). Psychological attributes of women who develop breast cancer: A controlled study. *Journal of Psychosomatic Research, 2,* 147-153.

Hazaleus, S. L., & Deffenbacher, J. L. (1985). Irrational beliefs and anger arousal. *Journal of College Student Personnel,* 26, 47-52.

Hazaleus, S, L., & Deffenbacher, J. L. (1986). Relaxation and cognitive treatments of anger. *Journal of Consulting and Clinical Psychology, 54,* 222-226.

Hollon, S. D., & Kendall, P. C. (1980). Cognitive self-statements in depression: Development of an automatic thoughts questionnaire. *Cognitive Therapy and Research,* 4, 383-395.

Horney, K. (1950). *Neurosis and human growth.* New York: Norton.

Isen, A., Shalker, T., Clark, M., & Karp, L. (1978). Affect, accessibility of material in memory, and behavior: A cognitive loop? *Journal of Personality and Social Psychology, 58,* 352-359.

Izard, C. E. (1977). *Human emotion.* New York: Plenum Press.

Ingram, R. E., & Kendall, P. C. (1987). The cognitive side of anxiety. *Cognitive Therapy and Research, 11,* 523-536.

Jacobson, E. (1938). *Progressive muscle relaxation.* Chicago: University of Chicago Press.

Johnson, E. J., & Tversky, A. (1983). Affect, generalization and the perception of risk. *Journal of Personality and Social Psychology, 45,* 20-31.

Kassinove, H. & Sukhodolsky, D. G. (1995). Anger disorders: Basic science and practice issues. In H. Kassinove(Ed). *Anger disorders: Definition, diagnosis, and treatment (pp.1-26).* Washington, DC: Tatlor & Francis.

Kassinove, H., Sukhodolsky, D., Tsytsarev, S., & Solovyova, S. (1997). Self-reported anger episodes in Russia and America. *Journal of Social Behavior and Personality, 12(1).*

Kemp, S. & Strongman, K. T. (1995). Anger theory and management: A historical analysis. *American Journal of Psychology, 108.* 397-417.

Kendall, P. C. & Hollon, S. D. (1981). Assessing self-referent speech: Methods in measurement of self-statements. In P. C. Kendall, & S. D. Hollon(Eds.), *Assessment Strategies for Cognitive-Behavioral Inventions(pp.85-118).* New York: Academic Press.

Kopper, B. A., & Epperson, D. L. (1996). The Experience and Expression of Anger: Relationship with gender, gender role socialization, depression, and mental health functioning. *Journal of Counseling Psychology, 43,* 158-165.

Kwon, S. (1992). *Differential roles of dysfunctional attitudes and automatic thoughts in depression: An integrated cognitive model of depression.* A dissertation for the degree of doctor in The University of Queensland.

LaPier, R. T. (1934). Attitudes vs. actions. *Social Forces, 13,* 230-237.

Lazarus, R. S. (1991). *Emotion and adaptation.* Oxford University Press.

Lazarus, R. S., Averill, J. R., & Opton, E. M. (1970). Toward a cognitive theory of emotions. In M Arnold(Ed.), *Feelings and emotion.* New York: Academic Press.

Lazarus, R. S., Kranner, A. D., & Folkamn, S. (1980). An ethological assessment of emotion. In R. Plutchik, & H. Kellerman(Eds.), *Emotion: Theory, research, and experience (Vol.1)(pp.198-201).* New York: Academic Press.

Leifer, R. (1999). Buddhist conceptualization and treatment of anger. *Journal of Clinical Psychology, 55,* 339-351.

Lewis, M., Alessandrini, S. M., & Sullivan, M. W. (1990). Violation of expectancy, loss of control, and anger expressions in young children. *Developmental Psychology, 26,* 745-751.

Lopez, F. G., & Thuman, C. W. (1986). A cognitive-behavioral investigation of among college students. *Cognitive Therapy and Research, 10,* 245-256.

Mancuso, R. A. (1999). *Anger ideals and their impact on emotional and physiological reality.* A dissertation for the degree of doctorin The University of Michigan.

Martin, R., Watson, D., & Wan, C. K. (2000). A three-factor model of trait anger: Dimensions of affect, behavior, and cognition. *Journal of Personality, 68,* 869-987.

Masters, J. C., Burish, T. G., Hollon, S. D., & Rimm, D. C. (1987). *Behavior therapy.* SanDiego: Harcourt, Brace & Jovanovich.

Mayne, T. L., & Ambrose, T. K. (1999). Research review on anger in psychotherapy, *Journal of Clinical Psychology, 55(3),* 353-363.

Megargee, E. I. (1971). Prediction of dangerous behavior. *Criminal Justice and Behavior, 3,* 3-22.

Mehrabian, A., & Epstein, N. (1972). A measure of emotional empathy. *Journal of Personality, 40,* 525-543.

Moore, T. W., & Paolillo, J. P. (1984). Depression: Influence of hopelessness, locus of control, hostility and length of treatment. *Psychological Report, 54,* 875-881.

Nomellini, S., & Katz, R. C. (1983). Effects of control training on abusive parents. *Cognitive Therapy and Research, 7,* 57-68.

Novaco, R. W. (1975). Anger control: *The development and evaluation of an experimental treatment.* Lexington, MA: D. C. Health.

Novaco, R. W. (1977). A stress innoculation approach to management in the training of law enforcement officers. *American Journal of Community Psychology.* 327-346.

Novaco, R. W. (1979). The cognitive regulation of anger and stress. In P. Kendall & S. Hollan(Eds.), *Cognitive Behavioral Interventions: Theory, research and procedures.* New York: Academic Press.

Novaco, R. W. (1994). Anger as a risk factor for violence among the mentally disordered. In J. Monahan & H. J. Stead-man(Eds.), *Violence and mental disorder.* Chicago: The University of Chicago Press.

Ortony, A., Clore, G. L., & Collins, A. (1988). *The cognitive structure of emotions.* New York: Cambridge University Press.

Ortony, A., Turner, T. J., & Antos, S. J. (1983). A puzzle about affect for recognition memory. *Journal of Experimental Psychology: Learning, Memory, and Cognition, 9,* 725-729.

Pan, H. S., Neidig, P. H., & O'Leary, K. H. (1994). Predicting mild and severe husband-to-wife physical aggression. *Journal of Consulting and Clinical Psychology, 62,* 975-981.

Pavio, S. C. (1999). Experiential conceptualization and treatment of anger. *Journal of Clinical Psychology, 55.* 311-324.

Poster, C. & Rusbult, C. (1999). Injustice and power seeking. *Journal of Personality and Social Psychology, 51(1),* 191-200.

Reid, T. B., & Kavanagh, K. (1985). A social interactional approach to child abuse: risk, prevention, and treatment. In

M. A. Chesney & R. A. Rosenman(Eds.), *Anger and hostility in cardiovascular and behavioral disorders(pp.241-257)*. Washington, DC: Hemisphere.

Robins, S. & Novaco, R. W. (1999) Systems conceptualization and treatment of anger. *Journal of Clinical Psychology, 55,* 325-337.

Rosenman, R. A. (1985). *Health consequences of anger and implications for treatment. In M. A. Chesney and behavioral disorders(pp.103-125).* Washington: Hemisphere Publishing.

Rosenbaum, J. F., Fava, M., Pava, J., McCarthy, M. K., Steingard, R. J., & Bouffides, E. (1993). Anger attacks in unipolar depression: Part 2. Neuroendocrine correlates and changes following fluoxetine treatment. *American Journal of Psychiatry, 150,* 1164-1168.

Rothenberg, A. (1971). On Anger. *American Journal of Psychiatry. 128,* 454-460.

Rule, B. G., & Nesdale, A. R. (1976). Emotional arousal and aggressive behavior. *Psychological Bulletin, 83,* 851-863.

Schwartz, N., & Clore, G. L., (1983). Mood, misattribution, and judgements of well-being: Information and directive functions of affective states. *Journal of Personality and Social Psychology, 45,* 513-523.

Scott, J. P. (1958). *Aggression.* University of Chicago Press.

Sebastian, R. J., Buttino, A. J. Burzynski, M. H., & Moore, S. (1981). Dynamics of hostile aggression: Influence of anger, hurt, instruction, and victim pain feedback. *Journal of Research in Personality, 15,* 343-358.

Sharkin, B. S. (1988). The measurement and treatment of client anger counseling. *Journal of Counseling and Development, 66,* 361–365.

Siegel, J. M. (1985). The measurement of anger as a multi-dimensional construct. In M. A. Chesney & R. H. Rosenman(Eds.), *Anger and hostility in cardiovascular and behavioral disorders.* New York: Hemisphere.

Snyder, C. R., Crowson, J. J., Houston, B. K., Kurylo, M., & Poirier, J. (1997). Assessing hostile automatic thoughts: Development and validation of the HAT scale. *Cognitive Therapy and Research, 21.* 477–492.

Spielberger, C. D. (1980). *Preliminary manual for the State-Trait Anger scale(STAS).* Tampa, FL: University of South Florida, Human Resources Institute.

Spielberger, C. D, Jacobs, G., Russell, S., & Crane, R. S. (1983). Assessment of anger: The state-trait anger. In J.N. Butcher & C. D. Spielberger(Eds.), *Advances in personality assessment(pp.161-190).* Hillsdale, NJ: Erlbaum.

Spielberger, C. D., Johnson, E. H., Russell, S., Crane, R S., Jacobs, G. A., & Worden, T. J. (1985). The experience and expression ofanger: Construction and validation of an anger expression scale. In M. A. Chesney & R.H. Rosen-man(Eds.) *Anger and hostility in cardiovascular and behavioral disorder(pp.5-30).* New York: Hemisphere.

Spielberger, C. D., Krasner, S. S., & Solomon, E. P. (1988). The experience, expression, and control of anger. In M. P. Janisse(Ed). *Health Psychology: Individual differences and stress(pp.89-108)*. New York: Springer Verlag.

Spielberger, C. D., & London, P. (1982). Rage boomerangs, *American Health, 1,* 52-56.

Spielberger, C. D., Reheiser, E. C., & Sydman, S. M. (1995). Measuring the experience, expression, and control of anger. Kassinove(Ed). *Anger disorders: Definition, diagnosis, and treatment(pp.50-67)*. Washington, DC: Tailor & Francis.

Steorns, F. R. (1972). *Anger, psychology, physiology, pathology,* Springfield, IL: Charles. Thomas.

Stoney, C. M. & Engbretson, T. O(1994). Anger and hostility: Potential mediators of the gender difference in coronary heart disease. In A. W. Siegman & T. W. Smith(Eds.), *Anger, hostility and the heart(pp.215-237)*. Hilldale, NJ: Lawrence Erlbaum.

Tanaka-Matsumi, J. (1995). Cross-cultural perspectives on anger. Kassinove(Ed). *Anger disorders: Definition, diagnosis, and treatment(pp.81-90)*. Washington, DC: Tailor & Francis.

Tangney, J. P., Borenstein, J. K., & Hill-Barlow, D. (1996). Developmental changes in constructive vs. destructive anger management strategies. *Poster presented at the 1996 Meeting of the American Psychological Association,* Toronto, Canada.

Tangney, J. P., Hill-Barlow, D., Wagner, P. E., Marschall, D. E., Borenstein, J. K., Sanftner, J., Mohr, T., & Gramzow, R. (1996). Assessing the individual differences in constructive versus destructive responses to anger across the life span. *Journal of Personality and Social Psychology, 70,* 780-796.

Tangney, J. P., Wagner, P. E., Gavlas, J., & Gramzow, R. (1991). The Anger Response Inventory for Adolescent(ARI-A). Fairfax, VA: George Mason University.

Thich, N. H. (2002). 화: 화가 풀리면 인생도 풀린다. [*Anger: Wisdom for cooling the flames*]. (최민수 역). 서울: 명진출판사. (원전은 2001년에 출판)

Weiner, B. (1985). An attributional theory of achievement motivation and emotion. *Psychological Review,* 92. 548-573.

Yerkes, R. M., & Dodson, J. D. (1980). The relation of strength of stimulus to rapidity of habit formation. *Journal of Comparative and Neurological Psychology, 18,* 459-482.

Zaitsoff, S. L., Geller, J. & Srikameswaran, S. (2002). Silencing the self and suppressed anger: Relationship to eating disorder symptoms in adolescent females. *European Eating Disorders Review, 10(1),* 51-60.

Zwemer, W. A., & Deffenbacher, J. L. (1984). Irrational beliefs, anger and anxiety. *Journal of Counseling Psychology, 31,* 391-393.

부　　　록

부록 목차

일차적 분노사고 척도*

본 질문지는 화가 나는 상황에서 흔히 하게 되는 생각들로 구성되어 있습니다. 각 문장을 읽고 그 상황에 처했을 때 당신이 경험하는 생각이나 느낌과 얼마나 일치하는지를 표시하시면 됩니다. 사람은 각자 생각이 다르기 때문에 여기에 옳고 그른 정답은 없습니다. 어떤 문장의 내용들은 여러분이 경험하지 않은 것들일 수도 있습니다. 그럴 경우는 여러분이 그 상황에 처해있다고 상상을 하시고 평가하시면 됩니다. 그 일치 정도에 따라 적당한 숫자 위에 'O'표를 하시면 됩니다.

	문 항	전혀 일치하지 않음	약간 일치함	어느 정도 일치함	상당히 일치함	거의 정확히 일치함
1	믿었던 친구가 날 비난하고 내게 공격적인 행동을 하면, 나는 배신감을 느낀다.	1	2	3	4	5
2	누가 나를 무시하는 듯한 말투로 얘기하+면, 그 사람이 나를 우습게 본다고 여겨진다.	1	2	3	4	5
3	믿었던 친구의 태도가 뻐딱하면, 그가 자기감정대로 행동하고 남을 배려하지 않는다는 생각이 든다.	1	2	3	4	5
4	다른 사람을 심하게 비난하는 사람을 보면, 너무 이기적이고 자기감정밖에 모른다는 생각이 든다.	1	2	3	4	5
5	중요하다고 여겼던 사람이 내게 중요한 어떤 사실을 얘기해주지 않으면, 나는 배신감을 느낀다.	1	2	3	4	5
6	아끼던 사람이 나에 대해 험담을 뒤에서 하고 다니면, 내가 바보같이 여겨지고 그 사람에 대한 나의 믿음이 헛되다는 생각이 든다.	1	2	3	4	5
7	친하다고 생각했던 사람이 내 말이나 행동을 받아주지 않으면, 나를 무시한다는 생각이 든다.	1	2	3	4	5
8	바빠서 정신이 없는데 나를 굳이 만나고 싶어하고 자기한테로 오라고 고집하면, 나는 그 사람이 다른 사람의 상황을 전혀 고려해주지 않는 자기 자신만 생각하는 이기적인 사람이라는 생각이 든다.	1	2	3	4	5

---

* 타인의 부당하고 이기적인 행동에 대한 예민성: 8, 9, 10, 12, 13, 14, 16, 17, 18, 19, 20.
　친밀한 관계에서 경험하는 무시와 실망감: 1, 2, 3, 4, 5, 6, 7, 11, 15.

	문 항	전혀 일치하지 않음	약간 일치함	어느 정도 일치함	상당히 일치함	거의 정확히 일치함
9	자기도 어려운 것을 다른 사람에게 시키는 사람을 보면, 그 사람이 다른 사람을 배려할 줄 모른다는 생각이 든다.	1	2	3	4	5
10	누가 연락도 없이 나를 기다리게 하면, 내 시간을 빼앗았다는 생각과 함께 이기적이라는 생각이 든다.	1	2	3	4	5
11	누가 내 말을 무시하면, 내 자신이 그 사람에게 보잘것없는 존재라는 생각이 든다.	1	2	3	4	5
12	잘못을 하고도 내게 사과하지 않다니, 이는 나를 무시하는 것이다.	1	2	3	4	5
13	발표 준비 기간동안 한번도 관심을 보이지 않던 동료가 발표를 앞두고 내게 어떻게 되어가냐고 물어왔다. 이 동료가 너무 염치도 없고 이기적이다.	1	2	3	4	5
14	내가 미리 전화 걸어서 얘기를 했는데도 상대가 약속을 이행하지 않으면, 이는 나를 무시하는 것이라는 생각이 든다.	1	2	3	4	5
15	친한 사이인 줄 알았던 사람이 갑자기 냉랭한 태도를 보이며 오히려 날 비판하면, 내가 이해받지 못하고 수용 받지 못한다는 생각이 든다.	1	2	3	4	5
16	누가 자기 기분대로 나를 대하면, 이 사람이 나를 만만히 보고 이런다는 생각이 든다.	1	2	3	4	5
17	나에게 거짓말을 한 것이 들통이 났는데도 미안하다는 말 한마디 없다는 게 정말 참을 수가 없다. 그럴 때는 그 사람이 날 대수롭지 않게 생각한다고 느껴진다.	1	2	3	4	5
18	내 말을 들어보지도 않고 화부터 내는 사람을 보면, 이 사람은 날 이해하려 하지 않는다는 생각이 든다.	1	2	3	4	5
19	누가 자기입장에서만 생각하고 내 성격과 태도가 잘못되었다고 고치라고 하면, 이는 날 너무 만만하게 보는 것이다.	1	2	3	4	5
20	부모님이 내 얘기는 들어 보시지도 않고 무조건 화만 내시면, 내 생각은 전혀 해주질 않는다는 생각이 든다.	1	2	3	4	5

이차적 분노사고 척도 *

> 다음은 화가 나는 상황에서 자연스럽게 떠오르는 여러 가지 생각들을 열거한 것입니다. 각 문장을 읽고 <u>최근 몇 주 동안 화가 났던 상황들에서</u> 얼마나 자주 이러한 생각들이 머릿속에 떠올랐는지를 표시해 주시기 바랍니다. 각 문장을 읽고 아래와 같이 그 빈도에 따라 적당한 숫자에 'O'표를 해주십시오.

1: 전혀 이런 생각을 하지 않는다.　　2: 가끔 이런 생각을 한다.
3: 종종 이런 생각을 한다.　　　　　4: 자주 이런 생각을 한다.
5: 항상 이런 생각을 한다.

	문 항	전혀	가끔	종종	자주	항상
1	자신의 잘못을 시인할 때까지 모든 방법을 동원해서 괴롭히고 싶다.	1	2	3	4	5
2	한 대 패주고 싶다.	1	2	3	4	5
3	잘못을 하고도 사과도 안하다니. 너무 기가 막힌다.	1	2	3	4	5
4	내가 뭘 안 해줬나?	1	2	3	4	5
5	그 사람도 기분 나쁘게 해주고 싶다.	1	2	3	4	5
6	나쁜 놈!	1	2	3	4	5
7	이 세상에 나밖에 없구나.	1	2	3	4	5
8	따지고 싶다.	1	2	3	4	5
9	살기 싫다.	1	2	3	4	5
10	이 사람 버릇을 단단히 고쳐주자.	1	2	3	4	5
11	내가 어떻게 해야 하나?	1	2	3	4	5
12	나는, 내 자신은 어떤데?	1	2	3	4	5
13	저 사람이 치면 나도 그럴 것이다.	1	2	3	4	5
14	이걸 그냥 확 엎어버려.	1	2	3	4	5
15	내가 이렇게 흥분한 이유는 뭘까?	1	2	3	4	5
16	앞으로 이 사람에게는 말대꾸도 안하고 쳐다보지도 말아야지.	1	2	3	4	5
17	혼 내줘야겠구만.	1	2	3	4	5
18	참아야지.	1	2	3	4	5
19	모든 게 귀찮다.	1	2	3	4	5
20	아무 소리도 듣고 싶지 않고 말하고 싶지도 않다.	1	2	3	4	5
21	이 자식을 죽여 버려!	1	2	3	4	5

---

* 타인비난/보복: 1, 2, 3, 5, 6, 8, 10, 13, 14, 16, 17, 21, 23, 24, 29, 30, 31, 33, 34.
  무력감: 7, 9, 19, 20, 22, 25, 26.
  분노통제/건설적 대처: 4, 11, 12, 15, 18, 27, 28, 32.

	문 항	전혀	가끔	종종	자주	항상
22	막 소리 지르고 싶다.	1	2	3	4	5
23	재수 없다.	1	2	3	4	5
24	이번에는 절대 그냥 넘어갈 수 없다.	1	2	3	4	5
25	난 왜 이렇게 못났을까?	1	2	3	4	5
26	울고 싶다.	1	2	3	4	5
27	내 상황도 조금 고려해 보고 배려를 해주면 좋겠다.	1	2	3	4	5
28	화를 내면 나만 손해다. 참고 기분 좋게 어울리자.	1	2	3	4	5
29	앞으로 이 사람을 무시해줘야지.	1	2	3	4	5
30	인간쓰레기처럼 보이게 다른 사람에게 이 사람의 실체를 다 알릴까 보다.	1	2	3	4	5
31	뭐 이런 인간이 다 있나.	1	2	3	4	5
32	미안하다.	1	2	3	4	5
33	욕을 퍼붓고 싶다.	1	2	3	4	5
34	앞으로 잘 해주지 말자.	1	2	3	4	5

공격성 질문지(AQ-K) *

이 질문지는 여러분이 일상생활에서 경험할 수 있는 내용들로 구성되어 있습니다. 각 문항들을 자세히 읽어보시고, 평소의 자신을 얼마나 잘 나타내는지 그 정도를 표시해 주시기 바랍니다. 각 문항별로 평소의 자신을 잘 나타낸다고 생각되는 정도를 아래 척도상의 적당한 숫자에 'O'표를 하여 주십시오.

	문 항	전혀 그렇지 않다	약간 그렇다	왠만큼 그렇다	꽤 그렇다	매우 그렇다
1	때로 나는 누군가를 치고 싶은 충동을 통제하기 어렵다.	1	2	3	4	5
2	나는 친구와 의견이 다를 때 솔직하게 얘기한다.	1	2	3	4	5
3	나는 화가 빨리 치밀지만 또 빨리 풀어진다.	1	2	3	4	5
4	나는 때로 시기나 질투에 차 있다.	1	2	3	4	5
5	누군가 화를 한껏 돋우면, 나는 그 사람을 칠지도 모른다.	1	2	3	4	5
6	나는 다른 사람과 의견 충돌이 잦다.	1	2	3	4	5
7	일이 뜻대로 안되었을 때 나는 화를 참기 어렵다.	1	2	3	4	5
8	내가 부당하게 대우받고 있다고 느낄 때가 때때로 있다.	1	2	3	4	5
9	누군가 나를 때리면, 나도 되받아 친다.	1	2	3	4	5
10	사람들이 나를 짜증나게 하면, 나도 그에 맞서 그들에게 한마디 해줄 수 있다.	1	2	3	4	5
11	나는 때로 울분이 치밀어 참기 어려워 금방이라도 폭발해버릴 것 같다.	1	2	3	4	5
12	다른 사람들은 항상 운이 좋아 보인다.	1	2	3	4	5
13	나는 보통 사람들보다 좀 더 많이 치고받고 싸우는 편이다.	1	2	3	4	5
14	나는 다른 사람과 의견이 다를 때, 흔히 논쟁을 벌이게 된다.	1	2	3	4	5
15	나는 쉽게 흥분하지 않는 사람이다.	1	2	3	4	5
16	나는 때로는 스스로도 놀랄 정도로 심한 적대감에 휩싸이곤 한다.	1	2	3	4	5
17	나의 권리를 보호하기 위해서 폭력을 행사해야 한다면, 나는 기꺼이 그렇게 하겠다.	1	2	3	4	5

* 신체적 공격성: 1, 5, 9, 13, 17, 21, 22, 24(역채점), 27, 언어적 공격성: 2, 6, 10, 14, 18, 적대감: 4, 8, 12, 16, 19, 20, 23, 26, 분노감: 3, 7, 11, 15(역채점), 25.

	문 항	전혀 그렇지 않다	약간 그렇다	왠만큼 그렇다	꽤 그렇다	매우 그렇다
18	친구들은 내가 따지기를 좋아한다고 말한다.	1	2	3	4	5
19	누가 내게 지나치게 친절하면, 나는 그 사람이 내게 원하는 게 있어 그러지 않나 생각된다.	1	2	3	4	5
20	나는 소위 '내 친구'라는 자들이 나에 대해 몰래 이야기하고 다닌다는 것을 알고 있다.	1	2	3	4	5
21	나를 몰아세운 사람과 주먹다짐을 한 적이 있다.	1	2	3	4	5
22	나는 너무 화가 나서 물건을 부순 적이 있다.	1	2	3	4	5
23	나는 지나치게 친한 척 하는 낯선 사람을 보면 의심이 든다.	1	2	3	4	5
24	나는 누굴 때리는 것은 어떤 이유로도 정당화될 수 없다고 생각한다.	1	2	3	4	5
25	나는 화나는 것을 통제하는데 어려움을 겪는다.	1	2	3	4	5
26	나는 때로 사람들이 내가 모르게 나를 비웃고 있다는 느낌이 든다.	1	2	3	4	5
27	나는 내가 아는 사람을 위협해 본 적이 있다.	1	2	3	4	5

분노표현 척도(STAXI-K: AXI)*

사람들은 누구나 때로 화가 나거나 분노를 느끼지만, 화가 났을 때 반응하는 방식은 서로 다릅니다. 아래에는 사람들이 화가 나거나 분노를 느낄 때 어떻게 반응하는가를 나타내는 문항들이 적혀 있습니다. 각 문항을 잘 읽으신 후, 당신이 화가 나거나 분노를 느꼈을 때 일상적으로 얼마나 자주 아래에 적힌 바와 같이 반응하거나 행동하는가를 'O'표로 표시해 주시기 바랍니다. 이러한 문제에는 옳고 그른 답이 없습니다. 어느 한 문항에 너무 오래 생각하지 마시고 응답하여 주시기 바랍니다.

	화가 나거나 분노를 느낄 때……	거의 전혀 아니다	가끔 그렇다	자주 그렇다	거의 언제나 그렇다
1	나는 화를 참는다.	1	2	3	4
2	나는 화난 감정을 표현한다.	1	2	3	4
3	나는 말을 하지 않는다.	1	2	3	4
4	나는 사람들에게 인내심을 갖고 대한다.	1	2	3	4
5	나는 뚱해지거나 토라진다.	1	2	3	4
6	나는 사람들을 피한다.	1	2	3	4
7	나는 소리를 지른다.	1	2	3	4
8	나는 냉정을 유지한다.	1	2	3	4
9	나는 문을 쾅 닫아버리는 식의 행동을 한다.	1	2	3	4
10	나는 상대의 시선을 피한다.	1	2	3	4
11	나는 나의 행동을 자제한다.	1	2	3	4
12	나는 사람들과 말다툼한다.	1	2	3	4
13	나는 아무에게도 말하지 않으나, 안으로 앙심을 품는 경향이 있다.	1	2	3	4
14	나는 목소리를 높인다.	1	2	3	4
15	나는 화가 나더라도 침착하게 자제할 수 있다.	1	2	3	4
16	나는 속으로 다른 사람을 비판한다.	1	2	3	4
17	나는 나 자신이 인정하고 싶은 것보다 화가 더 나있다.	1	2	3	4
18	나는 대부분의 사람들보다 진정을 빨리 회복한다.	1	2	3	4
19	나는 욕을 한다.	1	2	3	4

---

* 분노표출: 2, 7, 9, 12, 14, 19, 22, 23.
  분노억제: 3, 5, 6, 10, 13, 16, 17, 21.
  분노통제: 1, 4, 8, 11, 15, 18, 20, 24.

	화가 나거나 분노를 느낄 때……	거의 전혀 아니다	가끔 그렇다	자주 그렇다	거의 언제나 그렇다
20	나는 참고 이해하려고 노력한다.	1	2	3	4
21	나는 다른 사람들이 알고 있는 것보다 분통이 더 나 있다.	1	2	3	4
22	나는 자제심을 잃고 화를 낸다.	1	2	3	4
23	나는 화난 표정을 짓는다.	1	2	3	4
24	나는 화난 감정을 자제한다.	1	2	3	4

특성분노 척도(STAXI-K: Trait anger)

아래에는 사람들이 자신을 표현하는데 사용하는 문항들이 적혀 있습니다. 각 문항을 잘 읽으시고 당신이 평소에 일반적으로 느끼고 있는 자신의 성향을 가장 잘 나타낸다고 생각되는 숫자에 'O'표 하시기 바랍니다. 이러한 문제에는 옳고 그른 답이 없습니다. 어느 한 문항에 너무 오래 생각하지 마시고, 당신의 일반적인 성향을 가장 잘 나타내고 있다고 생각되는 숫자에 'O'표 하시기 바랍니다.

	평소에 일반적으로 느끼는 바로는……	거의 전혀 아니다	가끔 그렇다	자주 그렇다	거의 언제나 그렇다
1	나는 성미가 급하다.	1	2	3	4
2	나는 불같은 성질을 지녔다.	1	2	3	4
3	나는 격해지기 쉬운 사람이다.	1	2	3	4
4	나는 다른 사람이 잘못해서 내 일이 늦어지게 되면 화가 난다.	1	2	3	4
5	나는 일을 잘하고도 다른 사람으로부터 인정받지 못하면 분통이 터진다.	1	2	3	4
6	나는 쉽게 화를 낸다.	1	2	3	4
7	나는 화가 나면 욕을 한다.	1	2	3	4
8	나는 다른 사람 앞에서 비판을 받게 되면 격분한다.	1	2	3	4
9	나는 내 일이 막히면, 누군가를 때려주고 싶다.	1	2	3	4
10	나는 일을 잘 했는데도 나쁜 평가를 받게 되면 격분을 느낀다.	1	2	3	4

언어성 분노행동 척도(AB-VS)*

화가 났을 때 사람들은 흔히 자신의 분노에 대해서 다른 사람과 얘기를 나누고 싶어 합니다. 아래에는 <u>화가 났을 때 타인과 얘기를 나누고 싶어 하는 이유나</u>, 혹은 얘기를 나눈 뒤에 갖는 경험에 대한 기술들이 열거되어 있습니다. 각 문항을 읽고 여러분이 얼마나 종종 그렇게 느끼거나 행동하는지를 평가하고 해당되는 숫자에 'O' 표시를 하시면 됩니다. 옳거나 틀린 대답은 없습니다. 한 문장에서 너무 많은 시간을 소비하지는 마십시오. 여러분이 <u>대체로</u> 어떻게 느끼거나 행동하는지를 평가하시면 됩니다.

	내가 나의 분노에 대해 얘기를 나누려는 것은 _____ 하기 위해서 이다.	거의 그렇지 않다	가끔 그렇다	자주 그렇다	거의 항상 그렇다
1	문제를 해결하기 위해서	1	2	3	4
2	건설적인 해결에 이르는데 다른 사람이 도움이 되지 않을까 해서다.	1	2	3	4
3	그 상황에 대한 해결책을 찾을 수 있는지를 알아보기 위해서	1	2	3	4
4	타인의 관점에서 이해해보려는 노력으로	1	2	3	4
5	사람들을 내편으로 만들기 위해서	1	2	3	4
6	그 상황에서 내가 할 수 있는 가능한 역할들을 더 잘 이해하기 위해서	1	2	3	4
7	내가 옳다는 것을 보여주기 위해서	1	2	3	4
8	앞으로 닥칠 갈등을 최소화하기 위해서	1	2	3	4
9	다음에는 그 상황에서 보다 건설적으로 대처하기 위해서	1	2	3	4
10	양쪽이 모두 좋은 감정을 갖도록 하기 위해서	1	2	3	4
11	다른 사람들이 얼마나 잘못했나를 보여주기 위해서	1	2	3	4
12	동정심을 얻기 위해서	1	2	3	4
13	내 잘못이 없었다는 것을 남들에게 알리기 위해서	1	2	3	4
14	모든 사람이 그 상황에서의 내 입장을 알도록 하기 위해서	1	2	3	4

---

* 건설적 언어표현: 1, 2, 3, 4, 6, 8, 9, 10, 19, 20, 22, 23.
  정당화: 5, 7, 11, 12, 13, 14.
  반추적 사고: 15, 16, 17, 18, 21.

	내가 나의 분노에 대해서 얘기를 나눈 뒤에 나는 ＿＿＿＿＿＿.	거의 그렇지 않다	가끔 그렇다	자주 그렇다	거의 항상 그렇다
15	나는 날 화나게 했던 상황에 대해서 반복해서 다시 얘기를 나누고 싶어진다.	1	2	3	4
16	나는 그 일에 대해서 계속해서 곰곰이 생각한다.	1	2	3	4
17	나는 원한을 품는다.	1	2	3	4
18	나는 훨씬 더 불안해 진다.	1	2	3	4
19	내가 분노를 느꼈던 사람을 더 잘 이해하게 된다.	1	2	3	4
20	다른 사람에 대해서 더 좋은 감정을 갖게 된다.	1	2	3	4
21	내가 상대방을 싫어하는 것이 정당하다고 느낀다.	1	2	3	4
22	내가 해결책에 좀더 가까워졌음을 느끼게 된다.	1	2	3	4
23	상황이 내가 생각했던 것만큼 나빠 보이지는 않게 된다.	1	2	3	4

분노표출태도 척도*

아래에 사람들이 <u>화를 표현하는 것</u>에 대해서 갖고 있는 생각이나 태도에 대한 문장들이 기술되어 있습니다. 각각의 문장을 주의 깊게 읽어보시고 그 문장에 <u>얼마나 동의 혹은 반대하는지</u>를 결정하시고 해당되는 숫자 위에 'O'를 하시면 됩니다.

	화를 표현하면 ……	전적인 반대	상당히 반대	약간 반대	중간	약간 동의	상당히 동의	전적인 동의
1	상대방이 자신을 어렵게 생각할 것이다.	1	2	3	4	5	6	7
2	상대방도 나에 대해 좋지 않은 감정을 갖게 될 것이다.	1	2	3	4	5	6	7
3	상대방이 놀랄 것이다.	1	2	3	4	5	6	7
4	분위기가 안좋아 진다	1	2	3	4	5	6	7
5	상대방이 나에 대해서 두려움을 느낄 것이다.	1	2	3	4	5	6	7
6	상대방이 상처받을 거 같다.	1	2	3	4	5	6	7
7	싸움이 일어날 것이다.	1	2	3	4	5	6	7
8	화낸 사람과 사이가 멀어질 것이다.	1	2	3	4	5	6	7
9	내가 남에게 우습게 보일 것이다.	1	2	3	4	5	6	7
10	내 성격이 나빠질 것 같다.	1	2	3	4	5	6	7
11	상대방이 나 자신을 옹졸하게 생각할 것이다.	1	2	3	4	5	6	7
12	화를 자주 내는 사람은 인격적으로 덜 성숙해 보인다.	1	2	3	4	5	6	7
13	서로 어색해질 수 있다.	1	2	3	4	5	6	7
14	사람들이 나를 난폭하다고 여길 것이다.	1	2	3	4	5	6	7
15	내가 인자하지 못하고 못된 사람이라고 주위로부터 평가받을까 두렵다.	1	2	3	4	5	6	7
16	내 기분이 풀릴 것이다.	1	2	3	4	5	6	7

---

* 타인의 부정적인 평가에 대한 두려움: 9, 10, 11, 12, 14, 15, 19, 20, 21, 22.
  부정적인 대인관계 결과 예상: 1, 2, 3, 4, 5, 6, 7, 8, 13.
  적극적인 분노표현 지지: 16, 17, 26, 27, 28, 29, 33, 34, 35, 36.
  소극적인 분노표현 지지: 18, 23, 24, 25, 30, 31, 32,.

	화를 표현하면 ……	전적인 반대	상당히 반대	약간 반대	중간	약간 동의	상당히 동의	전적인 동의
17	속이 시원하고 오히려 앙금이 없이 깔끔한 관계가 될 것이다.	1	2	3	4	5	6	7
18	상대방이 기분 나빠하면서도 어느 정도는 내 심정을 이해하게 될 것이다.	1	2	3	4	5	6	7
19	일을 감정적으로 처리하게 되어서 다른 일까지 좋지 않은 영향을 미친다.	1	2	3	4	5	6	7
20	상대방이 내 성격에 문제가 있다고 생각할 거 같아 두렵다.	1	2	3	4	5	6	7
21	인간관계를 형성하는데 있어서 좋지 않다.	1	2	3	4	5	6	7
22	화를 많이 내면 이성적인 사람들에게 왠지 내가 지는 듯한 느낌이 든다.	1	2	3	4	5	6	7
23	서로의 관계가 조금 서먹해질 수 있지만, 보다 발전적인 관계로 나아갈 수 있는 가능성을 찾아 볼 수도 있다.	1	2	3	4	5	6	7

분노억제태도 척도 *

아래에 사람들이 <u>화를 표현하지 않는 것</u>에 대해서 갖고 있는 생각이나 태도에 대한 문장들이 기술되어 있습니다. 각각의 문장을 주의 깊게 읽어보시고 그 문장에 얼마나 <u>동의 혹은 반대하는지</u>를 결정하시고 해당되는 숫자 위에 'O'를 하시면 됩니다.

	화를 표현하지 않는 것은…… (혹은 화를 내지 않으면……)	전적인 반대	상당히 반대	약간 반대	중간	약간 동의	상당히 동의	전적인 동의
1	타인이 나를 불쾌하게 하는데도 화를 안내면 상대가 나를 바보로 알 것이다.	1	2	3	4	5	6	7
2	화를 표현하지 않는 것은 자신을 병들게 하는 행위이다.	1	2	3	4	5	6	7
3	화를 지나치게 내지 않으면 상대방이 그 사람의 감정이나 심리 상태를 알기가 어렵다.	1	2	3	4	5	6	7
4	화가 계속 쌓이게 되면 다른 곳에 화풀이 할 것이다.	1	2	3	4	5	6	7
5	화를 너무 참는 것은 어리석다.	1	2	3	4	5	6	7
6	화가 나는데도 일부러 참는 것이라면 대인관계에 앙금을 남기게 되어 좋지 않다.	1	2	3	4	5	6	7
7	언젠가 폭발할 것이 두렵긴 하지만 그래도 화를 참는 것이 좋다.	1	2	3	4	5	6	7
8	억압된 분노가 나중에 한꺼번에 터져 더 위험하다.	1	2	3	4	5	6	7
9	화를 내지 않으면 사람들이 나를 만만하게 볼 수도 있다.	1	2	3	4	5	6	7
10	화가 나도 표현하지 않으면 나를 힘들게 하는 문제를 다른 사람이 알 수 없기 때문에, 내가 계속 힘들 것이다.	1	2	3	4	5	6	7
11	화를 내면 낼수록 습관이 되어서 반복적으로 화를 낼 테니까 화를 내지 않는 것이 좋다.	1	2	3	4	5	6	7

* 분노억제에 대한 부정적인 태도: 1, 2, 3, 4, 5, 6, 8, 9, 10, 12, 13, 15, 16, 17, 20, 21, 23.
  분노억제에 대한 긍정적인 태도: 7, 11, 14, 18, 19, 22.

	화를 표현하지 않는 것은…… (혹은 화를 내지 않으면……)	전적인 반대	상당히 반대	약간 반대	중간	약간 동의	상당히 동의	전적인 동의
12	화를 억누르다보면 은연중에 그 사람을 미워하게 될 것이다.	1	2	3	4	5	6	7
13	억압된 분노는 불신감, 공격적인 생각, 외로움을 만들어 낼 것이다.	1	2	3	4	5	6	7
14	화를 내지 않는 사람을 보면 정말 존경스럽다.	1	2	3	4	5	6	7
15	화를 내지 않는 사람을 보면 너무 착한 거 같아 답답하다.	1	2	3	4	5	6	7
16	화를 내지 않으면 다른 사람들은 사람 좋다고 생각하겠지만 본인은 괴롭다.	1	2	3	4	5	6	7
17	화를 내지 않으면, 상대방과 진정한 만남이 이루어지지 않을 것이다.	1	2	3	4	5	6	7
18	화를 표현하지 않으면, 주변 사람들과의 관계유지에 매우 유리할 것이다.	1	2	3	4	5	6	7
19	화를 표현하지 않는 것은 자기 통제력이 강한 것이다.	1	2	3	4	5	6	7
20	화를 내지 않으면 타인에게 너무 물렁하거나 너무 착한 사람으로 비쳐져서 악이용당할 수 있다.	1	2	3	4	5	6	7
21	화가 나는데도 참기만 하는 것은 좋지 않다.	1	2	3	4	5	6	7
22	화를 표현하지 않는 것은 남을 배려하는 행위다.	1	2	3	4	5	6	7
23	화를 내지 않으면 스트레스가 쌓일 것 같다.	1	2	3	4	5	6	7

Beck 우울 척도(BDI)

이 질문지는 여러분이 일상생활에서 경험할 수 있는 내용들로 구성되어 있습니다. 각 내용은 모두 네 개의 문장으로 되어 있는데, 이 네 개의 문장들을 자세히 읽어 보시고 그 중 **요즈음(오늘을 포함하여 지난 일주일 동안)**의 자신을 가장 잘 나타낸다고 생각되는 하나의 문장을 선택하여 그 번호를 ( )안에 기입해 주십시오. 하나도 빼지 말고 반드시 한 문장만을 선택하시되, 너무 오래 생각하지 마시고 솔직하게 응답해 주시기 바랍니다.

1. ( ) 0) 나는 슬프지 않다.
　　　　 1) 나는 슬프다.
　　　　 2) 나는 항상 슬프고 기운을 낼 수 없다.
　　　　 3) 나는 너무나 슬프고 불행해서 도저히 견딜 수 없다.

2. ( ) 0) 나는 앞날에 대해서 별로 낙담하지 않는다.
　　　　 1) 나는 앞날에 대한 용기가 나지 않는다.
　　　　 2) 나는 앞날에 대해 기대할 것이 아무 것도 없다고 느낀다.
　　　　 3) 나의 앞날은 아주 절망적이고 나아질 가망이 없다고 느낀다.

3. ( ) 0) 나는 실패자라고 느끼지 않는다.
　　　　 1) 나는 보통 사람보다 더 많이 실패한 것 같다.
　　　　 2) 내가 살아온 과거를 뒤돌아보면 실패투성이인 것 같다.
　　　　 3) 나는 인간으로서 완전한 실패자라고 느낀다.

4. ( ) 0) 나는 전과 같이 일상생활 속에 만족하고 있다.
　　　　 1) 나의 일상생활은 예전처럼 즐겁지 않다.
　　　　 2) 나는 요즘에는 어떤 것에서도 별로 만족을 얻지 못한다.
　　　　 3) 나는 모든 것이 다 불만스럽고 싫증난다.

5. ( ) 0) 나는 특별히 죄책감을 느끼지 않는다.
　　　　 1) 나는 죄책감을 느낄 때가 많다.
　　　　 2) 나는 죄책감을 느낄 때가 아주 많다.
　　　　 3) 나는 항상 죄책감에 시달리고 있다.

6. ( ) 0) 나는 벌을 받고 있다고 느끼지 않는다.
　　　　 1) 나는 어쩌면 벌을 받을지도 모른다는 느낌이 든다.
　　　　 2) 나는 벌을 받을 것 같다.
　　　　 3) 나는 지금 벌을 받고 있다고 느낀다.

7. (   )   0) 나는 나 자신에게 실망하지 않는다.
            1) 나는 나 자신에게 실망하고 있다.
            2) 나는 나 자신에게 화가 난다.
            3) 나는 나 자신을 증오한다.

8. (   )   0) 내가 다른 사람보다 못한 것 같지는 않다.
            1) 나는 나의 약점이나 실수에 대해서 나 자신을 탓하는 편이다.
            2) 내가 한 일이 잘못되었을 때는 언제나 나를 탓한다.
            3) 일어나는 모든 나쁜 일들은 모두 내 탓이다.

9. (   )   0) 나는 자살 같은 것은 생각하지 않는다.
            1) 나는 자살할 생각을 가끔 하지만 실제로 하지는 않을 것이다.
            2) 자살하고 싶은 생각이 자주 든다.
            3) 나는 기회만 있으면 자살하겠다.

10. (   )   0) 나는 평소보다 더 울지는 않는다.
            1) 나는 전보다 더 많이 운다.
            2) 나는 요즈음 항상 운다.
            3) 나는 전에는 울고 싶을 때 울 수 있었지만 요즈음은 울래야 울 기
               력조차 없다.

11. (   )   0) 나는 요즈음 평소보다 더 짜증을 내는 편이 아니다.
            1) 나는 전보다 더 쉽게 짜증이 나고 귀찮아진다.
            2) 나는 요즈음 항상 짜증을 내고 있다.
            3) 전에는 짜증스럽던 일이 요즈음은 너무 지쳐서 짜증조차 나
               지 않는다.

12. (   )   0) 나는 다른 사람들에 대한 관심을 잃지 않고 있다.
            1) 나는 전보다 사람들에 대한 관심이 줄었다.
            2) 나는 사람들에 대한 관심이 거의 없어졌다.
            3) 나는 사람들에 대한 관심이 완전히 없어졌다.

13. (   )   0) 나는 평소처럼 결정을 잘 내린다.
            1) 나는 결정을 미루는 때가 전보다 더 많다.
            2) 나는 전에 비해 결정내리는 데 더 큰 어려움을 느낀다.
            3) 나는 더 이상 아무 결정도 내릴 수 없다.

14. (   )   0) 나는 전보다 내 모습이 나빠졌다고 느끼지 않는다.
            1) 나는 매력 없어 보일까봐 걱정한다.
            2) 나는 내 모습이 매력 없이 변해버린 것 같은 느낌이 든다.
            3) 나는 내가 추하게 보인다고 믿는다.

15. (　) 0) 나는 전처럼 일을 할 수 있다.
　　　　1) 어떤 일을 시작하는데 전보다 더 많은 노력이 든다.
　　　　2) 무슨 일이든 하려면 나 자신을 매우 심하게 채찍질해야만 한다.
　　　　3) 나는 전혀 아무 일도 할 수가 없다.

16. (　) 0) 나는 평소처럼 잠을 잘 수 있다.
　　　　1) 나는 전에 만큼 잠을 자지는 못한다.
　　　　2) 나는 전보다 일찍 깨고 다시 잠들기 어렵다.
　　　　3) 나는 평소보다 몇 시간이나 일찍 깨고 한번 깨면 다시 잠들
　　　　　수 없다.

17. (　) 0) 나는 평소보다 더 피곤하지는 않다.
　　　　1) 나는 전보다 더 쉽게 피곤해진다.
　　　　2) 나는 무엇을 해도 피곤해진다.
　　　　3) 나는 너무나 피곤해서 아무 일도 할 수 없다.

18. (　) 0) 내 식욕은 평소와 다름없다.
　　　　1) 나는 요즈음 전보다 식욕이 좋지 않다.
　　　　2) 나는 요즈음 식욕이 많이 떨어졌다.
　　　　3) 요즈음에는 전혀 식욕이 없다.

19. (　) 0) 요즈음 체중이 별로 줄지 않았다.
　　　　1) 전보다 몸무게가 2kg가량 줄었다.
　　　　2) 전보다 몸무게가 5kg가량 줄었다.
　　　　3) 전보다 몸무게가 7kg가량 줄었다.

　　　　나는 현재 음식조절로 체중을 줄이고 있는 중이다……
　　　　예(　) 아니오(　)

20. (　) 0) 나는 건강에 대해 전보다 더 염려하고 있지는 않다.
　　　　1) 나는 여러 가지 통증, 소화불량, 변비 등과 같은 신체적 문제로 걱정하고 있다.
　　　　2) 나는 건강이 너무 염려되어 다른 일을 생각하기 힘들다.
　　　　3) 나는 건강이 너무 염려되어 다른 일은 아무 것도 생각할 수
　　　　　없다.

21. (　) 0) 나는 요즈음 성(Sex)에 대한 관심에 별다른 변화가 없다.
　　　　1) 나는 전보다 성(Sex)에 대한 관심이 줄었다.
　　　　2) 나는 전보다 성(Sex)에 대한 관심이 상당히 줄었다.
　　　　3) 나는 성(Sex)에 대한 관심을 완전히 잃었다.

적대적 자동적 사고 척도(HAT) *

다음은 적대적인 상황에서 우리의 머릿속에 떠오르는 여러 가지 생각들을 열거한 것입니다. 각 문장을 읽고 <u>최근 몇 주 동안</u> 얼마나 자주 이러한 생각들이 떠올랐는지를 표시해 주시기 바랍니다. 각 문장을 읽고 아래와 같이 그 빈도에 따라 적당한 숫자에 'O'표를 해주십시오.

1: 전혀 이런 생각을 하지 않는다.　　2: 가끔 이런 생각을 한다.
3: 종종 이런 생각을 한다.　　　　　4: 자주 이런 생각을 한다.
5: 항상 이런 생각을 한다.

	문 항	전혀	가끔	종종	자주	항상
1	나는 이 사람이 죽이고 싶을 정도로 밉다.	1	2	3	4	5
2	바보 같은 놈!	1	2	3	4	5
3	나는 이 사람을 순순히 보내주지 않겠다.	1	2	3	4	5
4	나는 이 사람을 죽이고 싶다.	1	2	3	4	5
5	이 사람, 몹쓸 인간이구만.	1	2	3	4	5
6	나는 이 사람에게 앙갚음 해주고 싶다.	1	2	3	4	5
7	나는 이 사람이 죽어버렸으면 좋겠다.	1	2	3	4	5
8	나는 이 멍청한 사람을 경멸한다.	1	2	3	4	5
9	이 사람이 날 괴롭혔듯이, 나도 그를 괴롭히고 싶을 뿐이다.	1	2	3	4	5
10	처벌만 피할 수 있다면, 나는 이 사람을 죽일 수도 있을 것 같다.	1	2	3	4	5
11	정말 머저리 같은 인간이 구만!	1	2	3	4	5
12	나는 복수하고 싶다.	1	2	3	4	5
13	이 인간을 실컷 두들겨 패주고 싶다.	1	2	3	4	5
14	이 사람 정말 짜증난다.	1	2	3	4	5
15	이 사람이 내게 한 것처럼 나도 이 사람에게 해주고 싶다.	1	2	3	4	5
16	이빨이 부러져 나가도록 때려주고 싶다.	1	2	3	4	5
17	도대체 이 인간이 무슨 짓을 하고 있는 거야?	1	2	3	4	5
18	나는 이 사람에게 본때를 보여줄 거다.	1	2	3	4	5
19	그 사람에게 일어났으면 하는 온갖 몹쓸 일들을 떠올린다.	1	2	3	4	5

* 신체적 공격성: 1, 4, 7, 10, 13, 16, 19, 22, 25, 26, 29.
　타인비하: 2, 5, 8, 11, 14, 17, 20, 23, 27, 30.
　보복: 3, 6, 9, 12, 15, 18, 21, 24, 28.

	문 항	전혀	가끔	종종	자주	항상
20	이 사람이 무례하다고 생각된다.	1	2	3	4	5
21	나는 이 사람을 그냥 둘 수 없다.	1	2	3	4	5
22	나는 이 사람에게 귀싸대기를 올리고 싶다.	1	2	3	4	5
23	이 인간이 제발 입 좀 닥쳤으면 좋겠다.	1	2	3	4	5
24	누가 이 사람처럼 날 공격하면, 나 역시 되받아 공격할 것이다.	1	2	3	4	5
25	나는 이 사람에게 주먹을 한방 먹이고 싶다.	1	2	3	4	5
26	나는 지금 당장 뭔가를 깨부수고 싶다.	1	2	3	4	5
27	입 닥치고 꺼져버렸으면 좋겠다.	1	2	3	4	5
28	이 사람은 쓴맛을 좀 봐야 정신을 차리겠어.	1	2	3	4	5
29	내 일을 방해하려는 사람이 있다면, 그런 사람은 혼나도 싸다.	1	2	3	4	5
30	이 사람이 날 화나게 만든다.	1	2	3	4	5

Rosenberg 자존감 질문지(SES)

> 다음은 여러분이 자신에 대해서 느낄 수 있는 여러 가지 측면들을 알아보기 위한 것입니다. 각 문장을 읽고 자신이 해당하는 정도의 숫자에 '○'를 해주십시오.

	문 항	전혀 그렇지 않다	대체로 그렇지 않다	중간 이다	대체로 그렇다	전적 으로 그렇다
1	나는 내가 적어도 다른 사람만큼은 가치 있는 사람이라고 느낀다.	1	2	3	4	5
2	나는 좋은 자질들을 많이 가지고 있는 것 같다.	1	2	3	4	5
3	대체로 나는 내가 실패자라고 생각하는 경향이 있다.	1	2	3	4	5
4	나는 대부분의 다른 사람들만큼 일을 잘 할 수 있다.	1	2	3	4	5
5	나는 자랑할 만한 것이 별로 없는 것 같다.	1	2	3	4	5
6	나는 나 자신에 대해 긍정적인 태도를 가지고 있다.	1	2	3	4	5
7	대체로 나 자신에 대해 만족하고 있다.	1	2	3	4	5
8	나 자신을 좀 더 존중할 수 있었으면 좋겠다.	1	2	3	4	5
9	나는 때때로 내가 정말 쓸모없는 사람이라고 느낀다.	1	2	3	4	5
10	때때로 나에게 좋은 점이라곤 전혀 없다는 생각이 든다.	1	2	3	4	5

수정판 일반적 태도 및 신념 척도(R-GABS) *

아래에 사람들이 생각하고 믿는 것에 대한 일련의 문장들이 기술되어 있습니다. 각각의 문장을 주의 깊게 읽어보시고 그 문장에 얼마나 동의 혹은 동의하지 않는지를 결정하시면 됩니다. 맞거나 틀린 대답은 없습니다. 여러분이 믿거나 생각하는 대로 해당되는 숫자에 '○'를 하시면 됩니다.

	문 항	전혀 동의하지 않는다	동의 하지 않는다	중간 이다	동의 한다	강하게 동의 한다
1	중요한 일들에서 실패하는 것은 참을 수 없는 일이며, 그런 일들에서 성공하지 못하는 것은 용납할 수 없다.	1	2	3	4	5
2	나는 다른 사람들이 나를 배려하지 않는 것을 참을 수 없으며, 그들이 부당하게 행동할 수도 있다는 것을 용납할 수 없다.	1	2	3	4	5
3	불편하고 긴장되고 불안한 것을 참을 수 없으며, 나는 그런 상태에 있을 때 너무 괴롭다.	1	2	3	4	5
4	내가 중요한 과제들을 잘 수행해내지 못하더라도, 나는 한 인간으로서 가치 있는 존재이다.	1	2	3	4	5
5	내가 중요한 일들을 잘 해내지 못하면, 그것은 참담한 일이 될 것이다	1	2	3	4	5
6	나는 긴장되거나 불안해지는 것을 참을 수 없으며, 나는 긴장감을 견디기가 어렵다.	1	2	3	4	5
7	중요한 사람들이 나를 싫어한다면, 이는 내가 호감이 가지 않는 나쁜 사람이기 때문이다.	1	2	3	4	5
8	나는 중요한 일에서 반드시 잘 해내야 하며, 만약 내가 잘 해내지 못한다면 나는 그것을 인정하기 어려울 것이다.	1	2	3	4	5
9	나는 사람들로부터 공정하게 대우받아야만 하며, 나는 부당한 행위를 용납하지 못할 것이다.	1	2	3	4	5

* 합리적 신념: 4, 12, 16, 20, 26, 29, 34.
  성취에 대한 집착: 1, 5, 8, 14, 22, 31, 36.
  자기비하: 7, 13, 17, 21, 30, 35.
  불편감이나 좌절에 대한 낮은 인내력: 3, 6, 10, 24, 27, 32.
  무시나 부당한 대우에 대한 과민성: 2, 9, 11, 15, 18, 19, 38.
  호감 및 인정에 대한 집착: 23, 25, 28, 33, 37.

	문 항	전혀 동의하지 않는다	동의 하지 않는다	중간 이다	동의 한다	강하게 동의 한다
10	가끔 나는 일상생활에서 겪게 되는 사소한 어려움들과 짜증스러운 일들을 매우 고통스럽게 여기며 내 인생에서 최악의 일이라도 겪은 것처럼 생각한다.	1	2	3	4	5
11	내가 다른 사람들로부터 무례하게 대해질 때, 세상에는 이처럼 못된 구제불능의 인간들이 있다는 것을 새삼 생각하게 된다.	1	2	3	4	5
12	내가 좋아하는 사람으로부터 내가 거절당하더라도, 나는 자신을 수용하고 여전히 한 인간으로서 나의 가치를 긍정할 수 있다.	1	2	3	4	5
13	나에게 매우 중요한 일들을 잘 해내지 못한다면, 이는 내가 보잘 것 없는 나쁜 사람이기 때문이다.	1	2	3	4	5
14	중요한 일을 잘 못하는 것은 참을 수 없는 일이며, 만약 그런 일이 나에게 일어난다면 그것은 끔찍한 일이라고 생각한다.	1	2	3	4	5
15	사람들이 나를 무례하게 대할 때, 나는 그런 행동이 매우 나쁜 짓이라고 생각한다.	1	2	3	4	5
16	사람들이 내게 무례하게 행동하는 것을 좋아하지 않지만, 그들로부터 존중을 받지 못하더라도 나는 참을 수 있다.	1	2	3	4	5
17	내가 좋아하는 사람들이 나를 거부하거나 싫어한다면, 이는 내가 나쁘거나 하찮은 사람이기 때문이다.	1	2	3	4	5
18	나는 부당하게 대우받는 것을 참을 수 없으며, 부당한 행동은 용납될 수 없다고 생각한다.	1	2	3	4	5
19	어떤 사람이 나를 매우 부당하게 대하면, 나는 그가 나쁘고 무가치한 인간이라고 생각한다.	1	2	3	4	5
20	내가 좋아하는 사람이 나를 좋아하지 않는 것은 실망스러운 일이지만, 이것은 불운한 것일 뿐 지독히 고통스러운 일은 아니라고 여긴다.	1	2	3	4	5
21	중요한 사람들이 나를 싫어한다면, 이는 내가 얼마나 무가치한 사람인가를 보여주는 것이다.	1	2	3	4	5
22	중요한 일을 잘 해내는 것은 필수적이므로, 나는 그러한 일들에서 반드시 잘 해내야만 한다.	1	2	3	4	5
23	나는 다른 사람들로부터 존중받아야만 하며, 만약 내가 존중받지 못한다면 나는 그것을 인정하지 못할 것이다.	1	2	3	4	5

	문 항	전혀 동의하지 않는다	동의 하지 않는다	중간 이다	동의 한다	강하게 동의 한다
24	살아가면서 겪는 사소한 문제들이 내게는 몹시 두려운 일이며, 나는 그런 문제에 부딪히는 것을 매우 끔찍스럽게 여긴다.	1	2	3	4	5
25	어떤 사람들이 나를 싫어하는 것을 참을 수 없으며, 그들이 나를 싫어할 수도 있다는 것을 인정할 수 없다.	1	2	3	4	5
26	성가신 일들로 짜증이 나더라도, 나는 성가심으로 인한 짜증들을 참아낼 수 있다.	1	2	3	4	5
27	긴장감, 초조감, 좌절감을 경험하는 것이 내게는 매우 괴롭고 두려운 일로 여겨지며, 그런 감정들을 느끼는 것은 내게 일어 날 수 있는 최악의 일로 생각된다.	1	2	3	4	5
28	중요한 사람들로부터 호감을 얻는 것은 매우 중요하며, 만약 그들이 나를 좋아하지 않는다면 나는 그것을 받아들일 수 없을 것이다.	1	2	3	4	5
29	사람들이 대부분의 경우 나를 공정하게 대해주기를 원하지만, 단지 내가 그러길 원한다고 해서 그들이 나를 공정하게 대우해야 한다고 생각하지는 않는다.	1	2	3	4	5
30	내가 여러 가지 어려움에 봉착하고 나의 인생이 괴롭게 느껴질 때, 나는 이러한 이유로 내 자신을 무가치한 사람이라고 생각하게 된다.	1	2	3	4	5
31	내가 중요한 일들을 잘 처리 못한다면, 그것은 끔직한 일이 될 것이다.	1	2	3	4	5
32	나는 살면서 겪게 되는 사소한 괴로운 일들을 참기 어렵다.	1	2	3	4	5
33	나는 내가 원하는 사람들로부터 호감과 인정을 받아야 하며, 만약 그들이 나를 좋아하지 않는다면 나는 그것을 받아들일 수 없을 것이다.	1	2	3	4	5
34	내가 좋아하는 사람들로부터 사랑과 인정을 받고 싶지만, 단지 내가 그러길 바란다고 해서 그들이 날 좋아해야 한다고는 여기지는 않는다.	1	2	3	4	5
35	생활 속에서 불편함이나 사소한 어려움들을 겪을 때, 나는 내가 좋은 사람이 아니라고 생각하는 경향이 있다.	1	2	3	4	5
36	중요하다고 여기는 일들에서 나는 반드시 성공해야 하며, 만약 성공에 이르지 못한다면 나는 그것을 용납하지 못할 것이다.	1	2	3	4	5
37	나를 좋아해 주었으면 하는 사람들이 나를 인정해 주지 않거나 거절할 때, 나는 그들이 나를 싫어한다는 것을 참을 수 없다.	1	2	3	4	5
38	사람들이 나를 무례하게 대한다면, 이는 그들이 얼마나 나쁜 사람들인가를 보여주는 것이다.	1	2	3	4	5

<부록 2>

자기이해와 개발을 통한

분노조절인지행동프로그램

- 인지적 재구조화
  - 분노표현 연습
    - 이완훈련에
    기초한 분노조절 치료집

목 차

제1회기
프로그램 소개 및 구조화

● 목 적
- 집단 구조화
- 분노조절 인지행동치료에 대한 개괄적인 이해

● 회기요약
- 프로그램소개
- 집단규칙 주지시키기
- 집단원 소개하기
- 집단 참여 동기 및 집단에 대한 기대 나누기
- 교육: 분노의 부정적인 영향과 긍정적인 영향
- 분노유발상황 기록해보기

● 회기진행과정

1. 소 개

(1) 진행자 소개

(2) 집단원 자기소개
- 별칭을 각자 정하게 하고 그 별칭을 짓게 된 배경에 대해서 간략하게 얘기한다.
- 2분간 자기소개
  형식적인 자기소개는 자제하고 한 인간으로서 자신을 타인에게 진솔하게 알린다는 생각으로 소개한다.

가. 나는 누구인가?

    —나의 장점과 단점

    —나의 성격은?

    —나에게 가장 소중한 것은?

    —나의 꿈은?

나. 분노조절 집단에 참여하게 된 동기는?

2. 프로그램 소개

(1) 진행자 소개

(2) 프로그램 운영: 주 2회 또는 주 1회, 매 회기 2시간에서 2시간 반씩 총 10회기

    * 비상연락처: 880-****

(3) 분노조절 프로그램의 목적

가. 자기이해

    · 분노 경험 시 나의 신체증상 자각하기

    · 분노를 일으키는 나의 사고양상 및 내용 파악하기

    · 부적응적인 나의 분노표현양상은?

나. 자기개발
  · 분노 흥분 시 자기통제력 유지 - 이완훈련
  · 분노시 나를 괴롭히는 부적응적인 사고 중단시키기 - 분노차
    단 행동기법
  · 적응적이고 건설적인 대처사고 혹은 대처반응 숙달하기 - 인
    지적 재구조화
  · 건강한 분노표현 방법 숙달하기 - 분노표현 연습

(4) 프로그램 내용

■ 인지행동치료란?

  감정(예, 분노, 우울, 불안……), 인지(생각), 행동(생리적 현상
포함) 이 세 가지는 인간의 주요한 경험 차원으로 서로 밀접히
영향을 주고받으며, 경험적으로 어떤 것이 먼저인지 분명하지 않
은 경우가 많다. 분노를 비롯해서 부정적인 감정들을 감소시키기
위해서 감정 자체에 개입해서 이를 줄이는 것은 어려운 일이다.
그에 비해서 생각과 행동은 비교적 구체적이고 분명히 의식될 수
있기 때문에, 부정적인 감정을 다루기 위해서 생각과 행동에 치
료적으로 개입하는 것은 용이하다.
  인지행동치료에서는 부정적인 감정을 감소시키기 위해서 부정
적인 감정경험에 직접적으로 영향을 미치는 생각과 행동을 찾고
이를 수정하는데 주안점을 둔다. 생각과 행동이 바뀌면 감정도
달라진다는 것은 인지행동치료의 가장 기본적인 가정으로, 이를
의심하는 임상가는 어디에도 없다.

가. 행동적 치료 요소
  · 이완훈련
  · 분노차단 행동기법

· 적응적인 분노표현 연습

나. 인지적 치료 요소: 인지적 재구조화
  · 일차적 및 이차적 분노사고 파악하기
  · 인지적 오류와 비합리적 신념 논박하기
  · 적응적인 대처사고 숙달하기

■ 회기별 구성

  1회기: 프로그램 소개 및 구조화
  2회기: 신체증상 자각, 근육이완훈련 연습
  3회기: 자동적 사고와 분노차단 행동기법 연습
  4회기: 인지적 재구조화 I
      ─ 자동적 사고의 인지적 오류 수정하기
  5회기: 분노표현 연습 I
      ─ 나─메시지 연습
  6회기: 인지적 재구조화 II
      ─ 적응적 대처 사고 연습
  7회기: 분노표현 연습 II
      ─ 분노의 기저 감정 파악하기
  8회기: 인지적 재구조화 및 의사표현 연습 I
  9회기: 인지적 재구조화 및 의사표현 연습 II
  10회기: 복습 및 마무리

(5) 강조점

  · 출석(4번 이상 불참하면 남은 회기에는 참석할 수 없음을 강조)
  · 연습이 최선이다.

· 회기 밖에서의 과제 수행의 중요성
· 적어보는 수행의 중요성

3. 집단 규칙 주지시키기

"가능한 시간을 효율적으로 사용하기 위해서 규칙이 필요합니다."

· 가능한 정직하고 솔직하게 이야기합시다.
· 자발적이고 적극적으로 참여합시다.
· 집단에서 이루어진 어떤 것이라도 집단 밖에서 화제로 삼지 맙시다.
· 서로를 수용하고 격려합시다. 다른 집단원을 비판하지 않도록 노력합시다. 비판이나 비난보다 긍정적인 피드백을 줍시다.
· 당신 자신에 관한 이야기를 합시다.
· 숙제를 반드시 해옵시다.

* 기타 주의사항
· 집단 시작 시간을 엄수해 주시고, 특별한 사정으로 참석하지 못할 경우에는 사전에 집단 진행자에게 꼭 연락합시다.
· 나 한 사람의 결석이나 도중하차가 집단 전체에 나쁜 영향을 미칩니다. 가능한 결석 없이 끝까지 참석해 주시기 바랍니다.

4. 집단 참여 동기 및 집단에 대한 기대 나누기
  : 내가 생각하는 나의 분노관련 문제는?

① 아래 두 주제에 대해서 집단원들의 얘기를 들어 본다. 이를 위해서 두 항목에 대해서 기재할 수 있는 양식지(양식 1-1)를 나눠주고 작성한 사람부터 자발적으로 얘기해 보도록 한다.

· 분노 문제가 내 삶에 끼친 부정적인 영향은?
· 나의 분노 문제가 해결되었을 때 기대되는 긍정적인 결과는
  (혹은 이후에 달라진 나의 삶은)?

☞ 기대효과

　집단참여의 필요성과 집단에 대한 기대를 다른 집단원들과 공유해봄으로써 집단참여에 대한 동기를 고취시키는데 일차적인 목적이 있으며, 다음으로 집단에 대한 비현실적인 기대가 있다면 이를 현실적으로 조정해 주는데 목적이 있음.

② Deffenbacher가 제안한 3가지 분노장애 유형에 대해서 설명하고 각자 어디에 속하는지 얘기해 보자.

· 적응성 분노장애 – 최근 3개월 이내에 심한 스트레스를 경험
　　　　　　　　　　　했고 그 일로 인해서 화가 자주 난다.
· 상황성 분노장애 – 특정상황이나 관계에서만 유독 화가 난다.
　예) 배우자나 여자친구의 잔소리에 화가 난다.
　　　내 권위가 도전받는다거나 이용당한다고 생각될 때 화가
　　　난다.

· 일반화된 분노장애 – 다양한 상황에서 화가 나는 것으로 만성적이고 전반적인 상황에서 화가 난다.

③ 나의 분노 수준은?

　프로그램 시작 전에 받은 분노 질문지를 채점하고 그 점수를 집단원에게 알려준다. (분노 규준표 참고)

· Spielberger의 특질분노 수준:

· 공격성의 수준:
· 신체적 공격성 수준:
· 언어적 공격성 수준:

5. 교육: 분노의 부정적인 영향과 긍정적인 영향(15분)

(1) 분노의 부정적인 영향

분노가 상황을 고려했을 때 적절한 수위이고, 공격적이거나 자기 파괴적인 행동을 일으키지 않는 한, 단기간에 걸친 분노는 크게 문제가 되지는 않는다. 하지만 장기간에 걸쳐서 강하고 빈번하게 분노를 경험하는 것은 삶의 여러 가지 측면에 해를 끼친다: 행복감을 느끼는 능력, 타인과의 관계를 즐기는 능력, 원하는 것을 성취하기 위해서 효율적으로 기능하는 능력. 분노는 사고, 생리적인 반응, 행동에 영향을 미친다.

① 사고 – 화가 나게 되면 생각을 분명하고 이성적으로 하기가 어렵게 된다. 당면한 문제에서 주의가 벗어나 상대방의 부당함이나 사악함, 지각된 위반사항에 주의를 두게 된다. 그래서 분노감정은 점점 더 커지게 된다. 분노감은 계속 지속되고 반추적인 사고를 통해서 더욱 증가하게 된다.

② 생리적 반응 – 만성적으로 분노감을 경험하게 되면 우리 신체는 만성적으로 긴장되고 흥분된 상태를 유지하게 되고, 결국 심혈관계 질환을 초래하거나 다른 신체적인 이상을 초래하기 쉽다.

③ 행동－분노를 공격적으로 표현하는 것은 상대방에게 겁을 줄
수는 있겠지만, 우리가 원하는 것을 얻게 해주지는 않는다. 공
격적인 행동은 사람들이 자신으로부터 떠나게 만든다. 자신을
경계하고 조심하게 만들뿐이다.

수동－공격적인 행동은 드러내고 공격하지는 않지만, 침묵이나
외면과 같은 행동으로 상대방에게 상처를 주는 행동이다. 상대
방을 무시하거나 멀리할 수 있고 말을 단조롭고 차갑게 받아줄
수도 있다. 수동－공격적인 행동은 상대방의 기분을 상하게 할
수는 있지만, 건강한 관계를 유지하는 방법은 못된다.

(2) 분노의 긍정적인 기능

① 생존
만약 분노가 없다면 인간이라는 종은 아마도 이 시대까지 살아
남지 못했을 것이다. 분노는 싸움을 위해서 필요한 요소다. 분노
각성 상태에 관여하는 아드레날린이라는 화학물질은 상처를 입었
을 때 싸움을 지속할 수 있도록 통증에 둔감하게 만든다. 분노는
또한 싸우는 대상에 주의를 집중할 수 있게 터널성 시야효과를
가능케 한다. 싸우는 동안 개인의 에너지가 쉽게 다른 곳으로 전
환되지 못하게 하며 이를 통해서 싸움에 집중할 수 있게 한다.

② 의사소통
위협과 방해물을 제거하기 위한 의사표현이다.

③ 동기화
어떤 사람이 건설적으로 분노를 사용한다면, 분노는 변화를 위
해서, 개인의 욕구충족을 위해서, 바라는 목적달성을 위한 추진력
으로 작용한다.

④ 정신적인 보호

인간의 존엄성, 주체성, 자존심을 보호하는 기능을 한다. 자신이 무시당하거나, 비웃음을 당하거나, 고통 받고 있다고 생각할 때 분노가 일어난다. 분노는 남에게 속거나, 과소평가 당하거나, 공격받는 것에 대해서 스스로 일어서서 방어할 수 있도록 용기를 북돋아 준다. 분노는 "너는 그런 식으로 나를 대할 권리가 없다" 라고 말하는 나의 한 부분이다.

==> 분노는 도끼와 같다. 그것 자체로는 위험하지 않다. 분노는 많은 기능을 가지고 있다. 사람이 분노를 적합하게 사용하는 법을 배우지 않으면 그것은 파멸을 초래할 수 있다.

6. 분노유발 상황 기록해 보기

분노 상황 기록지(양식 1-2)를 나눠주고 각자 작성 후 돌아가며 발표한다.

☞ 기대효과
· 치료자가 개인별 취약한 분노 유발 상황 파악
· 집단에서의 자기개방 연습
· 분노상황 기록 연습

7. 과제소개

· 다음 상담시간까지 분노경험일지 I (양식 1-3)작성(날짜, 상황, 분노수준)

☞ 화가 크게 나는 상황을 경험하지 않았더라도 사소한 불쾌감이

나 짜증을 경험한 경우라도 기록해 오도록 주지시킨다. 만약 부득이 하게 화나는 일이 없었다면 이전 경험을 기억해서라고 하루에 하나씩은 꼭 적어오도록 지시한다.

※ 과제 수행의 중요성 강조

"매 회기가 끝날 때마다 제가 다음 시간까지 혹은 다음 주까지 해 오셔야 할 과제물을 나눠드릴 것입니다. 과제에 따라서는 상당한 노력이 필요한 것도 있습니다. 본 프로그램은 과제를 성실히 수행해 오셔야 그 날 프로그램에 참여하는데 어려움이 없습니다. 부디 과제를 빠지지 않고 작성해 오셔서 그 날 프로그램 참여에 지장이 없으시길 바랍니다. 처음에는 과제를 하는 게 성가시고 귀찮게 여겨지기도 하겠지만 몇 번 반복해서 하다보면 익숙해지실 겁니다. 과제를 완성하는데 어려움이나 문제점이 있으면 이 시간에 말씀해 주세요. 저를 비롯해서 여기 참여한 모든 분들이 기꺼이 도움이 되어 드리겠습니다."

8. 마무리

"오늘 분노조절집단프로그램 첫모임을 가졌습니다. 첫 모임을 마친 지금 여러분들 각자가 어떤 상태인지, 그리고 첫 모임이 어떠셨는지 간단하게 돌아가면서 얘기를 나눈 뒤에 오늘 모임을 마치도록 하겠습니다."

"마지막으로 질문사항이나 건의사항이 있으면 얘기해 주세요."

"다음 시간에 참석하기 어려운 분 있으세요?"

"나머지 분들은 모두 다음 시간에 뵙겠습니다."

"자, 오늘 모임은 이제 끝이 났습니다. 다들 더운 날씨에 고생이 많으셨습니다. 안녕히 가세요."

<양식 1-1>

※ 내가 생각하는 나의 분노관련 문제는?

■ 분노 문제가 내 삶에 끼친 부정적인 영향은?

①

②

③

④

■ 나의 분노 문제가 해결되었을 때 기대되는 긍정적인 결과
는(혹은 이후에 달라진 나의 삶은)?

①

②

③

<양식 1-2>

분노 상황 기록지

누구나 반복적으로 화가 심하게 나는 상황이 있습니다. 다음은 당신이 반복적으로 심하게 화가 나는 상황을 구체적으로 알아보기 위한 기록지입니다. **과거에도 자주 경험했고 앞으로도 자주 경험하게 될** 상황에 대해서 자세히 기록하시면 됩니다.

자주 경험하게 되는 가장 화나는 상황을 한번 떠올려 보세요. 적어도 한 달에 한번 이상으로 자주 일어나는 상황이어야 합니다. 아래의 지시에 따라 그 상황에 대해서 가능한 자세히 기록하시면 됩니다.

● **화나는 상황에 대한 기술(언제, 어디서, 누구와, 무엇을):**

_____

1. 그 상황에서 화가 **얼마나 많이** 나셨습니까? 그 상황에서 평균적으로 경험하는 화나는 정도를 적으시면 됩니다. 전혀 화가 나지 않은 수준을 0점으로, 지금까지 살아오면서 가장 화가 났던 수준을 100점으로 여기십시오.
   - 화가 난 정도(0-100): _____ 점

2. **한 달 동안에** 그런 상황을 몇 번이나 경험하십니까?(예, 한 달에 4번)

   - 빈도: 한 달에 _____ 번

3. 그 상황에서 한번 화가 나면 화나는 감정이 **대체**로 얼마동안 지속됩니까?
   - 지속기간: _____ 분

4. 그 상황에서 경험하는 화나는 감정으로 인해서 당신의 생활이 얼마나 지장을 받습니까?(0=전혀 받지 않는다/1=약간 지장을 받는다/2=웬만큼 지장을 받는다/3=꽤 지장을 받는다/4=아주 심하게 지장을 받는다)

   - 지장의 정도: _____

<양식 1-3>

분노경험일지 I

날 짜	상 황	분노수준(0-100)

제2회기
신체증상 자각, 근육 이완훈련 연습

● 목 적
　　· 분노유발 상황에서 보이는 신체 증상 자각 연습하기
　　· 근육 이완훈련 연습

● 회기요약
　　· 분노 상황 신체증상 자각하기
　　· 분노표현 양상과 신체증상과의 관련성 이해하기
　　· 근육 이완훈련의 필요성 소개 및 연습

● 회기진행과정

1. 워밍업 활동: "쿠키 상자" 활동(진행자 재량껏, 필요 없으면
   생략 가능)

　　■ 목적: 1) 긴장 풀어주기,
　　　　　　 2) 활동 수준을 증가시키고 집단에 참여도 높이기,
　　　　　　 3) 집단원간 친밀감 증진시키기

　　■ 방 법:
　　1) 상자를 준비하고, 안에 여러 가지 활동들이 쓰여진 종이를 접
　　　 어 넣는다. 이때, 아주 초보적이고 누구나 할 수 있는 활동들
　　　 을 종이에 쓰도록 한다. 활동의 예는 다음과 같다.
　　　 "안경을 낀 집단원에게 가서 악수를 청하세요."
　　　 "키 큰 순서대로 집단원을 줄 세우세요."

2) 집단원들에게 다음과 같이 말한다.

　　"자, 앞에 있는 상자에는 어떤 활동이 적힌 종이들이 있습니다. 차례로 한 사람씩 나가서 종이를 뽑아 읽으십시오. 종이에 적힌 활동을 지금 하십시오."

2. 과제확인 및 피드백 주기

　과제 수행 정도를 확인하고 과제수행과 관련된 어려움이나 의문사항이 있는지 물어본다.

3. 분노 상황 떠올려 보기

： 분노 상황에서 경험하는 신체 증상과 자신의 대처 양상을 구체적으로 살펴본다.

· 최근에 화가 자주 나는 사람이 있으면 한 명 떠올리게 한다.
· 그 사람과 있었던 화가 나는 상황을 눈을 감고 생생하게 떠올리게 한다.
　이때 가능한 최근 경험을, 그리고 가능한 화가 많이 났던 상황을 떠올리게 한다.
· 경험이 생생하게 떠오른 사람을 손을 들어보게 하고, 대부분의 사람이 경험을 떠올리는데 어려움이 없으면 눈을 뜨게 한다.
· 화가 났던 상황을 얘기하게 하며, 그 당시 경험했던 <u>신체 증상, 대처행동, 실제로 하고 싶었던 행동</u>을 양식 2-4에 기록해보고 각자 얘기 해보게 한다.

4. 분노 상황 신체증상 자각하기: 분노의 초기 신호 발견하기

　화를 조절하기 힘든 상태라는 것을 말해주는 신호들을 미리 깨달을 수 있다면 도움이 된다. 이러한 신호들을 깨닫게 되면 파괴적인 분노를 줄일 수 있다. 분노는 도움이 될 수도 있고, 파괴적일 수도 있기 때문에 언제 분노가 파괴적인 쪽으로 움직여 가는가를 깨닫는 법을 배운다면 분노를 좀 더 건설적으로 사용하고 조절할 수 있는 다양한 방법을 활용할 수 있게 될 것이다.

많은 사람에게 나타나는 파괴적인 분노의 초기 경고 신호는 다음과 같다: 몸이 떨리고, 근육이 긴장되고, 이를 악물고, 가슴이 눌리고, 소리를 지르고, 주먹을 쥐고. 만일 여러분이 이러한 신호들을 자각하게 되면, 잠시 멈춰서 다음에는 어떻게 할 것인지 생각해 보는 것이 중요하다. 즉 계속 화를 낼 수도 있고, 아니면 마음을 진정시키는 여러 가지 방법들을 사용할 수도 있을 것이다.

(1) 신체증상 기록지(양식 2-1)를 나눠주고 각자 작성하도록 지시하고 돌아가며 발표하도록 한다.

"화가 나게 되면 자율신경계가 흥분하게 되고 그에 따른 생리적인 변화가 신체에 일어나게 됩니다. 흔히 이는 흥분상태로 경험되는데, 이때 신체에 어떤 변화가 일어나는지를 자각하는 것이 화를 조절하는데 아주 중요합니다. 화가 나면 신체적으로 몹시 흥분한 상태가 되기 때문에 이에 압도되어서 충동적으로 행동하거나 다른 부적절한 행동을 하기가 쉽습니다. 이를 방지하기 위해서는 자신이 화가 났다는 것을 신체 증상을 통해서 빨리 알아채는 것이 아주 중요합니다. 일단 화나는 상황에서 신체 증상을 빨리 자각하게 되면 그 만큼 화나는 흥분 상태를 가라앉히거나 도움이 되는 방향으로 조절하기가 쉽습니다. 신체증상 기록지를 나눠드릴 테니 잘 읽어보시고 작성해 보세요."

(2) 과제로 작성해온 분노 경험일지를 보고 각각의 상황에서 신체적 증상과 행동반응을 기록하게 한다(신체증상 및 행동 반응

기록지를 나눠준다. 양식 2-2).

☞ 신체증상과 행동 반응은 이번에 과제로 나갈 분노경험일지에 새롭게 추가되어 기록할 내용임을 주지시킨다.

5. 나의 분노표현 양식은?

세 가지 분노표현 양식에 대해서 설명해주고 각자는 어디에 해당되는지 살펴보게 한 다음에, Spielberger의 분노표현 척도 결과와 얼마나 일치하는지를 비교해 본다.

① 분노표출: 화가 나면 이를 겉으로 표현하는 것으로, 신체적으로 혹은 언어적인 공격행동을 겉으로 보인다.
② 분노억제: 화가 난 것을 내색하지 않으며, 오히려 겉으로는 태연한척한다. 하지만 속으로는 화가 나 있다. 따라서 다른 사람은 본인이 화가 났다는 것을 짐작하기 어렵다.
③ 분노통제: 화가 난 자신의 모습을 돌아보고 화가 부적절하게 표현되는 것을 통제하면서 화를 적응적으로 가라앉히려고 시도한다.

☞ 분노표출과 분노억제가 다양한 신체 증상을 유발시키는 데 기여하고 있음을 이해하고 넘어 간다.

6. 이완훈련 연습(60분)

(1) 이완훈련의 필요성 강조: 이완＝통제!

당신이 원할 때 당신을 이완시킬 수 있다면, 그것은 단지 화를 멈추는 것 이상의 선물을 당신에게 가져다준다. 이완은 당신이 그 순간에 당신 자신을 통제하고 있다는 것을 의미한다. 이완이 되었을 때, 당신은 보다 명료하고 신속하게 생각할 수 있다. 당신에게 놓여진 선택들을 이성적으로 보게 되고 최선의 선택을 할 수 있을 것이다.

(2) 근육 이완훈련 소개

① 근육 이완훈련의 이론적 배경

우리가 스트레스 상황에 처하면 긴장을 느끼는데 이때 우선 긴장을 풀어주면, 즉 이완하게 되면 어떻게 대처할 지 생각해 볼 여유가 생긴다. 이완 훈련의 원리를 간단히 말하면 긴장과 이완은 공존할 수 없다는데 기초를 두고 있다. 긴장보다 이완을 더 크게 함으로써 긴장을 해소시키는 것이다. 심리적 긴장과 신체적 긴장은 항상 함께 수반되는데, 심리적 긴장을 풀어주면 신체적 긴장도 소멸된다. 반대로 신체적 긴장을 풀어주면 심리적 긴장도 소멸된다. 여기서는 주로 신체적(근육) 긴장을 풀어주는 방법을 배워보도록 하겠다.

이 훈련은 '차렷' 자세에서 '편히 쉬어' 자세로 바꾸거나, 잘 모르는 손님이 오서서 어색하게 긴장되어 앉았다가 손님이 가고 난 뒤 소파에 몸을 기대앉으면 몸에 힘이 빠지면서 느껴지는 것과 같은 편안함을 느끼도록 하는 훈련이다. 이렇게 몸에 힘을 빼면 긴장이 줄어들고 마음이 편안해 진다. 이런 편안함을 긴장감과 대립되는 것으로 이완감이라 하며 이러한 이완감을 느끼도록 하는 훈련이 이완훈련이다.

하루 10분 정도, 가능한 시간과 장소를 정해서 실시하는 것이 좋다. 단, 식후 2시간 이내는 피하고, 아침에 일어나서나 잠자기 전에 하는 것이 좋다.

② 긴장감과 이완감 느껴보기

"이완감과 긴장감이 어떤 것인지 실제 행동을 통해 구분해 보도록 하겠다."

* 주먹을 이용해서 설명

근육이 긴장되었을 때와 이완되었을 때를 주먹을 쥐었다 폈다 하는 것을 통해서 알아보자. 5초간 가능한 세계 주먹을 쥐어 본다. 그 다음에 천천히 주먹을 핀다. 주먹을 쥐었을 때와 폈을 때 느껴지는 차이가 있을 것이다. 몇 번 더 해본다.

- <u>근육의 외양 비교</u> 주먹을 꽉 쥐었을 때와 폈을 때 어떤 차이가 눈에 들어오는가?
- <u>근육 느껴보기</u> 주먹을 꽉 주었을 때 다른 손으로 긴장된 근육을 만져봐라. 어떤 감각이 느껴지는가? 주먹을 폈을 때의 감각과 어떤 차이가 있는가?
- <u>이제 눈을 감고 해보자</u> 주먹을 꽉 쥐어보자. 어떤 감각이 느껴지는가? 팽팽함, 묵직함, 통증, 따뜻함. (5초 뒤) 자 이제 주먹을 펴 보자. 어떤 느낌인가? 두 감각이 어떻게 다른지 구별해보자.

근육이 긴장되었을 때와 이완되었을 때, 어떻게 달리 느껴지는지를 알아보았다. 지금 했던 것과 같이 근육을 긴장시켰다 이완시키는 동작을 신체 모든 부위에 걸쳐서 체계적으로 해나가는 것이 근육 이완 훈련이다.

③ 근육 이완훈련 준비

근육 이완훈련을 하기 위해서는 먼저 조용하고 편안한 장소를 찾아야 한다. 편안한 의자에 앉아서 할 수도 있고 침대나 이불에 누워서 할 수도 있다. 다리나 팔을 꼬는 것과 같이 신체 부위에 스트레스를 주는 일이 없도록 한다.

앉아 있는 상태면, 편안하게 다리는 바닥에 내려놓고 팔은 허벅지 위에 자연스럽게 올려놓는다. 누워있으면, 팔과 다리는 자연스럽게 내려놓는다. 앉아있던 누워있던 몸에 물리적인 스트레스가 없도록 한다.

(3) 근육 이완 훈련 실시

요 약
※ 아래 열거된 신체 각 부위별로, 긴장시켰다 이완시킨다.
　양손→ 양팔 → 양발 → 양다리
　→ 아랫배 → 가슴
　→ 어깨 → 목
　→ 턱 → 눈→ 아랫이마

편안한 자세를 취합니다. 자, 눈을 감고 깊게 숨을 쉬어봅니다.

(약 10초 후) 이제부터 이완훈련을 시작하겠습니다.
양손 주먹을 꼭 쥐어서 양손 근육을 긴장시켜 봅니다. 팔, 손, 손가락에 차츰 증가하는 긴장감을 느껴봅니다. (약 7초 후). 이제 긴장을 풀고 손과 팔을 이완시킵니다. 손에서 느껴지는 따뜻하고 묵직해오는 느낌에 주의를 모아 봅니다. 근육을 긴장시켰을 때와 풀어주었을 때의 느낌을 비교해 보세요. 이완된 손의 느낌을 계속 느껴보세요.

(약 10초 후) 양 팔 근육을 긴장시켜 봅니다. 팔을 들어 굽히고(알통을 만들 듯이) 팔에 힘을 주어 보세요. 팔, 어깨, 등으로 긴장감이 차츰 증가하는 것에 주의를 기울입니다. (약 7초 후) 팔의 힘을 빼고 팔이 힘없이 떨어지도록 내버려두세요. 양쪽 팔 근육을 긴장시켰을 때와 풀어주었을 때의 느낌을 비교해 보세요. 팔이 묵직하고

따뜻해 오는 것을 느껴보고 이완된 느낌에 주의를 모아보세요.

(약 10초 후) 자, 이제 발과 다리의 근육을 긴장시킬 차례입니다. 양발을 들고 몸의 바깥쪽(혹은 몸쪽)으로 발끝을 쭉 뻗어봅시다. 양발과 다리의 근육에 힘이 들어가고 긴장된 것을 느껴야 합니다. (약 7초 후) 자, 이제 편안하게 풀어주시고, 긴장했을 때와 이완했을 때의 차이를 음미해 보세요.

(약 10초 후) 이번에는 양 허벅지의 근육을 긴장시켜 봅시다. 두 다리를 모아들고 허벅지를 서로 눌러주세요. 근육의 긴장을 느끼세요. (약 7초 후) 네, 이제 편안하게 풀어주시고, 다리가 긴장되었을 때와 이완되었을 때를 비교해 보세요.

(약 10초 후) 자, 이제 아랫배의 근육을 긴장시켜 봅시다. 아랫배를 들여보낸 채 가만히 계십시오. (약 7초 후) 자, 편안하게 아랫배 근육을 이완시켜 주세요. 긴장되었을 때와 이완되었을 때를 비교해 보세요.

(약 10초 후) 이제 가슴의 근육을 긴장시켜 봅시다. 숨을 들이쉰 다음 가슴을 조금 위로 당기고 멈추세요. (약 10초 후) 자, 숨을 내쉬면서 편안하게 이완시켜봅시다. 가슴의 근육이 긴장되었을 때와 이완되었을 때의 차이를 음미해 봅시다.

(약 10초 후) 이완이 점점 깊어 갑니다. 자신의 호흡을 관찰해 보세요. 아주 규칙적으로 호흡하고 계십니다. 한번 들이쉴 때마다 이완이 깊어 갑니다. 한 번씩 내쉴 때마다 편안한 이완감이 온몸 구석구석 퍼져갑니다.

자, 이번에는 어깨를 긴장시켜 봅시다. 어깨를 귀까지 올려주세요.

(약 7초 후) 자, 이제 어깨 근육을 편안하게 풀어주십시오. 어깨근육을 긴장시켰을 때와 이완되었을 때의 차이점을 음미해 보세요.

(약 10초 후) 자, 목의 근육을 긴장시켜 봅시다. 목뒤의 침대나 목받침을 목으로 지그시 누르듯 목에 힘을 줍니다. (약 7초 후) 편안하게 힘을 빼시고 목의 근육이 긴장되었을 때와 이완되었을 때를 비교해 보십시오.

(약 10초 후) 자, 눈의 근육을 긴장시켜 봅시다. 눈을 꼭 감고 계세요. (콘택트 렌즈를 낀 경우는 너무 꼭 감지 않도록 주의)(약 7초 후) 자, 편안하게 눈의 근육을 풀어주시고, 눈의 근육을 긴장시켰을 때와 이완시켰을 때를 비교해 보세요.

(약 10초 후) 이번에는 아랫이마를 긴장시켜 봅시다. 양 눈썹을 모으고 미간을 찌푸려주세요. (약 7초 후) 자, 이제 편안하게 이마 근육을 풀어보세요. 아랫이마를 긴장시켰을 때와 이완시켰을 때를 비교해 보세요.

(약 10초 후) 더욱 깊은 이완 상태로 들어가도록 도와드리겠습니다. 하나부터 다섯까지 세겠습니다. 제가 세는 동안 점점 더 깊게 그리고 편안하게 이완되고 풀어져서 아주 고요한 휴식상태로 들어갈 것입니다. 하나, (약 5초 후) 둘, (약 5초 후) 셋, (약 5초 후) 넷, (약 5초 후) 다섯. 아주 깊고 고요한 휴식상태입니다.

편안한 이완상태를 유지하면서 이번에는 호흡에 주의를 기울여 보세요. 조용히 복식 호흡을 계속하십시오.

(약 20초 후) 복식호흡을 계속 하시면서 한번 상상해 보세요. 목욕+

탕에 혼자 몸을 담그고 있는 자신을 그려보세요. 물은 알맞게 따뜻하고, 수증기가 보이고, 향긋한 비누 내음이 느껴집니다. 목까지 차는 따뜻한 물에 몸을 담그고 있습니다. 팔로 물을 휘저어 보세요. 물결이 일어나면서 간지러움이 내 피부를 통해 전해집니다. 편안하고 느긋하게 그 물결을 느껴봅니다. 계속 이 장면을 그려봅니다.

(약 1분 후) 자, 이제 깨어날 시간입니다. 다섯에서 하나까지 세겠습니다. 지금부터 점점 정신이 들 것입니다. 둘에 눈을 떠주세요. 하나를 셀 때는 평소의 각성 상태로 돌아갑니다. 다섯, (약 3초 후) 넷, (약 3초 후) 셋, (약 3초 후) 둘, 눈을 떠주세요. (약 3초 후) 하나. 아주 상쾌한 느낌입니다.

☞ 매일 시간을 정해 놓고 한 번 이상씩 꾸준히 연습하도록 지시한다.

7. 과제소개
· 분노경험일지Ⅱ(양식 2-4) 작성
· 근육이완훈련 기록지(양식 2-3) 작성

8. 토의 및 평가
이번 활동을 통해서 새롭게 느낀 점이나 배운 점, 의문사항 토의

<자료물 2-1>

근육 이완 훈련 연습용 자료

····· 눈을 감고 편안한 자세를 취한다. 깊게 숨을 규칙적으로 내쉰다.

1. (약 10초 후) 양손 주먹을 꼭 쥐어서 양손 근육을 긴장시킨다. (약 7초 후). 긴장을 풀고 손과 팔의 이완감을 느껴본다. 근육을 긴장시켰을 때와 풀어주었을 때의 느낌을 비교해본다.
2. (약 10초 후) 팔을 들어 굽히고(알통을 만들 듯이) 팔에 힘을 주어 본다. (약 7초 후) 팔의 힘을 빼고 팔이 힘없이 떨어지도록 내버려둔다. 양쪽 팔 근육을 긴장시켰을 때와 풀어주었을 때의 느낌을 비교해 본다.
3. (약 10초 후) 양발을 들고 몸쪽으로 발끝을 잡아당기듯이 치켜 올린다. 양발과 다리의 근육에 힘이 들어가고 긴장된 것을 느껴본다. (약 7초 후) 이제 편안하게 풀어주고, 긴장했을 때와 이완했을 때의 차이를 음미해 본다.
4. (약 10초 후) 두 다리를 모아들고 허벅지를 서로 눌러준다. (약 7초 후) 이제 편안하게 풀어주고, 다리가 긴장되었을 때와 이완되었을 때를 비교해 본다.
5. (약 10초 후) 이제 아랫배의 근육을 긴장시켜 본다. 아랫배를 홀쭉하게 만든 채 가만히 있는다. (약 7초 후) 편안하게 아랫배 근육을 이완시켜 준다. 긴장되었을 때와 이완되었을 때를 비교해 본다.
6. (약 10초 후) 숨을 들이쉰 다음 가슴을 조금 위로 당기고 멈춘다. (약 10초 후) 자, 숨을 내쉬면서 편안하게 이완시켜본다. 가슴의 근육이 긴장되었을 때와 이완되었을 때의 차이를 음미해 본다.
7. (약 10초 후) 어깨를 귀까지 올린다. (약 7초 후) 이제 어깨 근육을 편안하게 풀어준다.
   어깨근육을 긴장시켰을 때와 이완되었을 때의 차이점을 음미해 본다.
8. (약 10초 후) 목뒤의 침대나 목받침을 목으로 지그시 누르듯 목에 힘을 준다. (약 7초 후) 편안하게 힘을 빼고 목의 근육이 긴장되었을 때와 이완되었을 때를 비교해 본다.
9. (약 10초 후) 눈을 꼭 감는다. (콘택트 렌즈를 낀 경우는 너무 꼭 감지 않도록 주의)
   (약 7초 후) 편안하게 눈의 근육을 풀어주고, 눈의 근육을 긴장시켰을 때와 이완시켰을 때를 비교해 본다.
10. (약 10초 후) 양 눈썹을 모으고 미간을 찌푸려준다. (약 7초 후) 이제 편안하게 이마 근육을 풀어준다. 아랫이마를 긴장시켰을 때와 이완시켰을 때를 비교해 본다.
    (약 10초 후) 편안한 이완상태를 유지하면서 호흡에 주의를 기울여 본다. 조용히 복식 호흡을 계속한다.
11. (약 20초 후) 복식호흡을 계속 하면서 상상해 본다. 목욕탕에 혼자 몸을 담그고 있는 자신을 그려본다. 알맞게 따뜻한 물, 그윽이 피어오르는 수증기, 향긋한 비누 냄새. 계속 이 장면을 생생하게 그려본다.
(약 1분 후) 다섯까지 세는데 둘에 눈을 뜬다. 하나라고 세면서 아주 상쾌한 느낌을 느껴본다.

<양식 2-1>

신체증상 기록지

화가 날 때 흔히 신체적인 다양한 증상들을 경험하게 됩니다. 그 증상에는 식은땀이 나는 것, 심장 박동이 빨라지는 것, 몸이 떨리는 것, 두통, 어깨가 뻐근해 지는 것, 속이 거북해 지는 것, 입을 꽉 다무는 것, 얼굴이 붉어지는 것 등이 있습니다. 당신에게 가장 빈번히 경험되는 신체적인 분노증상들에는 어떤 것이 있는지 생각해 보시고 아래에 적어 보세요.

● 신체적인 분노증상:
_____

1. 화가 날 때 경험하는 신체적인 증상이 얼마나 심각하십니까? 0에서 100점 척도 상에서 평가하시면 됩니다.
   (0＝전혀 문제가 되지 않는다/100＝매우 심각하다)

   ■ 심각성(0-100): _____ 점

2. 한 달 동안에 몇 번이나 신체적인 분노증상을 경험하십니까?

   ■ 빈도: 한 달에 _____ 번

3. 신체적인 분노증상을 경험하게 되면, 그 증상이 대체로 얼마동안 지속됩니까? 몇 분이나 지속되는지 아래에 적으시면 됩니다.

   ■ 지속기간: _____ 분

4. 신체적인 분노증상이 당신의 생활에 어느 정도나 지장을 초래합니까?
   (0＝전혀 지장을 받지 않는다/1＝약간 지장을 받는다/2＝웬만큼 지장을 받는다/3＝꽤 지장을 받는다/4＝아주 심하게 지장을 받는다)

   ■ 지장의 정도: _____

<양식 2-2>

신체증상 및 행동 반응 기록지

※ 화가 날 때 나의 신체증상 및 행동반응은?

신체증상

■ 머리 혹은 얼굴
두통( ),   입을 꽉 다문다( ),   얼굴이 붉어진다( ),
눈을 부릅뜬다( )   식은땀이 난다( ),   머릿속이 멍해진다( ),
얼굴 표정이 굳는다( )   신경이 아주 날카로워진다( ),
어지럽다( )

■ 몸
심장박동이 빨라진다( ),   입술이나 손, 혹은 몸이 떨린다( ),
어깨가 뻐근해진다( ),   속이 거북해진다( ),
주먹을 불끈 쥔다( ),   소화가 잘 안 된다( ),
몸을 가만히 두지 못하고 불안하고 이리저리 움직인다( ),
몸이 굳는다( ),   손에 땀이나 끈적거린다( ),
힘이 빠진다( ),   한숨이 나온다( )

■ 목소리
목소리가 나도 모르게 커진다( )
속으로 상대방에 대한 악담이나 저주, 야유를 중얼거린다( )
음성이 아주 차가워진다( )

행동적 반응

· 방에 처박혀 있다. ( )   · 가만히 있는다( )
· 입술을 깨문다. ( )   · 혼자 있을 때 욕을 해댄다. ( )
· 담배를 피우거나 술을 마신다. ( )
· 잠을 잔다. ( )   · 잠을 못 잔다. ( )
· 내가 하던 일을 계속한다. 마치 아무 일도 없었다는 듯이( )
· 운다. ( )   · TV, 영화, 만화책을 본다. ( )
· 마구 욕설을 퍼붓는다. ( )   · 주먹질을 하고 싸운다. ( )
· 고함을 지른다. ( )   · 물건을 던지거나 부순다. ( )
· 닥치는 대로 먹는다. ( )
· 기 타
_____
_____

<양식 2-3>

근육 이완훈련 기록지

날 짜	시 간	훈련전 긴장수준 (0-100)	훈련 후 긴장수준	집중수준 (0-100)

* 전혀 긴장하거나 집중하지 못한 수준 = 0
  지금까지 살아오면서 가장 긴장되었거나 집중이 안되었던 수준 = 100

<양식 2-4>

분노경험일지 II

상황 (분노수준, 0-100)	신체증상	대처행동	실제로 하고 싶었던 행동

제3회기
자동적 사고와 분노차단 행동기법

● **목 적**
- 근육 이완훈련 숙달
- 분노경험과 자동적 사고의 관련성을 이해하고 자신의 분노 관련 자동적 사고를 적극적으로 탐색해 본다.
- 일차 자동적 사고와 이차 자동적 사고를 구분해 본다.
- 분노차단 행동기법 숙지

● **회기요약**
- 근육 이완훈련 실습
- 자동적 사고 이해
- 일차적 자동적 사고와 이차적 자동적 사고 구분하기
- 분노차단 행동기법

● **회기진행과정**

1. **워밍업 활동: 근육 이완훈련**
   근육 이완훈련을 숙달하기 위한 연습

2. **과제확인 및 피드백 주기**

- 분노경험일지 II(양식 2-4), 근육이완훈련 기록지(양식 2-3)를 제대로 작성했는지 확인한다. 제대로 과제를 하지 못한 사람이 있으면 왜 하기 어려웠는지 들어보고 성실한 과제 수행을 위한 조언을 해준다.

· 근육 이완훈련을 집에서 연습해본 경험(좋았던 점, 어려웠던 점)
에 대해서 얘기를 나눠본다.

3. 분노상황 떠올려 보기
  : 분노 상황에서 떠오르는 사고들을 구체적으로 경험해 본다.

· 최근에 타인에게 화가 났던 상황을 하나 정하게 한다.
· 눈을 감고 그 상황을 가능한 구체적으로 생생하게 떠올려 보게 한다.
· 화가 나는 감정이 생생하게 경험되는지 손을 들어 확인해 본다.
· 화가 올라오는 상태를 유지하면서, 머리 속에 저절로 떠오르는
생각들에 주의를 모아 본다.
· 생각이 웬만큼 떠올랐으면 눈을 뜨고, 떠올랐던 생각을 순서대
로 적어 본다.
· 그 생각에 대한 확신도를 백분위로 표시하게 한다.
· 돌아가며 자신의 경험을 얘기해 본다.

4. 분노에 대한 인지적 이해: 자동적 사고 이해

(1) 분노 문제로 찾아오는 내담자들이 흔히 보이는 인지적 특징들

① 잘못되었다.
   · 부당하게 취급받았다. 원칙이나 예의를 상대가 지키지 않았
   다고 강하게 믿는다.
   · 자신, 타인, 세상만사가 그(혹은 그녀)가 바라는 대로 마땅히
   따라줘야 한다는 요구적인 생각을 가지고 있다.

② 의도적이다./통제할 수 있는 일이다.
   · 타인이 자신에게 의도적으로 손해나 해를 입혔다고 믿는다.

③ 난 잘못이나 책임이 없다./전적으로 남 탓이다.

　　· 화가 난 것이 전적으로 다른 사람이나 외적인 사건 탓이라고
　　　질책한다.

④ 경멸이나 처벌받아 마땅하다.

　　· 타인, 세상사, 사건들을 매우 부정적이고 저속하게 표현한다.
　　· 화나게 만들었다고 지각하는 대상에 대한 복수, 경멸, 해를
　　　입히는 생각과 심상에 몰두한다.
　　· 화를 내거나 공격하는 것이 그 상황에서 정당하고 적절하다
　　　고 생각한다.

cf) 화를 느끼는 것과 화가 나면서 떠오르는 부정적인 생각들을
　　나쁜 것으로 여기고 죄책감이나 죄의식을 느낀다.

==> ①, ②, ③은 상황에 대한 해석이나 의미 부여이며 ④는 대
　　처에 대한 생각들임.
　　①, ②, ③의 내용을 포함한 생각들은 인지적인 왜곡이나 편향
　　의 결과일 가능성이 높으며, ④의 내용을 포함한 생각들은 왜
　　곡된 생각들이 가져다준 결론에 대한 개인의 반응(reaction)이
　　나 대처를 나타내는 것들임.

사례1) 동아리 모임에 자주 늦는 친구가 있다. 이번에 역시 1시간이
나 늦게 왔다. 그래서 모임이 예정보다 많이 지체되었다. 늦게 왔으
면서도 미안한 기색도 하나 없다.

"뭐 저런 인간이 다 있나(③, ④). 여러 사람이 함께 갖는 모임인
데 어떻게 1시간이나 늦을 수가 있나(①). 많은 사람한테 이렇게
피해를 주다니 그런 일은 절대 있어서는 안 된다(①). 동아리 사

람들을 얼마나 만만하게 보면 저럴까(①, ②). 저런 인간은 단단히 혼나야 한다(③, ④). 묻는 말에 대꾸도 하지 말고 인사도 받아주지 말아야지. 상종을 하지 말아야겠다(④)."

사례2) 수업에 잘 안 들어 와 내가 늘 대출해준 친구가 있다. 이번에는 과제로 제출할 보고서를 좀 보여 달라고 한다. 내가 싫다고 하니까 그 친구가 오히려 내게 화를 내며 별 것도 아닌 거 갖고 그런다며 날 치사한 인간이라며 심하게 비난한다.

"날 자기 졸병으로 아나(①. 내가 그렇게 만만한가(①, ②). 내가 대출을 해준 걸 고마워하지는 않을망정 어떻게 오히려 화를 낼 수가 있나(①). 저런 인간은 응당의 대가를 치러야 한다(③, ④). 일부러 엉터리 보고서를 빌려 줄까(④)."

사례3) 후배가 20m 전방에서 분명히 날 봤는데, 날 보자말자 본 척도 안하고 옆길로 빠져서 가버렸다.

"날 선배로서 얼마나 우습게 봤으면 그렇게 행동할 수가 있나(①, ②). 내게 뭐 불만이 있어 일부러 날 무시하는 건가(②). 아무리 그래도 그렇지, 하늘같은 선배를 감히…… (①, ③) 그냥 둘 수 없다(④). 니가 내게 아쉬운 소리할 때가 있을 거다(④)."

☞ 화가 났을 때 자동적으로 머릿속에 떠오르는 생각들의 예를 위의 사례를 통해서 언급하고, 이러한 생각들을 바꿈으로써 화가 줄어들고 다른 긍정적인 감정으로 바뀔 수 있음을 확인한다.

사례1) 알고 보니 집안 형편이 어려워 편의점에서 아르바이트를 하고 오다보니 매번 늦는 거였다. 그 친구가 집안 사정을 다른 애들에게 알리고 싶지 않아서 얘기를 못하고 있었던 거 같다.

분노 -> 동정심, 미안함

사례2) 그 친구가 내게 대출을 부탁한 것도 아니지 않은가. 내가 먼
　　　저 대출을 해주겠다고 해놓구선. 그리고 내 대신 그 친구가
　　　대출을 한번 해준 적이 있지 않은가. 보고서를 빌려 주더라
　　　도 그대로 베껴 쓰지 말고 참고를 해서 써달라고 부탁하면
　　　교수님한테 발각되어서 내가 손해 보는 일도 없을 거다. 오
　　　죽 급하면 자존심을 버리고 보고서를 보여 달라고 할까. 한
　　　번 도와주자.

분노 -> 너그러움, 이타심

사례3) 뭔가 급한 일이 있었을 거야. 아니면 콘택트 렌즈를 안 끼고
　　　와서 날 못 알아봤을 수도 있다. 내가 옹졸하게 생각했구나.
　　　별 것도 아닌 일 가지고…… 후배와의 관계를 망쳐서는 안
　　　되지. 내가 잘 생각한거야. 너무 부정적으로 세상을 보지 말
　　　고 이해심을 갖고 긍정적으로 보도록 하자. 내가 이렇게 대
　　　견스럽게 생각할 수 있을 줄이야. 옛날보다 많이 컸네.

분노 -> 만족감, 자긍심

(2) 자동적 사고

　위의 사례들에서 소개된 다양한 생각들이 화가 났을 때 주로 하
게 되는 자동적인 사고들의 예들이다. 분노를 비롯해서 우울, 불
안, 공포 등의 다양한 부정적인 감정을 경험할 때 우리가 쉽게 의
식하지 못할 정도로 순간적으로 스쳐 지나가는 생각들이 있다. 이
런 생각들은 심사숙고하거나 논리적으로 따져본 생각이 아니며 대
부분 비슷한 상황에서 습관적이고 반복적으로 떠오르는 것들이다.

그래서 자동적 사고라고 일컫는다.

왜 자동적 사고라고 하는지 다시 정리하면 다음과 같다.
첫째, 머릿속에 언어 혹은 심상의 형태로 갑자기 빠르게 스쳐가고 이것에 대해 신중하게 생각해보려고 하지 않기 때문이다.
둘째, 자발적으로 발생하고 의도적이거나 심사숙고해서 형성되는 것이 아니기 때문이다.
대부분의 상황에서 사람들은 감정만을 인식하지만 약간만 훈련하면 자신의 자동적 사고에 대해 알 수 있다.

※ 자동적 사고의 특징
 · 짧고 구체적이다.
 · 사건과 감정을 연결해 준다.
 · 매우 빨리 일어나며 불수의적이다.
 · 몇 가지 중요한 단어와 심상들로 이루어져 있다.
 · 조심스럽고 진지하게 생각한 것이 아니다.
 · 논리적인 일련의 단계를 밟은 문제 해결적인 사고가 아니다.
 · 그 당시에는 합리적이고 이치에 맞는 것처럼 여겨진다.
 · 같은 주제가 반복적이고 습관적으로 되풀이된다.

5. 일차적 분노사고와 이차적 분노사고의 구분

(1) 일차적 분노사고(Primary anger thought)

분노 유발 상황(타인의 행동 포함)에 대한 부정적인 평가를 반영하는 사고로, 상황을 위협적이거나 잘못되었다고 평가하거나 타인에게 악의적인 동기를 부여하는 것 등이 이에 포함된다. 상황을 어떻게 해석하거나 상황에 어떤 의미를 부여하는가와 관련된 내용이

주가 된다. 일차적 자동적 사고는 인지적 오류나 편향이 주로 반영
되어 부정적인 의미를 갖는다. 따라서 일차 자동적 사고를 건설적
인 사고로 수정하기 위해서는 인지적 오류나 편향을 탐색하는 것이
중요하다. 치료적으로 볼 때 일차 자동적 사고의 타당성을 검증해
보는 게 중요하다.

예) "일부러 날 괴롭힌다."
　　"날 너무 이해 안 해준다." "난 혼자다."
　　"아버지는 당신 뜻대로만 한다."
　　"날 무시한다." "내가 자기 소일거린가?"
　　"억울하다."
　　"내가 잘 해준 게 다 소용이 없구나. 날 이렇게 배신하다니."
　　"날 뭘로 보고 저렇게 함부로 행동하지. 날 너무 만만하게 본다."
　　"어쩌면 저렇게 이기적일 수가!"

※ 일차적 분노사고 탐색 질문
　　· 타인의 행동(혹은 사건 경험)을 어떻게 이해하셨나요?
　　· 타인의 행동(혹은 사건 경험)에 어떤 의미를 부여하셨나요?
　　· 타인이 왜 그렇게 행동했다고 생각하십니까?
　　· 어떤 나쁜 결과가 일어 날거 같은가?
　　· 무엇이 날 화나게 만들었나?
　　· 이것은 남들이 나에 대해서 어떻게 생각한다는 것을 말해주는가?

(2) 이차적 분노사고(Secondary anger thought)

　시간적으로 반드시 일차적 자동적 사고에 이어서 일어나는 사고
로 일차적 자동적 사고에 대한 개인의 다양한 반응을 반영한다. 즉,
분노 유발 상황에 대한 해석이나 의미부여가 일어난 후, 이에 대한

반응으로 다양한 사고가 일어나는데 이 과정에서 개인의 성격과 환경의 다양한 요인들이 영향을 미친다. 따라서 일차적 자동적 사고에 비해서 이차적 자동적 사고는 내용적으로 상당히 다양한 특성을 보인다.

이차적 분노사고는 분노유발 상황에서 어떤 행동을 보이기 바로 직전의 사고일 가능성이 높으며, 그래서 분노유발 상황에서의 개인의 대처 행동양상을 상당부분 직접적으로 반영해 줄 것으로 여겨진다. 특히 공격행동을 수반하는 분노문제를 보이는 사람들의 경우, 보복이나 처벌, 경멸 등의 내용을 포함한 내용의 이차적 자동적 사고를 많이 보일 것으로 예상된다.

일차적 분노사고가 인지적 오류나 편향을 직접적으로 반영하고 있는 것에 비해서 이차적 분노사고는 인지적 오류나 편향을 반영하고 있지는 않다. 이차적 분노사고에 있어서는 인지적 오류나 편향의 여부보다는 그 사고 자체가 얼마나 그 상황에서 적응적이냐가 문제가 된다. 따라서 이차적 분노사고를 건설적인 사고로 수정하기 위해서는 예기되는 결과에 대한 평가, 문제해결적인 관점에 대한 주지, 자신이 원하는 것에 대한 솔직한 자각 등을 강조해 주는 것이 중요하다. 치료적으로 볼 때 이차적 분노사고는 그 유용성이 중요하다.

예) "나쁜 인간!" "구제불능이다"
　　"그냥 두고 볼 수 없다. 본때를 보여주겠다."
　　"한 방 날려주고 싶다."
　　"울고 싶다." "내가 한발 물러나야겠다."
　　"그냥 없애 버리고 싶다."
　　"그 인간 다시는 안보고 싶다."
　　"언제 날 잡아서 그 인간과 같이 한번 조목조목 따져봐야겠다."

※ 이차적 분노사고 탐색 질문
- 무슨 생각이나 심상이 저절로 떠올랐나요?
- 그 상황에서 어떻게 행동하고 싶었나요?
- 그 상황에서 정말로 원하는 게 뭔가요?

☞ 앞에서 떠올렸던 사고들을 일차적/이차적 분노사고로 구분해본다.

(3) 자동적 사고 파악하기 연습

① 방법1
  "최근에 경험한 사건들 중에서 강한 불쾌감을 느끼게 한 상황을 하나 기억해 보세요. 그 상황을 최대한 자세히 기록하세요. 그 상황에서 어떤 기분을 느꼈는지 기억해서 적어 보세요. 그 때 무슨 생각이 머릿속에 스쳐지나갔습니까? 생각이 잘 안 나면 그 상황을 어떻게 이해했는지 혹은 그 상황에 어떤 의미를 부여했는지를 떠올려 보세요."

【상　황】
_____

【기　분】(감정의 강도: 0-100)
_____

【자동적 사고】(확신의 정도:%)
일차 자동적 사고:
_____

이차 자동적 사고:

_____

② 방법2

가. 이 완
"눈을 감고
깊이 숨을 들이마셔라; 마신 상태에서 3까지 수를 세어라.
마음속으로 '편안하다(Relax)'라고 말하면서 숨을 천천히 내쉬어라.
또 다시 숨을 깊이 마셔라; 마신 상태에서 3까지 수를 세어라.
마음속으로 '편안하다(Relax)'라고 말하면서 숨을 천천히 내쉬어라.
양손을 꽉 쥐어라; 3까지 수를 세어라.
양손을 천천히 펴고 이완하라.
또 다시 숨을 깊이 마셔라; 마신 상태에서 3까지 수를 세어라.
마음속으로 '편안하다(Relax)'라고 말하면서 숨을 천천히 내쉬어라."

나. 심상화
  눈을 감고 최근에 화가 많이 났던 상황을 생생하게 떠올려 보
도록 한다. 이미지가 생생하게 떠오른 사람은 손을 들게 한다. 예
상되는 분노장면을 마치 현재 다시 일어나고 있는 것처럼 생생하
게 시각화하게 한다. 그 장면에 있는 시각적, 청각적, 운동감감적
인 심상을 떠올리게 한다. 특히 화가 올라오는 것과 연합된 생리
적 반응에 주의를 두게 지시한다. 이때 떠오르는 자동적 사고를
보고하게 한다.

"화나는 장면을 생생하게 떠올려 보세요. 현재 여러분이 그 곳에
있다고 여기세요. 가능한 구체적이고 사실적으로 떠올려야 합니다.
눈에 뭐가 보이는지, 어떤 소리가 들리는지, 어떤 촉감이 느껴지는

지 모든 감각을 동원해서 실제처럼 느껴보세요."

"화가 조금씩 올라오기 시작하면, 신체 감각이나 반응에 주의를 모아 보세요."

"화나는 감정을 느끼게 되면 손을 들어 신호해 주세요."

"어떤 생각이 떠오르는지 찬찬히 자신의 머릿속을 살펴보세요."

"떠오른 생각이 확인된 분은 앞에 놓인 종이 위에 기록해 보도록 하세요."

다. 일차적/이차적 분노사고 구분

떠오른 생각이 일차적 사고인지 이차적 사고인지를 살펴본 뒤에 자동적 사고 파악하는 작업 자체에 대한 소감들을 집단원들 간에 나누어 보는 시간을 갖는다.

6. 분노차단을 위한 행동 기법 소개

(1) Time-Out

타임아웃은 분노를 조절하는 가장 단순하면서도 가장 효과적인 방법이다. 타임아웃은 분노를 조절하기 힘든 상태에 이르고 있다는 초기 신호들이 나타날 때 그 상황에서 잠깐 나오는 것이다. 타임아웃을 함으로써 여러분 스스로나 그 상황에 대해서 다시 한번 통제력을 회복할 수 있다.

타임아웃을 효율적으로 사용하기 위해서는 분노가 문제를 벗어났거나, 파괴적인 수준까지 이르렀다는 것을 가능한 빨리 알아차리는 것이 필요하다. 운동선수들이 경기 중에 타임아웃을 신청해서 작전을 짜고 긴장을 풀고, 휴식을 취하는 것과 같이 타임아웃을 쓸 수 있다. 타임아웃은 짧게는 5분 길게는 24시간까지 될 수도 있다. 타임아웃은 그 상황을 회피하기 위한 것이 아니고, 새로운 시각에서 새로운 마음으로 접근하기 위한 것이다. 모든 타임아웃의 핵심은 그 상황으로 돌아가서 다시 시작한다는 데 있다.

<u>효　과</u>
　㉠ 충동적으로 행동해서 나중에 후회하는 일을 막아준다.
　㉡ 건설적인 대안을 생각할 시간적 여유를 갖게 해준다.
　㉢ 자신에 대한 통제력을 유지하고 있음을 확인시켜준다.

가. Mental Time-Out
　・구구단 외우기
　・20에서 1까지 거꾸로 세기
　・우리나라 도 이름(경기도, 충청도……) 떠올리기

나. Physical Time-Out
　・산책을 한다.
　・음악을 듣는다.
　・수다 떨기
　・운동
　・독서

☞ 화가 날 때 현재 사용하고 있는 타임아웃 방법이 있는지? 있다면 그것이 무엇이고 어떤 효과가 있는지? 만약 없다면 어떤 타임아웃 기법을 사용하고 싶은지? 등에 대해서 돌아가며 얘기를 나눠보고 실제 화가 나는 상황에서 타임아웃 기법을 사용하도록 권한다.

☞ 과제로 나갈 분노경험일지에 타임아웃 실시 내용을 기록하도록 주지시킨다.

(2) 사고중지(Thought stopping)
　사고중지는 반복해서 강박적으로 떠오르는 생각을 통제하는데 유용한 인지 책략이다. 특히 분노감을 수반하는 반추적인 사고를 통제하는데 유용하다. 이 기법은 부적응적인 생각들을 자각하게 하고 이를 다시 되새김질하는 것을 중단시켜서 분노감이 지속되거나 증폭되는 것을 효과적으로 막아준다.

방 법

① 유쾌한 장면 준비

분노를 유발하는 부적응적인 생각을 대치할 유쾌한 장면을 준비한다.

예) 휴일날 즐겁게 놀던 기억, 가본 적이 있는 아름다운 장소, 매우 기뻤던 순간, 즐기는 취미활동, 떠올리면 즐겁거나 행복감을 느끼게 하는 사람의 얼굴……

* 잘 떠오르지 않으면 한번 적어보게 하고 그것을 몇 번 반복해서 읽게 한다.

② "Stop"

화가 날 때는 항상 부정적인 생각(예, 나쁜 놈, 이기적인 인간, 저런 인간은 혼줄이 나야되……)들이 스치고 지나간다. 사고중지 기법을 적용하기 위해서는 먼저 현재 부정적인 생각을 하고 있다는 것은 인식해야 한다. 일단 자각이 되면 '그만', '스탑(stop)', '중지' 등의 말을 소리 나게 거나 여건상 소리를 낼 수 없는 상황이면 속으로 암송하던 된다. 크게 소리를 내며 하는 것이 더 효과적이다.

③ 주의를 옮길 심상 떠올리기

미리 준비해둔 대치할 장면(유쾌한 장면)의 심상을 떠올리고 30초에서 60초 정도 거기에 주의를 두도록 한다.

분노유발 생각이 다시 떠오르면 위의 나, 다 과정을 한 번 더 반복한다. 처음에는 하루에 몇 번씩 의도적으로 이를 연습할 필요가 있다. 익숙해지면 분노를 유발시키는 부정적인 생각을 사라지게 하는데 효과적인 도구가 될 것이다.

☞ 분노 유발 부정적인 생각을 대치할 장면이나 심상을 준비하게 한다. 분노 유발 상황을 집단원 각자 생생하게 떠올리게 하고 사고중지 기법을 실제로 연습해 본다.

(3) 심상이완훈련

즐겁고 편안한 장면이나 이미지를 시각적으로 심상화함으로써, 화난 상태의 흥분을 가라앉히는 기법이다. 공상보다는 실제 기억속의 장면을 떠올려야 한다. 심상은 기억속의 스냅사진처럼 특정하고 구체적인 한 순간의 장면이어야 한다. 시각, 청각, 촉각, 후각 등의 감각 경험들이 생생하게 떠올려져야 한다.

"이제 눈을 감으십시오. 그리고 자신이 가장 편안하게 느끼는 곳을 떠올려 보십시오. 가능한 자신이 실제로 가장 편안함을 느꼈던 때를 떠올리시기 바랍니다. 상쾌한 숲 속, 조용한 바닷가, 시원한 계곡, 자신의 방, 따뜻한 욕탕 등 아무 곳이라도 괜찮습니다. 자신이 가장 편안함을 느낄 수 있는 곳을 떠올려 보시기 바랍니다. 가능한 구체적으로 떠올려 주십시오. 마치 실제로 그곳에 있는 것처럼 상황을 떠올리고(시각), 어떤 소리가 들리는지 잘 들어보십시오(청각). 그리고 어떤 향기가 나는지(후각), 몸에는 어떤 느낌이 드는지 잘 느껴보시기 바랍니다. (촉각) 그 곳에서 느껴지는 편안함을 충분히 느끼시기 바랍니다. 자…… 이제 눈을 떠 주시기 바랍니다."

화가 나서 흥분 상태에 있을 때 흥분이나 긴장을 가라앉히기 위해서 사용할 수 있는 자신만의 가장 편하게 느껴지는 이미지를 하나 정하게 하고 이를 돌아가며 얘기한다. 눈에 들어오는 장면, 냄새, 소리, 촉감, 미각 등에 대해서 구체적으로 얘기를 하게 한다.

※ 이완 심상의 예

어느 겨울날 할아버지 댁에 시골에 놀러 갔을 때였다. 너무나도 조용한 아침이었다. 너무 조용해서 잠에서 일찍 깼는데, 온 세상이 적막 속에 잠겨있었다. 마치 세상의 모든 소리를 삼켜버린 듯 했다. 아침 6시나 7시쯤이었다. 밤사이에 눈이 내려 온 세상이 새하얗게 변해 있었다. 산도, 개울도, 개집도, 나무도 하얀 눈에 흠뻑 젖어 있었다. 솜털로 도배를 한 듯했다. 아주 부드럽고 더 없이 조용했다. 너무 따뜻했다. 포근한 느낌도 느껴졌다. 그지없이 평화로워 보였다. 세상의 혼란스러움을 모두 흡수해버린 듯했다. 한 겨울인데도 전혀 춥지 않았고 오히려 따뜻하고 아늑한 느낌마저 들었다. 혼자 개울가를 거닐고 있지만 혼자가 아닌듯하다.

(4) 복식호흡

가. 숨을 들이쉰다.

<u>요 령</u>

  ㉠ 어깨와 가슴이 움직이지 않도록 한다.
  ㉡ 가슴으로 숨을 쉬지 않는다.
  ㉢ 배가 불룩하게 나오도록 한다.
  ㉣ 숨을 들이쉴 때 가급적 큰 소리를 낸다.
  ㉤ 숨을 들이쉴 때 코로만 들이쉰다. (입은 다문다)

나. 숨을 내뿜는다.

요 령

　㉠ 배가 불룩하게 숨을 들이마신 다음 멈춘다. 혹은 배가 불룩
　　하게 들이마시고 약간만 내뿜은 다음 멈춘다.

　㉡ 멈추는 시간은 약 2-3초간으로 한다.

　㉢ 숨을 한꺼번에 몰아 내쉰다.

　㉣ 숨을 몰아 내쉴 때는 입과 코를 동시에 사용한다.

　㉤ 가급적 큰 소리로 내쉰다.

다. 숨을 들이마시고 내뿜는다.

　㉠ 숨을 들이마시고 내뿜는 과정을 연속적으로 한다.

　㉡ 화가 가라앉을 때까지 여러 차례 반복한다.

　㉢ 가급적 여유를 가지고 실시한다.

☞ 연습의 중요성 강조: "습관이 되도록 하라!"

　연습이 최선이다. 처음에는 분노감에 압도되어서 제대로 분노차
단 기법을 실시하는 것이 어렵다. 하지만 의식적으로 연습을 하면
할수록 더 빨리 분노차단 기법이 숙달되고 나중에는 습관처럼 몸에
배어서 분노유발 상황에서 자연스럽게 분노차단기법 행동이 나타나
게 된다.

7. 과제소개

・분노사고 기록지(양식 3-2) 작성

・근육이완훈련 기록지(양식 2-3) 작성

<양식 3-1>

자동적 사고 기록해 보기

【상 황】

_____

【기분】(분노수준: 0-100)

_____

【자동적 사고】(확신의 정도: %)
* 떠오른 순서대로 적어 주세요.

① _____ (_____%확신)

② _____ (_____%확신)

③ _____ (_____%확신)

④ _____ (_____%확신)

⑤ _____ (_____%확신)

⑥ _____ (_____%확신)

<양식 3-2>

분노사고 기록지 I

상 황	분노수준 (0-100)	일차사고 (확신의 정도: %)	이차 사고	실제로 하고 싶었던 행동

제4회기
인지적 재구조화 I : 자동적 사고의 인지적 오류 수정하기

● 목 적
- 분노발생과 관련된 인지적 오류와 비합리적 신념에 대한 이해
- 역기능적인 분노유발 사고를 논리적으로 반박해보고 건설적인 대처사고를 연습해 본다.

● 회기요약
- 인지적 오류에 대한 이해
- 비합리적 신념에 대한 이해
- 자신의 일차 자동적 사고와 비합리적 신념 척도 점수 확인
- 인지적 재구조화: 일차적 자동적 사고와 비합리적 신념을 중심으로
※ 집단 끝날 즈음에 질문지 작성을 30분간 할 거라고 집단 시작할 때 미리 얘기를 해둘 것.

● 회기진행과정

1. 과제확인 및 피드백 주기
- 분노사고 기록지(양식 3-2)와 근육이완훈련 기록지(양식-3) 검토

2. 교육: 분노발생 과정에 대한 이해

(1) 상황에 대한 평가
  분노가 일어나기 위해서는 상황에 대한 평가가 거의 반드시 선행된다. 분노를 인지적인 관점에서 이해하는 대부분의 이론들을 살펴

보면 상황에 대한 평가는 다음 세 가지 지각으로 요약된다.

　가. 상황이 위협적이다.
　나. 타인의 행동이나 세상일이 규칙에 어긋난다.
　다. 내가 부당하게 취급받고 있다.

　진화적인 관점에서 볼 때 분노는 다른 유기체의 공격으로부터 생존에 위협을 느끼는 상황에서 자신을 방어하기 위해서 진화하였다. 상대가 자신보다 강하면 빨리 도망을 쳐야 하며 상대가 자기보다 약하면 공격을 해서 무찔러야 한다. 그래야 자기가 살아남는다. 이것이 투쟁－도피 반응 경향성이다. 적으로부터 공격을 받을 때 적이 자신보다 강하면 생존에 위협을 느끼며 이는 강한 불안감을 유발하고 도피반응을 일으킨다. 하지만 적이 자신보다 약하면 위협감과 동시에 분노감을 느끼게 되는데, 분노감은 투쟁 상황에서 적을 공격하기 위한 에너지를 효율적으로 집중하게 해준다. 분노감을 느끼는 동안에는 통증에 둔감해져 웬만한 상처로 인한 고통은 느끼지 않고 싸움을 계속 할 수 있고 주의도 적에게만 집중되게 된다.
　생존에 위협을 느끼는 상황은 전쟁과 같은 특수한 상황을 제외하고는 일반적으로 경험하기 어렵다. 인간사회가 문명화되면서 분노를 유발하는 대부분의 위협상황은 물리적인 위협 상황이 아닌 심리적인 위협상황으로 대치되었다. 심리적 위협상황이라고 하면 개인의 존엄성, 주체성, 자존심 등이 침해받는 것을 대표적으로 들 수 있다. Beck은 개인적 영역(personal domain)이라는 표현을 사용해서 이를 설명하고 있다. 개인적 영역에는 개인의 가치관, 태도, 규칙, 자기상, 자신에게 중요한 사람이나 사물, 선호 등이 포함된다. 이러한 개인적 영역이 침범 받게 되면 개인은 이를 위협적으로 받아들이고 쉽게 분노감을 느끼게 된다.
　분노 유발 상황에 대한 세 가지, 즉 '상황이 위협적이다', '타인의 행동이나 세상일이 규칙에 어긋난다', '내가 부당하게 취급받고 있다'라는 평가들은 넓은 의미에서 보자면 자기 존재에 대한 위협이라는 한 가지 평가로 정리될 수 있다. 여기서 자기 존재라고 하면 생물학적인 생존도 물론 포함되지만 여기서는 주로 심리적인 내용을 담고 있다. 자율성이나 주체성이 침해받는 상황, 자기가 중요하게 여겨지지 않는 상황에서 흔히 자기 존재에 대한 위협을 경험하기 쉽다. 개인은 자기 존재감을 세상사에 대한 가치관, 소중히 여기는 사람이나 사물, 자존심, 자부심 등의 다양한 형태로 심리적으로 형성해 간다. Beck이 말하는 개인적 영역은 타인과 구별해서 자신의 존재를 확인시켜주는 심리적인 울타리이기도 하다. '규칙에 어긋난다', '내가 부당하게 취급받고 있다'는 생각은 모두 자기 존재를 지켜주는 심리적 울타리가 침범 받고 있거나 그럴 위험성을 경고하는 심리적 의미가 있다. 따라서 분노는 궁극적으로 어떤 의미에서건 상황을 위협적으로 평가하는데 뿌리를 두고 있다고 봐도 과언이 아니다.

세상사에 대한 개인이 갖고 있는 규칙이나 원칙들은 세상을 살아가는데 있어서 자신의 권리를 보호받기 위한 제도적 혹은 관습적 틀이다. 이러한 규칙이나 원칙이 제대로 지켜지지 않게 되면 개인의 권리나 이익이 합법적으로 보호받을 수 없게 되며 이는 개인에게 위협적이지 않을 수 없다. 타인이나 조직으로부터 부당하게 취급받는 것은 세상사에 대해 개인이 갖고 있는 원칙이 지켜지지 않는 경우이며 자존감이 위협받는 상황이다. 이는 흔히 '자신이 무시되고 있다, 자신을 우습게 본다' 등의 생각으로 표현된다.

이상에서와 같이 분노 유발의 핵심적인 인지적 뿌리가 위협성 지각에 있다. 그 위협성은 '잘못되었다', '당연히 지켜져야 하는 세상이치가 지켜지지 않았다', '내가 배려 받지 못하고 있다', '날 무시한다', '부당하다' 등의 생각으로 흔히 인식된다. 분노감을 자주, 강하게, 오래 동안 경험하는 사람은 이와 같이 외부 상황이나 사건경험의 위협성에 과민할 뿐만 아니라 이를 과장되게 지각하는 경향이 있다.

바로 이 과정에 인지적 왜곡이 개입된다. 분노를 많이 경험하는 사람은 분노를 적게 경험하는 사람에 비해서 일련의 인지적 왜곡을 많이 보이며 그 결과로 동일한 상황이라도 다른 사람에 비해서 그 상황을 더 위협적으로 지각하게 된다. 그렇다면 상황을 위협적으로 과장되게 지각하게 하는 인지적 오류에는 어떤 것들이 있을까? 아래에 소개되는 내용들이 그 대표적인 것들이다.

(2) 인지오류 유형

가. 파국화(재앙화)

"이러한 상황은 정말 끔찍하다."
"나는 이러한 상황을 도저히 견뎌낼 수 없다."
"이제 나는 끝장이다."
"죽을 상황이다."
"망했다."

이와 같이 상황을 극단적으로 부정적으로 보는 사고들은 실제보다 과장된 것이다. 대부분의 경우, '실망스럽다, 속상한다, 힘들다, 어렵다, 기대에 못 미친다, 좌절스럽다, 짜증스럽다' 등의 표현이 상황의 심각성 정도를 현실적으로 반영하는 표현들이다. 하지만 상황을 파국적으로 지각하는 사람들은 자신이 처한 상황이나 당한 사건을 현실적인 수준에서 보지 못한다. 그 결과, 실제보다 과장된 무력감이나 절망감을 경험하며 심리적으로 과도하게 흥분해서 합리적이고 적응적인 대처를 못하는 경우가 많다. 흔히 분노감은 무력감으로 인한 심리적 고통을 은폐하기 위해서 경험된다. 자신을 무능하게 보고 무력감에 빠지는 것보다는 화를 내는 것이 덜 고통스럽고 견딜만한 것이기 때문이다.

방 안:

① 상황을 현실적으로 보도록 한다. 이를 위해서는 상황의 심각성에 대해서 정확한 용어로 표현하도록 노력해야 한다.

예) · 성적이 왕창 떨어졌어→성적이 B+에서 B-로 떨어졌어.
   · 내가 묻는 말에 대답을 안 하고 씹어버려, 날 물로 보는 거야.
   → 내게 뭔가 기분 나쁜 게 있어 대답을 하기 싫은 건가?

② 그래서?(So What?)
   당면한 상황이 자신에게 미칠 영향이나 예상되는 결과에 대해서 냉정하게 생각해 보면, 대부분의 경우에 사소한 일일 가능성이 높다. 사소한 일에 목숨 걸지 말자.
   다음과 같은 질문을 스스로에게 해보게 하는 것도 좋다.

   "이 일로 인해서 최악의 상황이 뭔가?"
   "이 일이 앞으로 내 삶에 어떤 영향을 미치는가?"

③ 아무리 부정적인 상황이라 하더라도 반드시 좋은 측면이 있게 마련이다. 실패는 성공의 어머니다.

예) "이번에 성적이 많이 떨어졌는데, 이번 일을 거울삼아 다음에는 같은 어리석은 행동을 반복하지 말자."
   "날 차버리고 가. 그래 이번 일을 통해서 너 같은 타입의 애는

조심하라는 교훈을 확실히 얻었다. 그래도 소득이 있는 경험이
었다.”

나. 암묵적 요구 혹은 명령(should, must적 사고) : 나, 타인, 세상에
　　대한 ‘당연히 이래야 되는데’…

“약속 시간은 절대 지켜야만 해”
“날 우습게 여겨서는 절대 안 되”
“새치기는 절대 안 되”
“친구 사이에 어떻게 그렇게 이기적인 행동을 할 수 있어”
“어떻게 나한테 화를 낼 수가 있어. 잘 한 것도 없는 게”

　이런 생각들은 일상생활에서 화가 날 때 흔히 떠오르는 생각들의
예다. 우리는 자신이 갖고 있는 삶에 대한 원칙이나 규칙을 다른 사
람도 마땅히 따를 것을 암묵적으로 강요하는 경우가 많다. ‘～해야
만해’, ‘절대 그렇게 행동해선 안 되’ 등과 같이 소리 없이 명령하거
나 금기를 강요한다. 하지만 다른 사람도 그들 나름대로의 원칙이나
규칙을 갖고 있을 뿐만 아니라 원칙이나 규칙들 간의 우선순위도
나의 것과는 대부분 다르다. 내게 선택과 사상의 자유가 있으면 다
른 사람에게도 그런 자유를 누릴 권리를 줘야 하는 게 아닌가?
　우리가 화가 날 때, 많은 경우 이런 타인의 자유에 대한 존중감
을 망각하고 있다. 내 원칙을 타인이 따라 주기를 바란다. 이는 본
인의 바램이고 더 나아가서는 욕심일 뿐이다. 내가 존중받고 싶은
만큼 다른 사람도 존중해야 마땅하다.
　우리는 이와 같은 암묵적인 요구나 명령을 타인에게 할 뿐만 아
니라 자신에게도 한다. “넌 실수하면 안 되”, “인기 있는 사람이 되
어야해”, “뭔가 한 가지에서 최고가 되는 것은 필수다”…… 이와 같
은 암묵적인 요구나 명령을 자신과 타인에게 많이 할수록 그 사람

의 마음은 고통을 받을 수밖에 없다. 좌절, 분노, 무력감, 불안……
대개 이런 암묵적인 요구나 명령은 일이나 성취, 대인관계, 세상사
에 관한 것으로 구분할 수 있다.

  세상이 내 뜻대로 돌아가야 한다는 말도 안 되는 고집을 우리는
의식하지 못한 채 부리고 있는 것이다. 우리 속에서 이처럼 땡깡을
부리고 싶어 하는 아이를 달래는 것이 화를 다스리는 목적이기도
하다.

방 안:
강요적인 요구나 명령을 바램이나 선호로 바꾸는 것이다.

"약속 시간은 반드시 지켜져야 한다"를 "약속 시간을 지켜주면 참
좋겠다."로
"날 우습게 여겨서는 절대 안 되"를 "나를 존중해줬으면 하는 바램
이다"로 바꾸면 된다.
택시 기사가 합승을 안하고 빠른 길로 갔으면 좋겠지만 때로는 합
승도 하고 길을 잘 못 찾아 헤매기도 한다. 합승을 하지 않고 갔으
면 하는 바램을 나는 가질 수 있을 뿐이다.

다. 과잉 일반화(Overgeneralization)

"날 좋아하는 사람은 아무도 없다."
"저 인간은 항상 자기밖에 모른다."
"이 놈의 집구석은 한번도 조용한 날이 없다."
"우리 엄마는 하루도 잔소리를 안 하는 날이 없다."

  '절대', '반드시', '한번도~없다', '아무도~않다', '결코~없다', '전
혀~없다', '항상' 등과 같이 예외를 인정하지 않는 절대적인 의미를

담고 있는 표현은 실제보다 과장되게 일반화된 것일 경우가 많다. 과잉 일반화된 생각들은 우리를 살찌울 수 있는 관용이나 너그러움을 가둬두기 쉽다.

방 안:
① 일반화하는 표현을 쓰지 말 것.
② 상황에 대한 정확한 표현을 사용할 것.
③ 예외를 찾아 볼 것.

라. 인격적인 모욕(Global labeling)

바보, 얼간이, 멍청이, 아무짝에도 쓸모없는 인간아, 쓰레기 같은 인간, 갖다 버려도 아무도 안 주워갈 인간……

이와 같은 표현들은 개인을 송두리째 싸잡아서 인격적으로 모욕을 주는 말들이다. 우리는 개인이 한 구체적인 행동 때문에 불쾌하고 화가 나는 것이지, 그 인간 자체가 몹쓸 인간이라서 화가 나는 경우는 드물다. 인격적인 모욕을 받게 되면 상대방은 자기를 방어하기 위해서 공격적이 될 수밖에 없다.

개인이 한 행동과 그 개인 전체 인격을 같게 보는 것은 잘못이다. 그가 한 행동은 미워하되, 그 사람 자체를 미워하지는 말라는 얘기가 바로 이를 두고 하는 것이다. 아무리 나쁜 행동을 많이 하는 사람이라 하더라도 긍정적으로 변화될 수 있는 여지는 언제나 있다. 이러한 여지를 남겨놓는 것은 우리의 몫이다. 인류에 대한 최소한의 믿음과 희망을 저버리지 않는 현명한 선택을 우리는 해야 한다.

마. 독심술

"저 사람은 나를 미워하는 것이 틀림없어. 내게 말도 안 걸고 인사
를 해도 시큰둥하게 받고"
"고의적으로 나를 골탕 먹이려고 내게 이번 일에 대해서 연락을 안
한거야. 나쁜 인간!"
"일부러 내게 인사를 안 하는 거야. 날 우습게보고……"

   흔히 상대방에게 화가 나는 경우는 그가 의도적으로 자신에게 피
해를 주거나 무시를 한다고 생각하는 경우다. 지하철에서 발을 밟
고는 사과도 없이 누가 지나갔다. 그 사람이 멀쩡한 사람인 경우와
장님인 경우에 우리의 감정 반응은 전혀 다를 것이다.
   화를 잘 내는 사람은 상대방의 동기나 의도를 고의적인 것으로
보는 인지적 편향을 더 많이 보이며, 타인의 행동이 통제 가능한
것이었다고 지각하는 경향이 더 크다. 따라서 상대방에게 더 책임
을 묻게 되고 처벌이나 보복을 가하려 한다.
   이런 오류를 피하기 위해서는 무엇토다 속단하지 않는 것이 중요
하다. 속단하지 않고 상대방의 입장에서 한 번 더 생각해 보는 것
이 요구된다. 내게 고의적으로 해를 일히려는 숨은 동기를 찾기보
다는 그렇게 행동할 수밖에 없었던 다양한 가능성들에 대해서 마음
을 열어놓고 있는 것이 현명하다.

(3) 비합리적 신념

※ 분노를 유발하는 일반적인 비합리적 신념의 예
  · 사람들은 항상 바르게(혹은 내가 옳다고 믿는 대로) 행동해야
    한다.
  · 세상은 공정해야 하며, 사람들은 항상 도덕적이고 친절해야 한다.

· 나는 항상 공정하게 대우받아야 한다(혹은 부당한 대우는 절대 받아서는 안 된다).

· 나는 다른 사람으로 인해서 피해를 받거나 불편을 겪어서는 절대 안 된다.

· 누가 나쁜 짓을 했으면, 그는 벌을 받아 마땅한 몹쓸 인간이다.

※ 분노를 일으키는 4가지 비합리적 신념(Ellis, 1997)

① 사람들이 나를 그렇게 부당하고 배려 없이 대하는 것은 <u>끔찍한 일이다</u>(파국화).

② 사람들이 나를 그런 식으로 대하는 것을 <u>나는 참을 수 없다</u>(좌절에 대한 낮은 내성력).

③ 사람들은 그렇게 나쁘게 행동해서는 <u>절대 안 된다</u>(암묵적 요구).

④ 그렇게 나쁘게 행동하는 사람들은 절대 행복하게 살면 안 된다. 그들은 나쁜 사람들이기 때문에 <u>반드시 처벌받아야 한다</u>(책망).

※ 세 가지 핵심적인 암묵적 요구(Ellis, 1997)

① 나는 반드시 잘 해야만 한다.

② 다른 사람은 항상 공정하고 친절하게 행동해야만 한다.

③ 세상일은 내가 원하는 대로 돌아가야만 한다.

진실은 현실의 많은 부당한 일에 침묵하고 있음을 알고 있다. 흔히 그러한 현실에 대해서 우리가 할 수 있는 일은 아무것도 없다. 하지만 그렇다고 그런 부당함과 불공평에 대해서 수동적으로 그냥 있으라는 것을 의미하지는 않는다. 그런 부당함을 해결하기 위해서 할 수 있는 일이 있다면, 해보는 것이 중요하다. 문제를 해결하려는 노력은 중요하다. 하지만 때로는 우리가 노력해서 달라질 수 있는 게 아무것도 없는 상황이 있다. 심리적으로 건강한 행동은 우리가 할 수 있는 선에서 상황을 호전시키기 위해서 노력하며, 동시에 우리가 변화시킬 수 없는 현실도 많다는 것을 수용하는 것이다.

※ 합리적인 대처 신념

　　□□ 사람들은 자신의 가치와 신념에 따라 행동한다. 그들은 그들이 하고 싶은 대로 할 것이다. 내가 원하는 대로 반드시 행동하리라는 보장은 없다.

　　□□ 나는 세상이 항상 공정했으면 좋겠다. 하지만 불행하게도 세상은 그렇지 않다. 내가 항상 공정하게 대우받아야만 한다는 이유가 어디 있나? 그것은 나의 소망일 뿐이다.

　　□□ 세상은 부정과 부당함으로 가득 차 있다. 때때로 내 몫을 정당하게 챙길 수 있다.

　　□□ 정의는 상당히 주관적인 것이다. 어떤 사람에게 공정한 것이 다른 이에게는 그렇지 않을 수 있다.

　　□□ 사람들은 때로 나쁘게 행동한다. 나 역시 그렇다. 그게 현실이다. 나는 내가 그렇게 살아갈 수밖에 없다는 것을 인정한다.

3. 인지적 오류와 비합리적 신념 재구조화

(1) 인지적 오류 바로잡기

지난 시간에 과제로 내준 분노사고 기록지의 일차적 자동적 사고를 살펴보고, 이것을 이용해서 각각의 집단원들은 앞서 교육한 인지적 오류를 찾아본다.

(2) 비합리적 신념 바로잡기

일차적 자동적 사고의 기저에 있는 비합리적 신념을 적어본다.

※ 일차적 분노사고와 비합리적 신념을 반박하는데 도움이 되는 질

문들

- 지금 생각이 정확한 것인가?
- 이 상황에서 발생할 수 있는 최악의 결과는 무엇인가?
- 이 상황에서 그래도 내게 도움이 되는 이점이 있다면 그게 무엇인가?
- 긍정적인 측면을 발견한다면 무엇이 있을까?
- 지금 상황과 달랐던 경험들을 생각해 보자.
- 내가 지금 다른 사람의 권리와 자유를 침해하는 생각을 하고 있는 게 아닌가?
- 내 입장을 다른 사람에게 무리하게 강요하고 있는 게 아닌가?
- 그 사람 입장에서 다시 생각해보자. 그 사람의 행동을 설명해 줄 다른 이유가 있지 않을까?

(3) 논박 및 적응적 사고 연습

일차적 분노사고와 비합리적 신념에 대해서 논리적으로 논박해 보고, 적응적인 사고를 연습해 본다.

【예】

상 황

학기말 성적이 나왔는데, 내 보고서를 보고 베껴 쓴 친구가 내보다 성적이 더 좋았다. 근데 그 친구는 날 보더니 미안해하기보다는 오히려 싱글벙글 하면서 나를 비웃는 것이 아닌가! 화가 몹시 났다.

일차적 분노사고

말도 안 되는 일이다. 어떻게 내걸 보고 쓴 애가 성적이 더 좋을 수가 있나. 너무 억울한 일이다. 교수님이 보고서를 제대로 안 본 게 틀림없다. 교수님이 원망스럽다.

내가 도와줬던 녀석이 미안해하지는 않고 오히려 날 보고 비웃을 수가 있나! 너무 이기적인 녀석이다. 그런 녀석은 한번 혼이 나야한다.

비합리적 신념

노력한 만큼 보상을 받아야 한다.

은혜를 저버려서는 절대 안 된다. 그런 인간은 반드시 응분의 대가를 치러야 한다.

교수님은 아주 엄격하고 정확하게 성적을 주셔야 한다. 학점이 중요한 만큼 한 치의 실수도 용납이 안 된다.

논박 및 적응적 사고

내 성적이 오히려 더 안나온 것은 참 유감스러운 일이다. 세상일이라는데 내 기대대로 공정하게 이루어지는 것이 아니다. 교수님도 여러 학생들 보고서를 보다 보면 공정하게 심사하는데 어려움이 있을 수 있다. 또 조교가 채점했을 수도 있지 않은가?

친구가 날 비웃은 게 아니고 성적이 잘 나와서 기분이 좋아서 그런 건지도 모른다. 비록 내 앞에서 그렇게 드러내놓고 좋아해서 내가 불쾌하긴 하지만 그 친구가 나를 배려 안 했다고 해서 내가 그 친구를 처벌할 권리는 없다.

건설적 행동

그렇다고 친구가 내 보고서를 베껴 썼다고 고자질 할 수도 없는게 아닌가. 그러니 잊어버리자. 대신 성적이 잘 나온 친구에게 밥 한 끼 사라고 하자. 내가 그 정도는 얻어먹을 수 있다.

☞ 집단원 각자 최근에 화가 난 상황을 떠올려 보고 분노대처 기록지(양식 4-1)에 위의 예와 같이 자신의 경험을 기록해 보도록 한다. 기록한 내용을 서로 얘기해 본다.

☞ 다음에는 분노 상황(바로 앞에서 기록한 것과 다른 상황)과 자동적 사고만 본인이 적고 나머지는 짝이 된 상대방이 기록해 보게 하고, 그 내용을 서로 돌려보며 비교해 본다. 동일한 상황에 대해 자신과 타인이 한 논박이 얼마나 일치하는지를 살펴봄으로써 자신의 논박에 대해서 객관적인 평가를 받을 수 있는 기회를 갖는다.

4. 토의 및 평가

5. 과제소개

  · 근육이완훈련 기록지(양식 2-3) 작성
  · 분노대처 기록지(양식 4-1) 작성(적어도 하루에 한 장씩 기록)

※ 참　고

기타 이완훈련 방법

　근육을 긴장시키지 않고도 이완될 수 있다. 이 방법은 아주 짧은 시간 내에 이완될 수 있게 해줄 뿐만 아니라, 일상생활 중에 긴장될 때 편리하게 사용할 수 있는 이완기법이다.

(1) 기억에 의한 이완훈련

　근육 이완훈련에서와 같이 근육을 긴장시키지 않고 곧바로 근육을 이완시키는 훈련이다. 이 이완훈련이 가능하기 위해서는 각 부위의 근육이 이완되었을 때 어떤 상태였는지를 반복적인 경험을 통해서 잘 기억하고 있어야 한다. 기억에 의한 이완훈련은 어디에서든 연습이 가능하다. 도서관에서 공부할 때, 복잡한 지하철 속에서도 연습이 가능하다. 먼저 신체의 어떤 부위가 긴장이 되었는지를 자각하고 그 부위를 이완시키면 된다('Notice' & 'Relax').

　"눈을 감고 편안한 자세를 취합니다. 두 팔과 다리에 잠시 주의를 기울여 봅시다. 긴장된 근육이 있다면, 이완되었을 때의 느낌을 떠올리며 그때처럼 편안하게 이완시킵니다. 굳이 그 근육을 긴장시킬 필요 없이, 이완했을 때 어떤 느낌이었는지 기억해 내서 그 느낌을 재현시키면 됩니다."

"지금 신체의 어느 부위가 가장 긴장되어 있는지 한번 살펴봅니다. (잠시 후) 긴장된 신체 부위가 확인이 되었으면 이완시켜 봅니다. (잠시 후) 방금 한 것처럼 화가 나서 흥분되었을 때도 이처럼 자신을 이완시킬 수 있다면 분노를 조절하는 것이 훨씬 쉬울 것입니다."

(2) '큐'에 의한 이완훈련

이 이완방법은 기억에 의한 이완훈련과 근육을 긴장시키지 않는다는 점에서 동일하다. 다만 차이가 있다면 신체를 이완시키기 위해서 큐 신호를 준다는 점뿐이다. 큐 신호로 '편안하다', 'Relax', '진정해라', '차분하다' 등의 말을 사용해도 되며 각자에게 편하고 효과적인 것을 사용하면 된다. 큐를 이용한 이완은 매우 빨리 이루어지며, 언제 어느 때나 할 수 있다. 시험 보기 직전이나 보는 도중, 면접시험 전이나 도중에도 여러 번 사용할 수 있다. 하루 동안 자신의 몸을 잘 관찰하고 있다가 언제라도 긴장이 느껴지면 큐를 써서 즉시 이완하라.

☞ 호흡법, 심상이완법, 근육이완법, 기억에 의한 이완법, '큐'에 의한 이완법 등을 모두 연습해보고 상황에 따라서 자신에게 가장 효과적이고 용이한 것을 사용하도록 한다.

※ 이완훈련의 중요성
  · 이완훈련 자체가 긴장이나 불안감을 감소시켜줌으로써 스트레스에 대한 대처능력을 길러준다.
  · 자동적 사고가 이완상태에서 보다 잘 자각이 되며, 자동적 사고가 잘 의식되어야 적응적인 대처사고나 행동을 생각해 내기가 쉽다.

268

<양식 4-1>

분노대처 기록지 I

__상 황__

__분노수준(0-100):__

__일차 자동적 사고:__

__인지적 오류 유형:__ 파국화(   ), 암묵적 요구(명령)(   ), 과잉
                  일반화(   ), 인격적 모욕(   ), 독심술(   )

__이차 자동적 사고:__

__비합리적 신념__

__논박 및 적응적 사고__

__분노수준재평가(0-100):__

__건설적 행동__

제5회기
분노표현 연습 I : 나 − 메시지 연습

● 목 적

　부적응적인 분노표현 양식에 대해서 먼저 살펴보고, 분노를 건
설적으로 표현하기 위해서 염두에 두어야할 태도와 구체적인 분
노표현 방법을 숙지한다. 마지막으로 역할 연기를 통해서 실제
상황에 대비해서 분노표현을 연습해 본다.

● 회기요약

　· 교육: 부적응적인 세 가지 분노표현 양식
　· 교육: 분노표현에 앞서 가져야 하는 7가지 태도
　· 교육: 분노표현방법(나 − 메시지/원하는 것 표현)
　· 분노표현 연습: 역할 연기

● 회기진행과정

1. 과제확인 및 피드백 주기

　작성해온 분노대처 기록지 I (양식 4-1)을 함께 보면서 돌아가며
자기 경험을 얘기해 본다.

2. 교육: 화를 참을 것인가 낼 것인가?

“나를 화나게 한 사람에게 맞대응을 하지 않는다고 해서 화를 감추
거나 피해서는 안 된다. 내가 지금 화가 나서 고통을 당하고 있다
는 사실을 타인에게 알려주어야 한다. 이것은 중요한 사실이다. 내
가 누군가에게 몹시 화가 났을 때는 화가 나지 않은 척해서는 안

된다. 고통스럽지 않은 척해서도 안 된다. 그 사람이 나에게 소중한 사람이라면 더욱 그러하다. 내가 지금 화가 났으며 그래서 몹시 고통스러워하고 있다는 사실을 그에게 고백해야 한다.

…… 우리가 기쁨과 좋은 감정을 사랑하는 사람과 함께 나누는 것은 당연한 일이다. 마찬가지로 고통을 당하고 있을 때도 그 사실을 알려주어야 한다. 자신의 감정을 그대로 표현해야 한다. 그럴 권리가 있다."

틱낫한의 '화' 중에서

■ 문제가 되는 세 가지 분노표현양식

① 분노를 결코 느끼지 않는다. 고도로 발달된 방어체계는 분노가 나타나는 것을 허용하지 않는다. 그것은 분노가 폭발할 정도로 강력한 경험이 있을 때까지 숨겨져 있다(자각이 없는 억압).

② 분노를 느끼지만 표현하지는 않는다. 분노가 나타나더라도 실제 대상에게 향하지 못하고 엉뚱한 대상에게 부적절하게 화풀이를 하거나, 상황에 비해 지나치게 분노를 폭발적으로 표현하기 쉽다(억제).

③ 분노를 느끼며 공격적이고 유해한 방식으로 그것을 표현한다. 자신이나 타인을 해치기 쉽다(표출).

"당신의 분노표현 방식은 위의 세 가지 중에서 어디에 가깝다고 생각하세요?"
"자신에게 가까운 사람(부모님)의 분노표현 방식은 어디에 가깝다고 생각하세요?"

위의 두 질문에 대해서 집단원들이 돌아가면서 자유스럽게 얘기하게 한다.

※ 참고내용(*생략해도 무방함)

- 분노에 대한 그릇된 지식
  ① 분노는 비난이다; 분노는 거부와 같다. 분노는 외부 사건에 대한 내부의 생리적인 반응이다. 화내는 사람은 지각된 위협으로부터 자신을 보호하고 있는 것이다.

    이것은 다른 사람의 옳고 그름과는 무관하다.
  ② 분노는 위험하다. 분노 자체는 위험하거나, 유해하거나, 폭력적인 것이 아니다.

    분노는 내적인 것이다. 사람이 자신의 분노를 외부로 표현하는 방식이 위험한 것이다.
  ③ 분노는 나쁜 것이다. 분노는 선도 악도 아니다. 분노는 다른 정서와 마찬가지로 생존을 돕는 기능적인 면을 가지고 있을 뿐이다.
  ④ 분노는 죄악이다. 분노를 느끼는 것은 죄악이 아니다.

3. 교육: 분노표현에 앞서 가져야 하는 7가지 태도

설득이 아닌 의사소통이 목적(나↔너)
타인의 행동을 변화시키려는 것이 아니다.

① 분노표현은 상대방을 비난하기 위한 것이 아니다.

흔히 화를 내지 못하는 사람은 화를 내는 것이 상대방에게 비난으로 받아들여지지 않을까 두려워한다. 분노표현은 지각된 위협으로부터 자신을 보호하기 위한 것이다. 위협이 잘못된 지각에서 비롯된 것이라면, 상대방이 이를 바로 잡아 줄 것이다. 분노표현은 상대방을 곤경에 빠지게 하기 위한 것이 아니라 위협으로부터 나를 보호하기 위한 것이다. 따라서 상대방에게 내가 어떤 점을 위협적으로 지각했는지를 차분하게 전달할 수 있다면, 나의 목적은 달성된 것이다. 위협적인 행동을 철회할지는 그의 몫이다. 그 부분은 나도 어떻게 할 수 없다.

② 난 단지 당신이 내가 어떻게 느꼈는지 알기를 원한다.

　당신은 단지 상대방에게 당신의 상태를 알리고 싶은 거다. 당신은 당신의 느낌을 정당화시키거나 혹은 방어할 필요가 없다. 논쟁 속으로 빠져들지 마라. 상대가 당신과 논쟁하기를 원하더라도 말려들지 마라. 당신은 누가 옳고 그르고를 따지려는 것이 아니다. 상대가 내 상태를 알아줬으면 하는 바램에서 나에 대해서 얘기를 하고 싶은 것이 주된 목적이다. 시시비비는 제3자가 가려 줄 것이다. 하지만 많은 경우에 시시비비를 가리기 위한 노력은 서로를 더욱 방어적으로 만들고 그럴수록 우리는 서로에 대해서 멀어져 가기 마련이다.

③ 분노를 표현하는 것이 상대방을 내 뜻대로 하기 위한 것은 아니다.

　분노를 표현하는 것은 문제 상황에 대해 상대방에게 나의 입장과 상태를 전달하는 것이지, 상대방에게 나의 요구를 강요하기 위한 것이 아니다. 그것은 어디까지나 나의 입장이고 바램일 뿐이다. 서로의 입장을 경청하는데 의의를 두어야 한다. 그렇지 않으면 논쟁이나 마찰을 초래하기 쉽다.

④ 화를 낸다고 해서 내가 옹졸하고 속 좁은 사람이 되는 것은 아니다.

　오히려 화를 속에 담아두고 혼자서 곱씹어 상대방을 마음속으로 비난하는 사람이 더 용기가 없는 사람이다. 화를 낸다는 것은 문제 상황에 대한 나의 의사표현이다. 상대방은 나의 반응을 알아야 한다.

⑤ 상대방이 당신에게 얘기하는 것을 선입견을 버리고 '지금'에 충실해서 적극적으로 들을 준비가 되어있어야 한다.

분노표현은 의사소통의 한 형태다. 상대방이 내 상태를 이해해 주기를 바란다면 나 역시 상대방에게 기회를 주어야 한다. '그 사람이 말하려고 하는 것이 무엇인가?', '그는 자신이 곤경에 빠져 있고, 속고 있으며 불공평하게 취급당하고 있다고 보지는 않는 가?' 그에게서 직접 들어봐야 한다.

⑥ 상대방도 내게 화가 났을 수 있다.

'내가 먼저 상대방을 불쾌하게 만들지는 않았는지?' 스스로 고민해 봐야 한다. 이러한 태도로 상대방에게 화를 표현하게 되면 상대방은 자신이 존중받고 있다는 느낌을 갖게 되고 서로에 대한 솔직한 의사소통이 훨씬 용이해진다.

⑦ 상대방과의 관계에서 진정으로 원하는 것이 무엇인가?

분노를 표현할 때는 내가 상대방에게 진정으로 원하는 것이 무엇인지를 염두에 두고 있는 것이 중요하다. 대부분 관계가 파국으로 치닫는 것을 원하지 않으며, 서로 얼굴을 지나치게 붉히고 싶어 하지 않는다. 서로의 입장을 소통하는 것을 원한다.

4. 교육: 분노표현방법

(1) 정당한 분노와 불필요한 분노 구별하기

· 화내는 것이 타인의 부당함에 맞서 나를 보호하기 위한 정당한 것인지, 아니면 내가 잘 못 생각해서 과민반응을 성급하게 보인 것인지를 숙고해 본다.

· 만약 불필요한 분노라면 화를 표현하는 것에 대해서 다시 한번 숙고해 봐야 한다.

· 화를 내는 것이 정당하다면 내가 상대방에게 전달하고 싶은 내용이 무엇인지를 잘 살펴보는 것이 중요하다.

· 정당한 분노라 하더라도 위계적인 관계에 놓여 있을 때, 즉 상대방이 나의 윗사람이거나 아랫사람이면 좀 더 신중해야 한다. 윗사람인 경우는 자칫하면 윗사람에게 부정적인 인상을 심어주어서 실제적인 불이익을 당하기가 쉽고, 아랫사람인 경우는 권력을 무기로 아랫사람에게 실제보다 과도하게 화를 내기 쉽다.

(2) 분노 표현

앞에서 분노표현에 앞서 가져야 하는 마음가짐(태도)을 언급하였다. 이를 숙지하면 분노를 어떻게 표현해야할지 윤곽이 그려진다.

상대방을 존중하고 상대방과의 앞으로의 관계를 염두에 두고 '내가 얼마나 고통스러운지'를, '내가 상황을 어떻게 지각했는지'를 얘기하는 것이 주된 골자다.

분노를 언어로 표현할 때, 다음의 몇 가지 방법을 충실히 따른다면 어렵지 않게 서로에 대한 이해를 넓히고 건설적인 목적에 충실하게 분노를 표현할 수 있을 것이다.

① 나-메시지

나-메시지는 자신의 감정을 건강한 방식으로 표현하는 방법이다. 나-메시지는 감정을 부인하거나 폭발시키지 않고 건설적으로 표현하고 잘 전달하도록 도와주는 중요한 대인관계 증진기법이다.

대부분의 사람들은 나를 주어로 하기보다는 상대방을 주어로 하는 너-메시지(You-Message)를 많이 쓰고 있다. 이러한 너-메시지는 효과적인 의사소통을 방해하는 요소로, 주로 많이 사용되는 너-메시지의 경우는 상대방을 비난하거나 판단하는 메시지를 전달하기 때문에 상대방으로 하여금 불쾌감을 자아내게 하고 방어를 하게끔 만든다. 자신의 감정에 대한 책임을 상대방에게 전가시키고, 자신의 문제를 상대의 문제인 것처럼 표현함으로써 관계를 왜곡시킬 수 있다.

반면에 나-메시지는 상대방에 대한 비난이나 질책보다는 자신에 대한 이해를 구하기 위한 자기개방에 더 충실하다.

※ 나-메시지의 세 가지 구성요소
· 문제를 유발하는 상대방의 구체적인 행동
· 그 행동에 대한 나의 해석
· 나의 감정경험(상대방의 행동이 미친 영향)

예 1) 동아리 모임에 한 친구가 지각해서 모임이 한 시간이나 지체되었다.

■ 너-메시지
"너 때문에 모임이 한 시간이나 늦어졌다. 너는 어쩌면 그렇게 다른 사람을 배려하지 못하니."

■ 나-메시지
"너가 한 시간이나 늦은 것이 네가 이 모임과 여기 모인 사람을 중요하게 여기지 않는다고 생각이 되어서, 내가 마음이 편하지 않다."

예 2) 친구가 술 마시고 잘 데가 없으면 늘 내 하숙집에 와서 잔다. 그래서 내 생활에 지장이 많다.

■ 너-메시지

"너 너무한 거 아니냐. 너 때문에 내 생활이 얼마나 망가지는지 너 한번이라도 생각해 본적 있냐?"

■ 나-메시지

"요즘 시험기간이라 내가 좀 바쁜데, 니가 내 그런 사정에 아랑곳하지 않고 자꾸 와서 자니까 솔직히 내가 공부하는데 지장이 있다. 이런 말하는 거 너무 서운하게 듣지 않았으면 한다."

② 강요하거나 요구하지 말고 상대에게 바라는 것을 간명하게 표현할 것

나-메시지를 통해서 상대방의 행동으로 인해 내가 겪고 있는 고통이 전달되었다면, 이번에는 상대방에게 내가 바라는 것을 표현하는 것이 남아있다. 이때 주의할 것은 상대방이 나의 뜻대로 해주기를 강요해서는 안 된다는 점이다. 내가 바라는 것은 상대방이 내가 뭘 원하는지 경청해주는 것이다. 상대가 어떻게 나올지는 그의 자유다. 나의 말에 피드백을 해주든, 아니면 아무 반응 없이 대답을 회피하든, 그것은 상대방이 알아서 할 부분이다. 상대방이 내 얘기에 대한 자신의 입장을 솔직하게 얘기 해주면, 내 말을 경청해 준 것에 대해 상대방에게 고마움을 표현해 주는 것이 좋다. 물론 내가 원하는 대로 일이 풀리지 않을 수도 있다. 하지만 어쩌겠는가? 다시 한번 강조하지만 내가 원하는 것을 표현하는 것은 나의 바램일 뿐이지, 상대가 이에 따라야 할 의무는 없다. 오히려 상대방이 나의 반응에 화를 낼 수도 있다. 그렇더라도 당황하지 마라. 상대가 화를 내는 것은 그의 책임이다. 당신이 이에 대해서 변명하거나 그의 화를 가라 앉혀줘야 할 의무는 없다. 그의 화는 그의 몫이다.

예 1) 제발 약속 좀 지켜라.→약속을 지켜주면 좋겠다.

예 2) 이제 그만 좀 와라.→어렵겠지만 당분간 다른 친구 하숙방
에 가서 잤으면 하는데, 어떻겠니?

☞ 화나는 상황을 예로 들어서 시범을 보여준다. (주진행자와 보조
진행자가 역할연기를 하며 시범을 보여줄 수고 있다)

☞ 집단원 중에서 최근에 타인과의 관계에서 화가 심하게 났던 경
험이 있는 사람을 지원자로 받아서 역할연습을 실시한다. 이때
보조진행자가 상대방 역할을 해주면 된다. 먼저 너-메시지로
해보고 다음에 나-메시지를 해보게 한다. 그 다음에는 역할을
바꾸어서 해보게 한다.

☞ 두 사람씩 짝을 지어서 역할연기를 해보도록 할 수도 있다.

5. 토의 및 평가

6. 과제소개
· 근육이완훈련 기록지(양식 2-3) 작성
· 분노표현 기록지 I (양식 5-1) 작성

<양식 5-1>

분노표현 기록지 Ⅰ(예)

상황(분노수준: 0-100)	내게 알려지도 않고 내 책과 노트를 빌려가서, 정작 내가 필요할 때 보지를 못했다(분노수준:70).
너 – 메시지	너는 어떻게 그럴 수가 있니. 내가 내일 그 수업이 있다는 걸 알 텐데 너 멋대로 내 책과 노트를 빌려 갈 수 있니. 넌 애가 너무 자기중심적이야.

나 – 메시지	상대의 구체적 행동	친구가 내 책과 노트를 내게 말하지 않고 빌려감.
	상대 행동에 대한 나의 해석	다음날 수업 발표 준비로 그 책과 노트를 볼 거라는 걸 친구가 알면서도 허락 없이 빌려갔다고 생각함.
	상대 행동으 로 인한 내 기분(감정)	분노(70), 무력감(40), 원망감(50)
	내 책과 노트를 내일 내가 발표 준비가 있다는 걸 알면서도 네가 내 허락 없이 빌려갔다고 생각하니, 나는 화가 많이 나더라.	

제6회기
인지적 재구조화 II: 적응적인 대처 사고 연습

◉ 목 적

분노유발 상황에서 보이는 이차적 자동적 사고를 이해하고 이를
적응적인 대처 사고로 수정하는 것을 숙달한다.

◉ 회기요약

· 부적응적인 5가지 분노행동 이해
· 이차적 분노사고에 대한 이해
· 적응적 대처사고 연습

◉ 회기진행과정

1. 과제확인 및 피드백 주기
   · 근육이완훈련 기록지, 분노대처 기록지 I (양식 4-1)

2. 교육: 피해야할 5가지 분노행동

   ■ 분노를 담아두는 것(holding anger in)
   ■ 분노를 차곡차곡 쌓아가는 것(Escalating anger)
   ■ 화풀이(Displacing anger)
     : 분노의 원천과는 상관이 없는 사람이나 대상에게 분노를 표
       현하는 것
   ■ 공격적으로 반응하는 것
   ■ 약물, 술, 게임 등에 중독되는 것

☞ 집단원 각자는 이 5가지 분노행동 중에 자신과 가장 부합되는 것들이 무엇인지 살펴보고, 우선순위를 정하게 한다.

☞ 각각의 분노행동이 가져다주는 긍정적인 영향과 부정적인 영향에 대해서 서로 얘기를 나눠본다.

3. 교육: 대처양상을 반영하는 이차적 분노사고에 대한 이해

이차적 분노사고 – 이차적 분노사고는 분노유발 상황에서 상황에 대한 위협성이나 부당함에 대한 평가(일차적 분노사고 과정)가 일어난 뒤에, 곧 이어서 일어나는 자동적 사고로 일차적 분노사고에 대한 반응이라고 볼 수 있다. 이차적 분노사고의 내용은 분노상황에서의 대처양상을 주로 반영하는 것이다.

예】
"저런 파렴치한 인간은 그냥 둬선 안 된다."
"그냥 막 울고 싶다."
"너무 흥분해서 이성을 잃으면 내만 손해다."

앞에서 열거한 예를 보면 알 수 있듯이 이차적 분노사고는 개인이 분노 상황에서 1) 어떤 대처를 하고 싶어 하는지, 2) 어떤 심리상태인지를 주로 반영하고 있어서, 실제 분노경험 상황에서 보이는 개인의 대처행동 양상을 예언해주기도 한다.

※ 대학생 집단을 대상으로 한 요인분석 결과에 따르면 이차적 자동적 사고는 세 요인으로 요약되었다.

요인1. 타인에 대한 비난 및 보복
예) 한 대 패주고 싶다. 나쁜 놈! 뭐 이런 인간이 다 있나.

요인2. 무력감

　예) 살기 싫다. 모든 게 귀찮다. 울고 싶다.

요인3. 분노통제

　예) 내 자신은 어떤데? 내가 뭘 안 해 줬나. 참아야지

　타인에 대한 비난 및 보복과 무력감 요인은 부적응적인 사고인 반면에 분노통제 요인은 적응적인 사고다. 타인에 대한 비난 및 보복과 무력감 요인이 분노경험이나 공격행동과 높은 상관을 보였으며, 분노통제 요인은 반성적인 사고양상, 건설적인 자기주장과 상관이 높아서 분노를 감소시키고 파괴적인 공격행동을 적절히 통제하는데 도움이 되는 것으로 여겨진다.

☞ 과제로 작성해온 분노대처 기록지에 기록된 이차적 자동적 사고를 돌아가며 얘기해 본다. 이때 그 사고가 얼마나 적응적인지에 대해서도 함께 토의해 본다.

4. 교육: 적응적인 대처를 위한 5가지 관점

(1) 이해 및 수용적 관점
: 자기, 타인, 현실에 대한 이해 확대

　① 공감적 관점

　　다른 사람의 관점에서 이 상황을 바라보도록 노력한다. 다른 사람의 관점에서 그가 처한 상황과 그의 행동을 바라보면, 타인에 대한 이해심과 너그러움이 커지게 된다.

　예) 저 친구가 요즘 고시를 앞두고 스트레스가 많아 보인다. 그래서 내 입장을 잘 배려하지 못하는 거 같다. 내가 이해하고 참

고 넘어가도록 하자.

② 자기이해적 관점

분노 유발 상황에서 자신이 정말 원하는 것이 무엇인가(충동적인 욕구나 바램과 구분, 처벌, 보복……)를 생각해 보는 것은 화를 계속 내야 하는지를 결정하는데 중요한 영향을 미친다.

자신이 화를 내는 것이 타인의 부당한 행동에 대한 나의 정당한 반응이고 타인의 부당함을 철회시키기를 원한다면 화를 계속낼 수도 있다. 하지만 내가 화를 낸다고 해서 상황이 달라질게 없고 갈등만 더 증폭시킬 것 같고 갈등을 만들기를 원하지 않는다면 화를 중단하는 게 현명하다.

예) 내가 새 옷을 입고 왔는데 남자친구가 전혀 알아주지 않는다. 내게 이렇게 무관심할 수가. 생각할수록 화가 더 난다. …… 아니다 내가 지금 정말 원하는 것은 남자친구가 내게 관심을 가져주는 거다. 새 옷에 대해서 내가 먼저 어떤지 물어보자. 그러면 내게 한 번 더 관심을 갖고 봐주지 않겠는가.

③ 현실수용적 관점

분노 상황에서 내가 할 수 있는 게 아무것도 없다고 판단될 때 최선은 현실을 적극적으로 수용하는 것이다. 그리고 불쾌한 상태를 당분간 견뎌내는 것이 최선이다.

예) 지하철이 오늘 따라 유난히 복잡하다. 갑자기 어떤 남자를 내발을 밟았다. 하지만 사과도 없이 지나갔다. 한번 째려보고 싶었는데 벌써 지나가 버렸다. 저런 교양 없는 인간 봤나……

(2) 실용적 관점

④ 문제해결적 관점

당면한 상황을 개인적인 위협으로보다는 해결해야하는 문제로 보는 관점이다.

화가 났다는 것을 알려주는 신체적 신호(즉 흥분되고, 긴장되고, 가슴이 답답해지고, 얼굴이 붉어지고)는 내가 해결할 새로운 문제 상황이 발생했음을 알려주는 신호다. 이때 문제 상황은 현실적인 이해관계가 얽혀 있는 해결할 과제로서 문제이기도 하지만, 그보다 분노로 인해 내가 이성을 잃고 부적절하게 행동할 수 있다는 위기상황 자체가 바로 문제가 된다. 따라서 이 위기 상황을 잘 통제해서 극복하는 것 자체가 문제를 해결하는 것이 되며, 이는 개인에게 자부심과 성취감을 심어준다.

예) 돈을 빌려갔던 친구가 한참 동안 안 갚아서 얘길 했더니 이미 갚았다는 게 아닌가. 순간 화가 치밀었지만, 곧 화를 진정시키고 그 친구에게 언제 어디서 어떻게 갚았는지 확인하는 질문을 해나갔다. 그러자 그 친구도 조금 당황해 하면서 잘 기억이 안 난다며 집에 가서 확인해 보겠다고 했다. 내가 흥분해서 버럭 화를 냈더라면 친구와 사이가 안 좋아질 뻔 했는데, 스스로를 잘 통제한 거 같다. 이런 내 모습이 대견하다.

분노유발 상황에서 통제력을 잃지 않고 위기를 잘 넘기는 경험은 성취감을 경험하게 해주며 이는 자존감을 높여주기도 한다.

⑤ 실리적 관점

지금 내 행동이 내게 얼마나 유용한 행동인가를 살펴보는 것은 장기적인 관점에서 자신의 행동을 통제할 수 있게 해준다. 앞으로 벌어질 일을 감안했을 때 내가 지금 어떻게 행동하는 게 좋을지 이성적으로 생각해볼 기회를 가져본다.

　　타인에 대한 자신의 인상 관리 면에서도 분노를 이성적으로 통제하는 모습은 장기적으로 볼 때 긍정적인 결과를 가져올 것이다.

예) 내가 지금 화를 내면 당장에는 속이 후련하고 상대방이 나를 얕잡아보지 않을 거라는 생각이 들지만 나중에는 곧 후회하게 될 거다. 왜냐하면 화를 내서 문제가 해결된 것이 아니기 때문이다. 나만 불쾌하고 남들 눈에도 경솔한 사람으로 비쳐졌을 거다.

☞ 집단원 각자에게 가장 맘에 드는 관점이 어떤 것인지 정해 보게 한다. 과제로 작성해온 분노대처 기록지에 기록된 상황에서 가장 요구되는 관점이 무엇인지에 대해서 돌아가며 얘기를 나눠본다.

5. 적응적인 대처사고 유형

① 진정시키기: 흥분을 가라앉혀라. (실용적 관점)

- 절대 흥분하지 마라. 짜증이나 화를 내봤자 좋을 게 없다.
- 화낼 필요가 없다. 숨을 깊이 몰아쉬고 냉정을 유지해라.
- 내가 냉정을 유지하는 만큼 상황을 통제할 수 있다.
- 침착해지자. 그래야 날 통제할 수 있다.
- 내 근육이 긴장되었다. 이완시켜라. 속도를 늦춰라(느긋해져라).
- 심호흡을 깊게 해라. 긴장을 풀어라.
- 흥분하는 것은 아무런 도움이 못된다.
- 침착해라. 흥분해서 좋을 게 없다.
- 마음을 가라앉혀라. 비꼬거나 비난해서는 안 된다.
- 긴장을 풀고 지켜보자. 괜히 흥분할 필요는 없다.

- 그들이 나를 흥분시키려들지만 실망스럽게도 뜻대로는 안 될 것이다.
- 화가 난다고 아무렇게나 말해서 후회하는 일이 없도록 하자. 자제력을 유지하는 것이 날 성숙시킨다.
- 냉정을 유지해라. 성급하게 판단하려 들지 말자.
- 이번 일은 화낼 가치도 없는 일이다.

② 문제 상황으로 지각: 지금은 문제해결 상황이다. (실용적 관점)

- 이번 일로 세상이 끝나는 건 아니다. 단지 해결해야할 문제가 생긴 거뿐이다.
- 괴롭지만 어떡하겠나. 이번 일을 새로운 도전으로 여겨야겠다.
- 계획을 세워라. 내가 우선적으로 하고 싶어 하는 일이 뭔지?
- 그만 좌절해라. 나는 지금 상황을 잘 해결할 수 있다.
- 논쟁할 필요가 없다. 내가 뭘 해야 할지 나는 알고 있다.
- 사적인 감정에 휩싸이지 마라. 핵심 문제에 초점을 둬라.
- 힘든 상황이다. 그래도 나는 이 상황을 어떻게 헤쳐 나갈지 알고 있다.
- 내가 화가 났다는 것은 내가 해결해야할 문제가 생겼다는 신호다.
- 나는 이 상황을 건설적으로 해결해 나갈 것이다.
- 화를 내지 않고 내가 바라는 것을 얘기할 방법을 찾을 수 있을 것이다.
- 긴장을 풀고 어떻게 대처할지 계획을 세워보자.
- 그 사람 때문에 내 다른 일이 방해받지 않도록 해야겠다.
- 상대방이 뭐라 하던 중요하지 않다. 나는 결코 이성을 잃지 않을 것이다.
- 찬찬히 살펴보자. 화날 일이 아닐 수도 있다.

③ 자기 격려: 난 이번 난관을 잘 해결할 수 있다. (이해 및 수용, 실용적 관점)

- 나는 전에 했던 것처럼 이번 어려움도 해결할 수 있다.
- 나는 붙들고 한번 대처해 보겠다.
- 이번 일을 처리하는데 필요한 것들을 구비하고 있다.
- 나는 흥분을 가라앉히고 긴장을 풀 수 있다.
- 상대가 아무리 어리석어 보이고 흥분하더라도, 나는 냉정을 잃지 않고 침착할 수 있다.
- 이것은 일상적인 문제일 뿐이다. 그 이상도, 그 이하도 아니다. 내가 해결할 수 있는 일이다.
- 남들이 뭐라 말하든, 나는 내가 괜찮은 사람이라 생각한다.
- 나는 통제력을 잃지 않고 이 일을 다룰 수 있다.
- 이 일을 너무 심각하게 받아들일 필요가 없다.

④ 타임아웃: 나중에 다시 생각하자. (실용적 관점)

- 나는 흥분해서 이성을 잃기 전에 그 자리를 벗어나 나올 수 있다.
- 우선 이 상황에서 벗어나는 게 좋다. 떨어져 있으면서 어떻게 행동할지 생각해보고 다시 돌아와 상황에 대처하도록 하자.
- 잠시 자리를 피하고 혼자 시간을 갖는 것이 좋겠다. 그리고 나서 이 문제를 다시 생각해 봐야겠다.
- 혼자서 핏대 올리는 얼간이가 되느니, 이 자리를 피하는 게 더 좋겠다.
- 치고받거나 어리석은 짓을 하기 전에 이 자리에서 일어나는 게 좋겠다.

⑤ 현실 수용: 현실은 내 뜻대로 안 된다. 이 상황을 받아들이자. (이해 및 수용)

- 내 뜻대로 되리라는 보장은 없다. 단지 나는 그렇게 되었으면 하고 바랄 뿐이다.

· 내가 원하는 것과 실제 현실은 엄연히 다른 것이다.
· 내가 그렇게 되길 바랄 뿐이지 반드시 그렇게 되어야 한다는
  것은 아니다.
· 나는 신이 아니다. 세상일이 내 뜻 데로 다 될 수 없다.
· 잊어라. 그것을 생각하는 것은 너를 더욱 괴롭게 만들뿐이다.
· 툭툭 털어 버려라. 그것 때문에 다른 일을 방해받지 않도록 해라.
· 누가 옳고 틀리고의 문제가 아니다. 단지 서로의 욕구가 다를
  뿐이다.
· 어떤 경우는 좋은 해결책이라는 것이 딱히 없을 수도 있다. 지
  금이 그런 상황이다.
· 사람들이 내가 원하는 데로 하리라 기대해서는 안 된다.
· 너가 그 일을 그런 식으로 보다니 재밌구나.

☞ 집단원 각자에게 가장 맘에 드는 대처사고 유형이 무엇인지 정
해 보게 한다.
  과제로 작성해온 분노대처 기록지의 이차적 사고를 적응적 대처
사고로 수정하고 이를 돌아가며 얘기해본다.

6. 토의 및 평가

7. 과제소개
· 분노대처 기록지Ⅱ(양식 6-1) 작성(적어도 하루에 한 장씩 기록)
· 근육이완훈련 기록지(양식 5-2) 작성

<양식 6-1>

분노대처 기록지 II

상황(분노수준, 0-100):

일차적 분노사고:

인지적 오류 유형:

비합리적 신념

논박 및 적응적 사고

분노수준재평가(0-100):

이차적 분노사고:

적응적 대처사고:

관 점:

제7회기
분노표현 연습 II: 분노의 기저 감정 파악하기

◉ 목 적

분노에 가려진 감정을 파악하는 것을 통해서 분노 유발 상황에서 자신이 진정으로 원하는 것이 무엇인지에 대해서 보다 분명하게 이해할 수 있는 기회를 갖고, 이를 근거로 분노표현을 적응적으로 하는 방법을 모색해 본다.

◉ 회기요약

· 분노에 가려진 감정 파악하기
· 분노의 기저에 있는 자신의 진정한 욕구를 적응적으로 표현해 보기

◉ 회기진행과정

1. 과제확인 및 피드백 주기

☞ 분노 유발 상황에서 나−메시지 연습하기에 대해서 초점을 둬서 확인해 보고 어떤 어려움이 있었는지에 대해서 같이 얘기를 나눠본다.
☞ 실제 장면에서 어려움이 있었던 집단원의 사례를 구체적으로 다루면서 나−메시지 표현법을 다시 시범 보인다.

2. 회기의 목표와 활동내용 설명

"화가 날 때, 우리는 흔히 화라는 분노감정 외에 위협감이나 무력감, 수치심 등 다양한 다른 감정을 이면에 느끼고 있는 경우가

290

많습니다. 오늘 이 시간에는 분노에 가려져 있는 감정을 찾아보는 작업을 같이 해보도록 하겠습니다. 분노에 가려진 감정을 이해하는 것은 문제 상황에서 자기이해 차원에서도 필요하며, 그 상황에서 진정으로 문제되고 있는 것이 무엇인지를 자신에게 보다 분명하게 이해시켜줌으로써 적절한 문제해결책을 모색할 수 있게 도와줍니다. 화났을 때 막막하고 어찌할 바를 모르는 상황에서 등대와 같은 역할을 해주는 것이 분노에 가려진 감정을 이해하는 것이라 할 수 있습니다."

3. 교육: 분노에 가려진 감정의 중요성

분노는 일차적인 정서가 아니다. 때로는 무력감이나 무능감을 감추기 위해서 화를 내기도 한다. 무력감을 경험하느니 화를 내는 것이 덜 불쾌하다. 어떤 사람은 서운한 마음을 화로 표현하기도 한다. 대개 분노는 그 뒤에 공포감, 위협감, 불안감, 무력감, 당혹감, 수치심 등을 감추고 있다. 이 중에서도 가장 흔한 것은 무력감이다. 무력감은 견디기 힘든 고통스러운 감정이다. 이를 경험하지 않기 위해서 흔히 화를 느끼거나 내는 경우가 많다. 이런 의미에서 분노는 어느 정도 방어적인 기능을 담당하고 있다고 볼 수 있다.

☞ 주진행자나 보조진행자의 사례를 적절히 인용하면서 설명한다.
집단원들의 사례에 대해서도 돌아가며 얘기를 나눠본다.

예) 맞벌이 부부가 아침에 출근을 서두르고 있다. 아내가 아침 준비를 하느라 출근 준비가 늦었다. 이 부부는 항상 같이 출근해왔다. 이 날은 남편이 아내에게 서두르지 않는다고 한마디 쏘아붙이고는 혼자 먼저 출근하겠다고 한다. 아내도 화가 나서 남편더러 혼자 출근하라고 했다. 결국 남편이 먼저 출근하고 아내가 나중에 출근하게 되었는데, 아내는 출근해서도 남편에 대한 화나는 감정이 좀처럼 가라앉지 않는다.

⇒ 분노에 가려진 감정은? 아내는 남편 아침을 챙겨주고 뒷정리를 하느라 출근 준비가 늦었다. 아내는 남편이 자기의 사정을 몰라주는 것이 몹시 서운하다. 분노에 가려진 감정은 서운함이다.

■ 분노에 대한 문제해결 모델
· 화가 난다는 것은 뭔가 어떤 메시지를 전달하고 싶다는 것이다.
· 그 내용을 알기 위해서는 분노에 가려진 감정을 확인할 필요가 있다.
· 가려진 감정이 확인되면 그것을 통해서 문제를 정의할 수 있다.
· 그 다음은 건설적으로 문제를 해결해 나가면 된다.

4. 분노에 가려진 감정 확인하기

☞ 최근에 화가 났던 상황을 하나 떠올려 본다. 생생하게 심상화하고 난 뒤에 화난 감정 상태를 충분히 느껴본다. 화난 감정과 함께 느껴지는 감정이 무엇인지 차분히 느껴본다.

"앞에서 화난 감정에 가려진 감정을 정확히 확인해야지 문제에 대한 명확한 정의가 가능하다고 강조하였습니다. 이제 오늘 남은 시간 동안에는 분노에 가려진 감정을 찾는 것을 같이 연습해 보도록 하겠습니다. 먼저 최근에 화가 났던 상황을 한번 떠올려 보세요. 이번에도 몸을 이완시킨 후에 눈을 감고 생생하게 그 장면을 머릿속에 그려보세요. 현재 그 자리에 여러분이 있는 것처럼 생생하게 떠올리셔야 합니다. 차츰 화난 감정이 생생하게 느껴지나요? 그 때처럼 화가 느껴지는 분들은 손을 들어주세요. 생리적인 감각에 주의를 두세요……" "화난 감정과 함께 어떤 감정이 느껴지는지 떠올려

보세요(잠시 기다려 본다). 다른 감정이 떠오르는 분들은 손을 들어
주세요."

- **분노에 가려진 감정이 잘 떠오르지 않을 때 도움이 되는 질문**
  - 나는 어떤 일이 일어날까봐 걱정하는가?
  - 일어날 수 있는 최악의 사태는 어떤 것일까?
  - 이것이 사실이라면 나의 어떤 점을 말해 주는가?
  - 남들이 나에 대해서 어떻게 여길까?
  - 그 상황에서 내가 바라는 것은 무엇인가?

☞ 분노에 가려진 감정이 확인된 사람들은 다른 사람들과 그 내용
에 대해서 얘기를 나눠본다.
☞ 가려진 감정을 이용해서 자신이 처한 문제가 무엇인지를 살펴보
고 그 해결책을 간단히 살펴본다.

5. 토의 및 평가

6. 과제 소개
  - 분노표현 기록지Ⅱ(7-1)작성

<양식 7-1>

분노표현 기록지 II (예)

상황(분노수준: 0-100)	조별 발표가 있는데, 조원 중에 한 명이 아무 일도 안하고 약속을 해도 나오지도 않는다(분노수준: 80).
분노에 가려진 감정 (분노와 함께 느끼는 감정)	무력감, 좌절감, 불안감, 답답함
상대에게(혹은 현재 상황에서) 내가 원하는 것	일이 있어서 참여하기 어려우면 미리 얘기라도 해줬으면 한다. 그러면 가장 쉬운 일을 배당할 수도 있고 그것도 힘들면, 아무것도 안해도 좋다. 다만 미리 상의를 해서 조별 발표에 차질을 주지 않았으면 좋겠다.
적응적 사고	그냥 두고 보다가 발표가 펑크하면 곤란하다. 내가 전화를 해서 무슨 사정이 있는지 알아보자. 피치 못할 사정이 있으면 다른 조원들과 상의해서 일에서 빼주도록 하자. 일부러 조원들을 골탕 먹이려고 그러는 것은 아닐 거다. 이기적인 모습으로 보이지만 어쩌겠나, 걔가 발표에 별로 관심이 없는 걸. 하지만 내게는 학점이 중요하다. 발표를 잘 하고 싶다. 나머지 조원들이라도 힘을 합쳐서 발표 준비를 성실히 하면 잘 할 수 있다.
분노표현 (나-메시지)	조별 발표를 앞두고 네가 약속 시간에 나오지 않아서 무슨 사정이 있지 않나 궁금했다. 네 얘기를 좀 듣고 싶다. 그리고 네가 발표에 어떻게 참여하고 싶은지 얘기를 해주면 좋겠다.

제8회기
인지적 재구조화 및 의사표현 연습 I

● 목 적

　　이번 회기에서는 지금까지 했던 인지적 재구조화 작업과 분노
표현 연습을 종합해서 연습해 본다. 분노상황, 그 상황에 대한 개
인의 해석, 해석의 결과로서 경험한 감정, 상대방에 대한 나의 바
램(소망)이라는 4가지 요소에 대해서 명확하게 인식한 다음 적응
적인 사고를 이끌어내고 이어서 적절한 대처 행동(분노표현이나
적극적인 의사표현)을 역할연습을 통해서 숙달한다.

● 회기요약

　・인지적 재구조화 작업 정리
　・적응적 대처를 위해서 알아야 하는 4요인
　・의사표현 연습

● 회기진행과정

1. 과제확인 및 피드백 주기

　작성해온 분노표현 기록지 II(양식 7-1)를 함께 보면서 돌아가며
자기 경험을 얘기해 본다.

2. 인지적 재구조화 작업 복습

(1) 이완훈련의 중요성
　・이완은 곧 통제력 유지를 의미한다.
　・나중에 후회하게 될 행동을 자제시켜준다.

· 부적응적인 자동적 사고를 자각하는 것을 도와준다.

· 피해 의식적이거나 적대적으로 좁아진 주의의 폭을 넓혀준다.

· 꾸준한 이완훈련은 평소의 긴장도를 낮춰줌으로써 스트레스에
대한 내성력을 길러준다.

※ 종 류
  ■ 호흡법

  ■ 심상이완법

  ■ 근육이완법

  ■ 기억에 의한 이완법

  ■ '큐' 이완법

(2) 자동적 사고의 두 종류: 일차적 및 이차적 분노사고

※ 일차적 분노사고의 특징
  · 분노 유발 상황(타인의 행동 포함)에 대한 부정적인 평가 반영
  하는 것으로, 상황을 어떻게 해석하거나 상황에 어떤 의미를
  부여하는가와 관련된 내용을 포함한다.

  · 상황을 위협적이거나 잘못되었다고 평가하거나 타인에게 악의
  적인 동기를 부여한다.

  · 인지적 오류나 편향이 주로 반영되어 부정적인 의미를 갖는다.

  · 일차적 자동적 사고를 건설적인 사고로 수정하기 위해서는 인
  지적 오류나 편향을 탐색하는 것이 중요하다.

※ 인지적 오류 유형과 그에 대한 방안

① 파국화
  · 정확한 용어 사용

· 최악의 상황은?

· 긍정적인 측면 발견

② 암묵적 요구 혹은 명령

· 명령, 금기→선호, 바램

③ 과잉 일반화

· 일반화하는 표현(항상, 반드시, 절대……) 사용 않기

· 정확한 표현 사용

· 예외 찾아보기

④ 인격적인 모욕

· 한 가지 행동으로 사람 전체를 부정적으로 평가하지 않기. 행동에 초점 두기

⑤ 독심술

· 다양한 가능성 고려하기

※ 이차적 분노사고의 특징

· 시간적으로 반드시 일차적 자동적 사고에 이어서 일어나는 사고로 일차적 사고에 대한 개인의 다양한 반응을 반영한다.

· 분노유발 상황에서의 개인의 대처 행동양상을 직접적으로 반영한다.

· 인지적 왜곡이나 편향을 반영하고 있지는 않다. 그보다는 그 사고 자체가 얼마나 그 상황에서 적응적이냐가 문제가 된다.

· 이차적 자동적 사고를 건설적인 사고로 수정하기 위해서는 예기되는 결과에 대한 평가, 문제해결적인 관점에 대한 주지, 자신이 원하는 것에 대한 솔직한 자각 등을 강조해 주는 것이 중

요하다.

(3) 비합리적 신념

※ 분노를 일으키는 4가지 비합리적 신념(Ellis, 1997)
  ① 사람들이 나를 그렇게 부당하고 배려 없이 대하는 것은 <u>끔직한 일이다.</u>
  ② 사람들이 나를 그런 식으로 대하는 것을 <u>나는 참을 수 없다.</u>
  ③ 사람들은 그렇게 나쁘게 행동해서는 <u>절대 안 된다.</u>
  ④ 그렇게 나쁘게 행동하는 사람들은 절대 행복하게 살면 안 된다. 그들은 나쁜 사람들이기 때문에 <u>반드시 처벌받아야 한다.</u>

(4) 적응적인 대처사고

※ 적응적인 대처를 위한 다섯 가지 관점

  가. 실용적 관점
    ① 문제해결적 관점
    ② 실리적 관점

  나. 이해 및 수용적 관점
    ③ 공감적 관점:
    ④ 자기이해적 관점:
    ⑤ 현실수용적 관점:

※ 적응적인 대처사고 유형
  ① 진정시키기: 흥분을 가라앉혀라.
  ② 문제 상황으로 지각: 지금은 문제해결 상황이다.

③ 자기 격려: 난 이번 난관을 잘 해결할 수 있다.

④ 타임아웃: 나중에 다시 생각하자.

⑤ 현실 수용: 현실은 내 뜻대로 안 된다. 이 상황을 받아들이자.

3. 적응적 대처를 위해서 알아야 하는 4요인

· 분노유발 상황
· 분노사고
· 감정(기분)
· 나의 바램(소망)

--▶ 적응적 사고 --▶ 적응적 대처

☞ 적응적인 의사표현을 위한 4가지 요인에 대해서 숙지시킨다.

4. 역할연기를 통한 적응적인 의사표현 연습

① 평소에 화가 반복해서 많이 나는 한 사람을 떠올리게 한다.

② 눈을 감고 그 사람에 대해서 화가 났던 구체적인 상황을 하나 생생하게 떠올려 본다.

③ 당시에 각자가 상대방에 대해서 내렸던 평가나 해석을 떠올려 보고, 상대에 대한 바램이 뭐였는지 생각해 본다.

④ 먼저 상대방에게 하고 싶은 대로 분노를 표현해보게 한다(역기능적인 분노표현).

⑤ 지금까지 배웠던 내용을 떠올려 보며 적응적인 사고를 해보게 한다.

⑥ 나-전달법을 이용해서 적응적인 의사표현을 해본다(적응적인 분노표현).

⑦ 역기능적인 분노표현과 적응적인 분노표현법을 비교해 본다.

5. 토의 및 평가

6. 과제소개
   · 의사표현 기록지(양식 8-1) 작성
   · 근육이완훈련 기록지(양식 2-3) 작성

<양식 8-1>

적응적인 의사표현 기록지

상 황	일차적분노사고 (해석,평가)	이차적분노사고:	감정	바램(소망)

▼

적응적 대처 사고:

▼

적응적인 의사표현(나－전달법):

제9회기
인지적 재구조화 및 의사표현 연습 II

◉ 목 적

분노 유발 상황과 당시 자신의 내적 경험(평가, 감정, 바램)에 대해서 관조적으로 인지하고 이를 적응적으로 표현하는 것을 역할연기를 통해서 숙달한다.

◉ 회기요약

· 의사표현 연습(적응적 사고와 나−메시지 표현 연습)

◉ 회기진행과정

1. 과제확인 및 피드백 주기

의사표현 기록지(양식 8-1)를 함께 보면서 돌아가며 자기 경험을 얘기해 본다.

2. 분노표현 연습

① 어머니, 아버지, 형제, 이성친구 등과 같이 친밀한 사람들 중에서 화가 심하게 났던 경험을 하나 떠올려 본다.
② 눈을 감고 그 사람에 대해서 화가 났던 구체적인 상황을 하나 생생하게 떠올려 본다.
③ 당시에 각자가 상대방에 대해서 내렸던 평가나 해석을 떠올려 보고, 상대에 대한 바램이 뭐였는지 생각해 본다.
④ 먼저 상대방에게 하고 싶은 대로 분노를 표현해 본다(역기능적인 분노표현).

⑤ 지금까지 배웠던 내용을 떠올려 보며 적응적인 사고를 해본다.

⑥ 나-전달법을 이용해서 적응적인 의사표현을 해본다(적응적인 분노표현).

⑦ 역기능적인 분노표현과 적응적인 분노표현법을 비교해 본다.

3. 토의 및 평가

4. 과제 소개

· 의사표현 기록지(8-1) 작성하기

제10회기
복습 및 마무리

◉ 목 적
- 프로그램 전체를 돌이켜 보고 집단 참여 전과 비교해서 자신의 달라진 부분과 앞으로 개선되어야 하는 부분에 대해서 얘기를 나눠본다.
- 앞으로 부딪힐 실제 분노 유발 상황에서 어떻게 대처할지에 대해서 최종적으로 숙지시켜준다.
- 프로그램에 대한 평가를 한다.

◉ 회기요약
- 프로그램 참여성과 평가
- 프로그램에 대한 정리 및 평가
- 참여 수료증 수여
- 파티(다과준비)

◉ 회기진행과정

1. 과제확인 및 피드백 주기
- 분노표현 기록지Ⅲ를 함께 보면서 돌아가며 자기 경험을 얘기해 본다.

2. 마지막 회기 인사말
"오늘은 분노조절프로그램의 마지막 날입니다. 그 동안 바쁜 와중에도 자신을 위해서 귀중한 시간을 투자하신 여러분들께 진심으로 박수를 보내드립니다."

3. 집단 참여성과 평가

* 양식 10-1을 작성한다.

- 분노조절프로그램에 참여하면서 달라진 자신의 모습에 대해서 얘기를 나눠본다.
- 프로그램을 마치면서 앞으로 걱정되는 부분에 대해서 얘기를 나눠본다.

4. 프로그램 내용에 대한 정리 및 평가

"여러분들도 물론 기억하고 계시겠지만 개략적으로 본 프로그램에서 다루었던 부분에 대해서 다시 정리해드리면 다음과 같습니다."(제목을 소개하면서 그 내용의 목적과 중요성에 대해서 간략하게 정리해준다)

- 신체증상 자각
- 분노차단기법 연습
- 이완훈련 연습
- 일차적 분노사고 파악해서 적응적 사고로 수정하기
- 이차적 분노사고 파악해서 적응적 대처사고로 수정하기
- 분노표현 연습(나－메시지, 바램 표현)

"여러분들이 본 프로그램에 참여하면서 가장 도움이 되었다고 생각하는 프로그램 내용이 무엇이었는지 말씀해 주셨으면 합니다. 그리고 도움이 되었다면 그 이유가 무엇인지에 대해서도 말씀 부탁드립니다. 또한 가장 도움이 적게 되었거나 따라오기 힘들었던 프로그램 내용은 무엇이었는지 말씀해 주셨으면 합니다."

☞ 프로그램 평가에 관한 질문지를 나눠주고 실시한다.

5. 분노조절프로그램 참여 수료증 전달

☞ 10회 중에 7회 이상 참여한 사람들에게 대학생활문화원에서 수여하는 분노조절 집단프로그램 참여수료증을 전달한다.

6. 파 티

☞ 약간의 다과를 미리 준비하도록 한다.

7. 마무리

"그 동안 무더위에도 분노조절 프로그램에 참여하느라 고생 많으셨습니다. 우리가 살아가면서 자신고·의 싸움에서 가장 맞서기 힘든 감정이 분노가 아닌가 생각됩니다. 이번 기회를 계기로 여러분들은 분노라는 감정에 대해서 보다 넓은 이해를 갖게 되었을 것입니다. 화가 나면 흥분된 감정의 포로가 되기 쉬웠던 과거와는 달리 앞으로는 기수가 말을 길들여 신나게 타고 달리듯이 여러분들도 분노라는 말을 잘 길들여서 여러분들이 원하는 삶을 만들어가기 위해서 힘차게 달려 나갈 수 있기를 바랍니다. 다들 수고 많으셨습니다. 안녕히 가세요."

<양식 10-1>

분노조절집단 프로그램 경험 보고서

1. 분노조절집단에서 도움이 되었던 점이나 좋았던 점을 적어 주세요.

_____

_____

_____

2. 분노조절집단을 마치면서 앞으로 개인적으로 더 노력하고 싶은 부분이 있다면 적어 주세요.

_____

_____

_____

3. 분노조절집단을 하면서 기대에 못 미쳤거나 아쉬웠던 부분 있으면 적어 주세요.

_____

_____

_____

4. 분노조절집단의 진행자에게 제안하고 싶은 부분이 있으며 적어 주세요.

_____

_____

_____

분노 규준표

백분위	분노표출 (n=818)	분노억제 (n=814)	분노통제 (n=811)	신체적공격성 (n=819)	언어적 공격성 (n=816)	분노감 (n=407)	공격성 (n=804)
10	10	13	15	13	8	14	48
20	12	15	17	15	9	16	52
30	13	16	18	16	10	17	56
40	14	18	19	17	11	18	59
50	15	19	21	13	12	19	62
60	16	20	22	21	13	21	66
70	17	21	23	14	14	23	70
80	18	22	24	24	15	25	75
90	21	25	27	27	17	27	81
95	22	26	28	30	18	29	86

* 분노표출/억제/통제: STAXI-K의 분노표현 하위척도 점수
  신체적 공격성, 언어적 공격성: AQ-K의 하위척도 점수
  공격성: AQ-K의 총점

· 저자 ·

서수균   서울대학교 심리학과를 졸업하고 동 대학원에
서 임상심리학을 전공하여 석사와 박사학위를
받았다. 서울대병원에서 임상심리 수련과정을 수
료하였으며, 서울대학교 대학생활문화원에서 전
임상담원으로 근무하였다.
    임상심리전문가, 정신보건임상심리사(1급), 상
담심리전문가 자격증을 취득하였으며, 현재 서울
디지털대학교 상담심리학부 교수로 재직하고 있
다. 저서와 역서로는 『불면증』과 『심리도식치
료』(공역)가 있으며, 분노와 공격성에 대한 다
수의 논문이 있다.

본 도서는 한국학술정보(주)와 저작자 간에 출판권 및 전송권 계약이 체결된 도서로
서, 당사와의 계약에 의해 이 도서를 구매한 도서관은 대학(동일 캠퍼스) 내에서 정
당한 이용권자(재적학생 및 교직원)에게 전송할 수 있는 권리를 보유하게 됩니다.
그러나 타 지역으로의 전송과 정당한 이용권자 이외의 이용은 금지되어 있습니다.

분노와 관련된 인지적 요인과
그 치료적 함의

· 초판 인쇄 | 2005년 11월 10일
· 초판 발행 | 2005년 11월 10일

· 지 은 이 | 서수균
· 펴 낸 이 | 채종준
· 펴 낸 곳 | 한국학술정보㈜
             경기도 파주시 교하읍 문발리
             파주출판문화정보산업단지 526-2
             전화   031) 908-3181(대표) · 팩스   031) 908-3189
             홈페이지   http://www.kstudy.com
             e-mail(e-Book사업부)   ebook@kstudy.com
· 등   록 | 제일산-115호(2000. 6. 19)
· 가   격 | 28,000원

ISBN   89-534-3498-X 93180 (paper book)
         89-534-3499-8 98180 (e-book)